Dominio de la Inteligencia Emocional:

3 in 1 Manejo de la Ira, Cómo Analizar a Las Personas y la Psicología Oscura, Técnicas Secretas de Manipulació

Manejo de la ira :

10 Poderosos Pasos para Tomar el Control Completo de sus Emociones, Para Hombres y Mujeres, Guía de Autoayuda para el Autocontrol, Psicología Detrás de la Ira. Incluso Para Padres.

Índice de contenidos

Este libro se ofrece con el único propósito de proporcionar información relevante sobre un tema específico para el que se han hecho todos los esfuerzos razonables para garantizar que sea preciso y razonable. No obstante, al comprar este libro, usted acepta que el autor y el editor no son en absoluto expertos en los temas que contiene, independientemente de las afirmaciones que puedan hacerse al respecto. Por lo tanto, cualquier sugerencia o recomendación que se haga en este libro se hace con fines de entretenimiento. Se recomienda consultar siempre a un profesional antes de poner en práctica cualquiera de los consejos o técnicas que se exponen.

Se trata de una declaración jurídicamente vinculante que es considerada válida y justa tanto por el Comité de la Asociación de Editores como por el Colegio de Abogados de Estados Unidos y que debe considerarse jurídicamente vinculante dentro de este país.

La reproducción, transmisión y duplicación de cualquiera de los contenidos aquí encontrados, incluyendo cualquier información específica o ampliada, se realizará como un acto ilegal independientemente de la forma final que adopte la información. Esto incluye las versiones copiadas de la obra, tanto físicas como digitales y de audio, a menos que se cuente con el consentimiento expreso de la Editorial. Quedan reservados todos los derechos adicionales.

Además, la información que se encuentra en las páginas que se describen a continuación se considerará exacta y veraz a la hora de relatar los hechos. Por lo tanto, cualquier uso, correcto o incorrecto, de la información proporcionada dejará al editor libre de responsabilidad en cuanto a las acciones realizadas fuera de su ámbito directo. En cualquier caso, no hay ninguna situación en la que el autor original o la editorial puedan ser considerados responsables de ninguna manera por cualquier daño o dificultad que pueda resultar de cualquier información discutida aquí.

Además, la información contenida en las páginas siguientes tiene únicamente fines informativos, por lo que debe considerarse universal. Como corresponde a su naturaleza, se presenta sin garantía de su validez prolongada ni de su calidad provisional. Las marcas comerciales que se mencionan se hacen sin el consentimiento por escrito y no pueden considerarse en ningún caso un respaldo del titular de la marca.

Introducción

Enhorabuena por haber descargado *Gestión de la ira*, y gracias por hacerlo. La ira forma parte de las emociones humanas diseñadas para advertirnos de ciertas situaciones. Esta emoción puede ser el resultado de la frustración, el estrés, la pérdida, la falta de respeto, las malas relaciones, la pobreza, etc. La ira puede asustar a cualquiera, especialmente si se vuelve abrumadora y no se gestiona, ya que puede hacer que una persona actúe de forma irracional. En la mayoría de los casos, nos han enseñado que la ira es una emoción peligrosa y que debe evitarse. Sin embargo, es muy difícil evitar la ira en esta vida porque hemos experimentado ciertas cosas que nos hacen estar ofensivos o a la defensiva y alerta.

La ira es un hecho natural, pero la forma en que reaccionamos ante ella es una elección. Nuestras reacciones son voluntarias o involuntarias. La ira incontrolada puede ser peligrosa: impide la capacidad de toma de decisiones de un individuo, daña las relaciones, destruye las carreras y tiene otras consecuencias adversas. Por ello, es esencial que uno entienda la ira y las formas en que puede gestionarla. La gestión de la ira es la capacidad de prevenir o controlar la ira con éxito para que no provoque problemas.

Para ello, este libro tratará sobre la ira, sus efectos y las prácticas que una persona puede aplicar para controlar la ira. La información que se encuentra en este libro puede ser practicada tan pronto como una persona lo desee. El primer capítulo cubrirá la introducción a la ira, la expresión de la ira, la comprensión de la ira y la ira inteligente, entre otros. Los capítulos 2 y 3 cubrirán las causas, los signos y los síntomas de la ira y la ira no controlada. Los capítulos 4, 5 y 6 tratarán sobre el coste de la ira, la ira y la salud mental, y la opción de controlar la ira. Los capítulos 7, 8 y 9 hablarán de los pasos para controlar la ira de forma eficaz, el control de la ira y la comunicación, y las formas de seleccionar un buen programa de control de la ira. Los capítulos 10, 11 y 12 tratarán sobre el uso de las técnicas de control de la ira, las recaídas y la medicación. Por último, el capítulo 13 resumirá las técnicas de manejo de la ira.

Capítulo 1: La ira

En un momento u otro, todo el mundo se siente enfadado. En algunas ocasiones, la gente lo percibe como una molestia temporal, mientras que otras veces lo experimenta como una rabia en toda regla. La ira es una parte normal de la vida humana, y *es* saludable. Esta emoción nos ayuda a discernir los momentos en los que nos sentimos ofendidos cuando las cosas no funcionan como habíamos planeado o esperado. Nos da una forma de expresar los sentimientos negativos y nos motiva a encontrar soluciones para los desafíos.

Aunque la ira es buena y saludable, puede ser destructiva cuando se descontrola. Pueden surgir problemas en el trabajo, en las relaciones y en la calidad de vida. La ira incontrolada puede hacer que uno se sienta a merced de una emoción poderosa e impredecible. En consecuencia, muchas personas buscan formas de controlar la ira.

La intensidad del estado emocional de la ira varía desde un estado leve hasta la rabia y la furia completas. Los cambios físicos y psicológicos la acompañan. Por ejemplo, cuando uno está enfadado, el ritmo de los latidos del corazón cambia; la presión arterial sube; los niveles de energías cambian, dependiendo de la situación; y las hormonas, la adrenalina y la noradrenalina se alteran.

La ira puede surgir de acontecimientos internos o externos. Por ejemplo, uno puede enfadarse por un atasco, por no hacer una cosa determinada, por la cancelación de un vuelo, por un acoso, por una pérdida, por una humillación, etc. Internamente, el enfado puede surgir porque uno siente que se está preocupando o dando demasiadas vueltas a sus problemas personales, se siente frustrado por un fracaso, etc. Los sentimientos de ira también surgen debido a cosas que le ocurrieron a una persona en el pasado, por ejemplo, acontecimientos traumáticos durante los años de la infancia. El enfado suele caracterizarse por el conflicto con una persona o una cosa debido a un agravio concreto cometido contra la persona.

Patrones de pensamiento negativos

Normalmente, la ira tiene menos que ver con el acontecimiento inmediato y más con nuestra reacción ante el mismo. Los patrones de pensamiento negativos específicos suelen preceder a un estallido de ira. Estos patrones incluyen:

Sobre generalización - Este patrón se produce cuando uno se queda atascado en el pensamiento en blanco y negro. Sólo piense en lo que es visible inmediatamente. Las personas atrapadas en este patrón tienden a utilizar palabras como "nunca" y "siempre". La sobre generalización hace que una situación parezca peor de lo que es.

Culpabilización - La culpabilización implica que una persona afirme que las emociones o los acontecimientos negativos son culpa de otra persona. En la mayoría de los casos, una persona acusa al otro cuando intenta evitar la vergüenza o la responsabilidad.

Lectura de la mente - Esto implica que una persona se convenza de que el otro le está haciendo daño intencionadamente. La persona puede imaginar hostilidad cuando no la hay. Las personas enfadadas verán el peligro donde no lo imaginarían en circunstancias normales.

Rigidez - Se produce cuando uno no es capaz de conciliar los acontecimientos que suceden con lo que imaginaba. Por ejemplo, uno puede haber asumido que llegará a la oficina a las 8 de la mañana, pero un atasco se lo impide. En lugar de aceptar que llega tarde, una persona enfadada se enfadará y probablemente permanecerá de mal humor durante mucho tiempo.

Coleccionar pajas - Se trata de un escenario en el que una persona enfadada cuenta mentalmente las cosas en un intento de justificar la ira. En consecuencia, la persona dejará que una serie de pequeños incidentes se acumulen en su cabeza hasta que se rompa la última paja.
Desafiar estos pensamientos puede ayudar a la persona a reducir la ira.

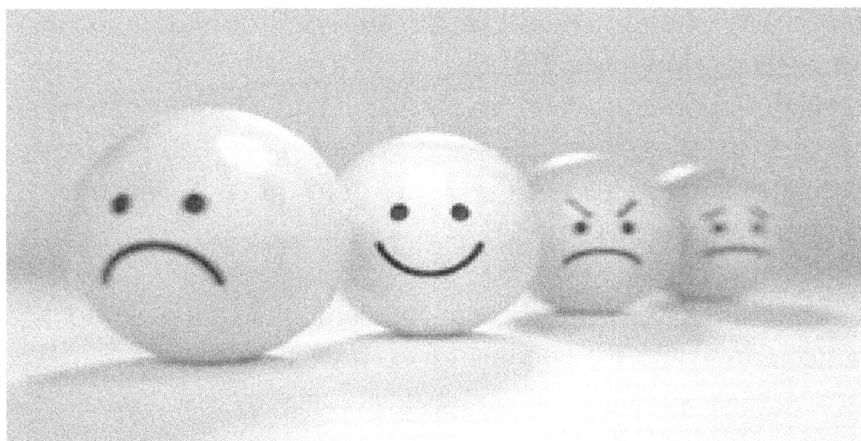

Expresión de la ira

Las personas utilizan diferentes formas de expresar la ira. La forma más intuitiva y natural de expresar la ira es la agresión. La mayoría de las personas reaccionan de forma agresiva ante personas o cosas que les enfadan. Esto se debe a que la ira está diseñada para ayudar a los seres humanos a responder a las amenazas y a ciertas situaciones no deseadas. Como tal, la emoción inspira poder/fuerza, lo que generalmente se traduce en agresión, más aún si el individuo no sabe cómo controlarla. Estos sentimientos y comportamientos nos permiten defendernos, luchar y encontrar soluciones a nuestros retos. Por lo tanto, podemos decir que un cierto nivel de ira es necesario para la supervivencia humana.

Sin embargo, no podemos responder a todas las personas y cosas de forma agresiva o física sólo porque estemos enfadados. Hay normas sociales, leyes y lógica que limitan la forma en que nos comportamos en determinadas circunstancias. La situación y las circunstancias (personas implicadas, tiempo, lugar, razón, etc.) determinan la forma en que reaccionamos. Por ejemplo, en un entorno de oficina, sería difícil que uno se fuera contra el jefe aunque esté pisando los pies de todas las demás personas. También sería difícil hablar con los abuelos como queramos sólo porque estamos enfadados.

Las personas utilizan procesos tanto inconscientes como conscientes para lidiar con su ira. Hay tres enfoques principales: suprimir, expresar y calmar. Los estudios demuestran que la mejor manera (la más saludable) de afrontar la ira es mostrar la emoción de forma asertiva y no agresiva. Para expresar adecuadamente la ira de forma asertiva, uno tiene que aprender cuáles son sus necesidades y exponerlas claramente sin herir a los demás. La asertividad no significa ser prepotente o exigir demasiado; preferiblemente, significa hacer las cosas de forma respetuosa con los demás.

También se puede reprimir la ira y luego convertirla o redirigirla hacia algo positivo. La supresión de la ira se produce cuando uno retiene la ira, evita pensar en ella y se centra en algo agradable. El objetivo de la supresión es inhibir la ira y convertirla en algo constructivo. Sin embargo, la supresión de la ira supone un reto si no se gestiona bien. Si no hay una expresión hacia el exterior, uno puede volver la ira hacia dentro y culparse a sí mismo. La ira reprimida se ha identificado como una causa subyacente de la depresión y la ansiedad. La ira no expresada puede perturbar las relaciones, afectar a los patrones de comportamiento y al pensamiento, y también crear una serie de problemas físicos. La ira que se vuelca hacia el interior puede provocar presión arterial alta, hipertensión y depresión.

La rabia no expresada también conduce a otros problemas. Una posible consecuencia de la rabia es la expresión patológica de la emoción, por ejemplo mediante un comportamiento pasivo-agresivo o una personalidad habitualmente hostil o cínica. El comportamiento pasivo-agresivo se refiere a los patrones de vengarse continuamente de la gente de forma indirecta sin decirles la razón. Las personas con un comportamiento pasivo-agresivo evitan la confrontación. Las personas a las que les gusta criticar todo, menospreciar a los demás o hacer comentarios cínicos de vez en cuando no han aprendido a manejar la ira de forma constructiva. Por ello, estas personas tienen menos probabilidades de tener relaciones exitosas.

Calmarse es la forma más exitosa de lidiar con la ira. Calmar el interior significa que uno no controla sólo el comportamiento exterior, sino también las respuestas internas. Las técnicas de tranquilización permiten reducir la frecuencia de los latidos del corazón y otros cambios físicos y dejar que los sentimientos disminuyan. Cuando uno es incapaz de utilizar cualquiera de las tres técnicas (expresar, reprimir o calmar) de forma constructiva, la ira se vuelve perjudicial.

Otros métodos de expresión de la ira

La forma en que expresamos la ira determina nuestra salud y el bienestar de las personas que nos rodean. Por lo tanto, es vital entender las diferentes formas en que se muestra la ira y cómo podemos elegir mejores habilidades de expresión. Aparte de los métodos principales de expresión, supresión y apaciguamiento, hay otras formas que la gente utiliza para mostrar su descontento. Entre ellas se encuentran:

Agresión abierta - La agresión abierta implica una situación en la que se expresa la ira a través de acciones y palabras, más bien a través de la culpa, la intimidación, la explosividad y la rabia. El reto de estas técnicas es que hay muchas posibilidades de causar daño a la otra persona. De hecho, el objetivo principal de las personas que utilizan esta opción es causar daño a la otra persona (intimidar a los demás). Al final, todos los implicados experimentan luchas de poder recurrentes.

Agresión pasiva - En esta opción, la persona no recurre a la hostilidad abierta, sino que prefiere utilizar el sabotaje sutil para frustrar a los demás o vengarse. Suele consistir en no hacer un favor a alguien por la voluntad de irritarlo. La similitud entre el agresor abierto y el agresor pasivo es que las dos personas compiten por la superioridad. Ambas situaciones perpetúan la tensión no deseada y suelen generar relaciones poco saludables. Como tal, la elección de la agresión pasiva dará lugar a otro conflicto indeseable.

Enfado asertivo - La expresión del enfado suele implicar palabras y acciones que muestran respeto y dignidad por todos los que están en la situación. Las personas que utilizan este estilo entienden que el tono de voz utilizado en cualquier situación creará una atmósfera positiva o negativa. Esencialmente, no siempre es fácil expresar la ira de forma asertiva, pero con autodisciplina y mucho respeto, es manejable. Recuerde que la ira asertiva no es abrasiva, sino que es fuerte y respetuosa. Expresar la ira con confianza es una opción muy constructiva y reduce la tensión en toda relación.

Abandonar la ira - Esta opción es casi similar al estilo de calmarse. La persona enfadada acepta que los otros métodos de expresión de la ira no van a funcionar, por lo que opta por dejar pasar el asunto. Normalmente, las personas que optan por el enfado asertivo son las que deciden dejarlo. Las personas agresivas quieren llevar la pelea hasta el final, pero las personas asertivas buscan la forma de resolver los conflictos con menos altercados. Abandonar la ira no es fácil, e incluye acomodar las diferencias y elegir perdonar incluso sin recibir una disculpa.

En conclusión, muchas ocasiones en la vida conducen a la ira cada día. Por ello, es difícil gestionar la ira utilizando sólo una opción. Sin embargo, con la práctica, podemos elegir y ceñirnos a una opción de expresión de la ira que mejore el bienestar de todos los que nos rodean.

Entender la ira

La ira también se conoce como furia, cólera o rabia. Es una emoción que no debe subestimarse. Se da con frecuencia en algunas personas y raramente en otras, pero en la mayoría de los casos, sus consecuencias son muy poco útiles. La ira es una experiencia natural para muchas personas y, a veces, todo el mundo tiene razones válidas para ponerse furioso o enfadado. Si alguien dice algo que le parece injusto al otro, entonces puede haber una razón de peso para enfadarse.

La principal causa de la ira es el entorno en el que se pasa el tiempo. Los problemas económicos, el estrés, la mala situación social y familiar, los malos tratos y otras exigencias abrumadoras de tiempo y energía pueden contribuir a la aparición de la ira.

Los trastornos de la ira pueden ser frecuentes en personas que provienen de familias con los mismos problemas, de forma similar a como las personas son más propensas al alcoholismo si crecieron en familias con este trastorno. La capacidad del cuerpo para manejar ciertas hormonas y sustancias químicas, así como la genética, también influyen en la forma en que se maneja la ira. Si el cerebro de un individuo no reacciona de forma saludable a la serotonina, puede resultarle más difícil gestionar las emociones.

La ira adopta diferentes formas en las distintas personas, por ejemplo, algunas permanecerán enfadadas durante un largo periodo de tiempo debido a un acontecimiento que tuvo lugar hace mucho tiempo, pero no harán nada grave por la emoción. Otros permanecerán durante un periodo muy largo sin enfadarse, pero una vez que lo hagan, saldrá en forma de ataques explosivos de ira.

Independientemente de la forma que adopte la ira, cualquier emoción incontrolada afectará al bienestar emocional y a la salud física del individuo. Según las investigaciones, la ira y la hostilidad incontroladas aumentan las posibilidades de desarrollar enfermedades coronarias y empeoran la situación de las personas que padecen enfermedades del corazón. La ira también provoca problemas relacionados con el estrés, como insomnio, dolores de cabeza y problemas digestivos. La ira también puede dar lugar a comportamientos arriesgados y violentos, como peleas y abuso de drogas y sustancias. Además, la ira puede causar un daño significativo a las relaciones en las familias, entre amigos y con los colegas.

Fisiología de la ira

Como cualquier otra emoción, la ira tiene efectos en nuestra mente y nuestro cuerpo. Los científicos han descubierto una serie de acontecimientos biológicos que tienen lugar cuando nos enfadamos. Según las investigaciones, las emociones tienden a comenzar dentro de nuestro cerebro en dos estructuras con forma de almendra llamadas amígdala. La amígdala se encarga de detectar las cosas y situaciones que amenazan nuestro bienestar, por lo que activa una alarma para que nos defendamos. Una vez que se activa la alarma, tomamos las medidas necesarias para proteger nuestros intereses. Esta sección del cerebro es tan útil que nos hace actuar antes de que podamos pensar con claridad.

La parte del córtex del cerebro es responsable del juicio y del pensamiento, por lo que se encarga de comprobar lo razonable de una reacción antes de llevarla a cabo. Cuando nos enfadamos, el córtex no actúa con la suficiente rapidez. En términos sencillos, el cerebro está conectado para influir en nuestros actos antes de que podamos siquiera considerar la consecuencia de nuestros actos. Sin embargo, esto no debería ser una razón para comportarnos de forma incorrecta: podemos aprender a controlar los impulsos agresivos con tiempo y paciencia. La gestión adecuada de la ira es una habilidad que uno debe elegir para aprender; no es algo con lo que se nace instintivamente.

Cuando uno se enfada, los músculos del cuerpo se tensan. En el cerebro, se libera un neurotransmisor químico denominado catecolamina que provoca una experiencia de explosión de energía que puede durar varios minutos. Ese estallido de energía es la principal razón por la que la ira va acompañada de un deseo inmediato de emprender acciones de protección. Simultáneamente, el ritmo de los latidos del corazón se acelera, la presión sanguínea se eleva y la frecuencia respiratoria aumenta. Algunas personas experimentan rubor en la cara, ya que el aumento del flujo sanguíneo accede a las extremidades y a los miembros mientras el cuerpo se prepara para la acción física.

En el momento de la ira, la atención de una persona se vuelve estrecha y se fija en el objetivo. Pronto, uno es incapaz de prestar atención a cualquier otra cosa. Rápidamente, se liberan hormonas adicionales, más aún la adrenalina y la noradrenalina, y neurotransmisores cerebrales, lo que desencadena un estado de excitación total. En ese momento, uno está listo para luchar.

Como el cuerpo tiene un proceso de preparación cuando uno está enfadado, también tiene un proceso de calmado. Una vez que la fuente de nuestra amenaza ya no es accesible, o la amenaza inmediata ha desaparecido, empezamos a relajarnos y a volver a nuestro estado normal de reposo. Es difícil relajarse cuando ya se está en un estado de ira. La excitación resultante de la descarga de adrenalina dura mucho tiempo. Para algunas personas, la excitación puede durar unas horas, mientras que otras la experimentan durante un día o más. Ese prolongado estado de excitación hace que sea fácil volver a enfadarse rápidamente incluso después de que la situación inicial haya desaparecido. Se necesita mucho tiempo para volver a un estado de reposo completamente normal. Durante el lento proceso de enfriamiento, es más probable que uno pierda los nervios en respuesta a una pequeña irritación que no nos molestaría.

Esta excitación persistente también interfiere en nuestra memoria, y por eso olvidamos los acontecimientos que tuvieron lugar durante el arrebato. La persistencia nos mantiene preparados para más ira. No podemos evitar la excitación porque es esencial para el funcionamiento del cerebro. Sin la excitación, lo más probable es que nos quedemos dormidos para siempre. Cualquier estudiante sabe que es casi imposible captar una nueva materia cuando se tiene sueño. La excitación moderada mejora la memoria y ayuda al cerebro a aprender, rendir y concentrarse. La forma de excitación que se produce en los momentos de ira es excesiva y, por tanto, dificulta el desarrollo de nuevos recuerdos. La pérdida de memoria es una de las desventajas de la ira incontrolada.

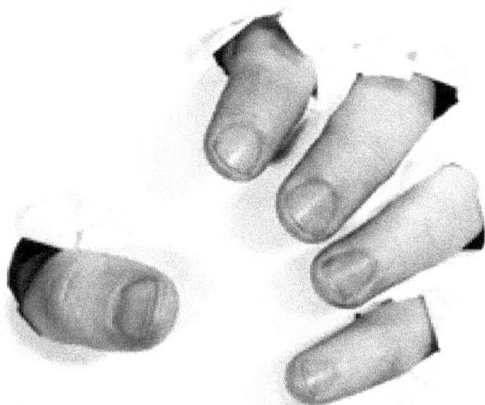

Ira inteligente

Muchas personas buscan formas de lidiar con el enfado porque les resulta desagradable y, en la mayoría de los casos, tiene consecuencias negativas. Lo que hacemos cuando nos enfadamos determina muchas cosas en el futuro. Como la mayoría de los enfados acaban teniendo consecuencias negativas, tendemos a asumir que la ira es mala. A muchas personas se les ha enseñado que la ira es una emoción peligrosa que debe ser ignorada o reprimida por todos los medios. En la mayoría de los casos, se desaconseja a las mujeres que muestren su enfado porque se define como algo impropio de una mujer. Las culturas nos han enseñado que la ira es una muestra de arrogancia. También hemos observado a personas que se enfadan y hemos visto lo que acaban haciendo.

Dado que la ira implica dolor y confusión, puede conducir a acciones que causan problemas. Por ello, optamos por centrarnos en formas de suprimir, evitar o minimizar la ira. Es raro encontrar a alguien que vea la ira como una emoción agradable y satisfactoria. La mayoría de nosotros la vemos como un problema, algo de lo que debemos deshacernos. Sin embargo, la ira tiene un propósito en nuestras vidas, y es útil. El dolor emocional puede parecer innecesario en nuestras vidas, pero al igual que el dolor físico, cumple una función vital en ellas. Si se quema el dedo, se aleja de lo que le está quemando y le da tiempo para que se cure. Del mismo modo, emociones como la ira nos envían un mensaje.

En concreto, el enfado nos advierte de que algo va mal y que debemos pararnos, encontrar soluciones y superar los obstáculos. Es cierto que nuestras acciones cuando estamos enfadados pueden dar lugar a arrepentimientos. Actuar de forma agresiva no es algo inteligente, tanto si está justificado nuestro enfado como si no. Nos sentimos mal después de un arrebato. Normalmente, cuando estamos en peligro, nuestro cuerpo está diseñado para actuar antes de pensar críticamente; por lo tanto, podemos ser bastante irracionales cuando estamos en peligro. Sin embargo, no tenemos por qué estar fuera de control cuando nos enfadamos. Es posible pensar con claridad, analizar y comprender la situación de provocación. Entonces, podrá utilizar la emoción como motivación para iniciar un cambio positivo.

Hay dos errores que la gente comete cuando se trata de la ira. O bien intentan alegrarse de la situación hiriente o intentan ignorar el sentimiento por completo. Sin embargo, aceptar y abrazar la utilidad de la ira mejora la capacidad de pensar y actuar mientras se está emocionado. Aunque pueda parecer contradictorio, el deseo de sentirse enfadado ante un conflicto le ayudará a comprender y gestionar sus emociones y situaciones.

Normalmente, todos queremos sentirnos bien y evitar cualquier sentimiento malo, pero en algunos casos, los sentimientos desagradables son muy beneficiosos. Es importante experimentar emociones que sean congruentes con nuestras circunstancias aunque no sean agradables. Más valiosa es la capacidad de comprender y gestionar las emociones. Una buena capacidad para gestionar las emociones está relacionada con un mayor bienestar físico y emocional.

El problema de la ira es distinguir la forma útil de la inútil. Aferrarse al resentimiento mucho tiempo después de que la situación de enfado haya desaparecido conduce a un enfado malo. Esa ira sólo nos hará vulnerables a más ira.

Entonces, ¿cómo identificar y aplicar la ira útil de forma inteligente? En primer lugar, asuma que está equivocado en la situación; su razón para estar enfadado no es válida. Respire, cuente y respire hasta que se sienta racional. Controlar la ira no significa reprimirla. Además, no realice acciones que puedan amplificar su ira. Por ejemplo, no se concentre demasiado en la persona o cosa que le enfada. Busque una distracción. Después, analice los acontecimientos. ¿Le está sirviendo de algo el enfado? ¿Qué mensaje está tratando de transmitirle? ¿Le está advirtiendo de la injusticia, la falta de respeto o la pérdida? ¿Le está motivando para encontrar una solución a una situación en el trabajo? ¿Revisar su pasado? ¿Ayudar a las personas que le rodean o a un grupo especialmente desfavorecido? Cuando deje de alejar la ira buena, podrá tomar decisiones sobre sus respuestas a la vida.

Capítulo 2: Causas de la ira

La ira a una edad temprana

Desde una edad muy tierna, las personas experimentan esta emoción fundamental llamada ira y aprenden a expresarla en función de las personas que ven a su alrededor. Los niños pequeños expresarán la ira en función de lo que copien de los adultos y de la recompensa que obtengan por ello. En general, el mundo tiene una relación incómoda con la expresión de la ira, por lo que crecemos pensando que está mal expresar la ira directamente. Nos enseñan que la ira es una emoción peligrosa en todo momento y que no debe tolerarse. En consecuencia, la mayoría de nosotros aprendemos a ignorar/suprimir la ira, a desconfiar del sentimiento, a embotellarlo todo y a utilizarlo sólo de forma muy indirecta. El peligro de ignorar la ira es que sólo se acumula en nuestro interior y estalla en un momento u otro.

Es cierto que la ira puede ser muy destructiva cuando se gestiona mal, pero tiene una lista de ventajas. Cuando se utiliza bien, la ira se convierte en algo más que una fuerza destructiva.

La ira es una parte muy importante de los instintos de autodefensa y autoconservación. Si fuéramos totalmente incapaces de enfadarnos, sería difícil defendernos. La gente nos ofendería una y otra vez y no haríamos nada al respecto. Por eso es muy importante que aprendamos las formas de expresar la ira de forma eficaz. Hay estrategias saludables y socialmente respetuosas que se pueden utilizar para expresar los sentimientos de ira. Es importante expresar estos sentimientos de forma controlada para preservar nuestras relaciones, nuestra salud y nuestra empleabilidad.

La ira a través de las generaciones

La ira puede transmitirse de una persona a otra en una familia. Sin embargo, no hay pruebas sustanciales que demuestren que la ira pueda transmitirse a través de los genes. Sólo se aprende o se adquiere. La gente cree que la ira es genética porque puede recordar a alguien en la línea familiar que era bastante enfadado e irritable, tal vez un padre, un abuelo u otro pariente. La ira es un comportamiento adquirido que se mantiene con la práctica. La única excepción es la ira que se produce debido a otros trastornos y enfermedades mentales.

La familia determina cómo se expresan las emociones, como la alegría, la tristeza, el miedo, la ira, etc. Si el enfado no fue gestionado adecuadamente por los abuelos, lo más probable es que los padres se enfaden y los niños también. Hay que tener en cuenta que no hay un padre de trato. Todas las personas tienen defectos, y los padres también. Hay defectos que sus padres heredan de los suyos, y probablemente usted recogerá algunos de ellos, involuntariamente. La ira se transmite en cierta medida de generación en generación. Depende de usted reconocer los comportamientos que preferiría no transmitir a sus hijos. Abandone los hábitos inútiles e hirientes.

¿Cómo puede proteger a sus hijos para que no hereden problemas de control de la ira y otros hábitos erróneos? En primer lugar, tenga en cuenta el hecho de que es un modelo que seguir. Probablemente sea el primer y principal ejemplo del que sus hijos aprenderán algo, por lo tanto, manténgase alerta. Si puede aprender a romper los malos hábitos de manejo de la ira, entonces puede romper la cadena. Lo esencial es cortar las cadenas erróneas. Piense en lo bonito que sería que su familia pudiera llevar una vida mejor; llena de éxito y tranquilidad.

Cuando los miembros de la familia se enfaden, tómese el tiempo necesario para hablar con ellos de sus sentimientos. Tenga en cuenta que la ira no es el sentimiento principal. Busque signos de depresión, miedo, ansiedad, tristeza u otras emociones de fondo. Cuando los niños manejen positivamente su ira, recompénselos. Si no lo hacen, hable con ellos y, si el problema continúa, busque ayuda profesional. Para ayudar a su familia:

- Busque formas adecuadas de comunicarse con su pareja, hijos y otros familiares; la comunicación asertiva puede ayudar.
- Controle siempre su ira, independientemente de las circunstancias.
- Eduque a sus hijos sobre la ira.
- Discutir los mejores métodos para hacer frente a la ira en la familia.
- Participar en la terapia familiar y formular un plan de gestión de la ira con los miembros.
- Para los miembros de la familia que siguen teniendo problemas, recomiende una terapia individual contra la ira.

Adquisición de estilos de ira

Todo el mundo nace con la emoción de la ira, pero nadie nace con una ira agresiva y crónica. Por lo general, todo el mundo responderá a una situación abusiva o frustrante de la manera que vea más viable, pero se basa en los hábitos que aprendió. Por ejemplo, las personas que crecieron en hogares violentos son más propensas a tener algunas formas inadecuadas de manejar las situaciones frustrantes. Las personas que crecieron en hogares en los que la ira se manejaba adecuadamente tendrán más facilidad para lidiar con los demás.

Los estilos de respuesta agresiva y la ira crónica se aprenden normalmente. Hay varias formas de aprender los estilos de expresión de la ira agresiva. Algunas personas adquieren los hábitos desde la infancia observando el comportamiento de las personas mayores que les rodean. Si los padres y las personas que influyen en ellos están enfadados, son hostiles y amenazan constantemente, los niños adoptarán esos hábitos. Aunque los niños no muestren estos hábitos a una edad temprana, lo más probable es que los apliquen a una edad posterior, una vez que estén cerca de personas a las que puedan intimidar. Notarás que a estos niños les cuesta mantener amigos y relaciones porque intimidan y menosprecian a los demás. Uno de los principales retos a los que se enfrentan las personas que recogieron la ira desde una tierna edad es que pueden no darse cuenta de su problema de ira. Para ellos, la ira es algo normal que vieron mientras crecían.

Las víctimas de la ira tienen un deseo de venganza y de dominio, por lo que sin duda desarrollarán problemas de ira. Si un niño ha pasado mucho tiempo en una situación de maltrato, puede jurar no volver a ser vulnerable y hará cualquier cosa para enfrentarse a las personas que supongan una amenaza. Estos niños empezarán a volverse hostiles hacia los demás basándose en la teoría de que "un buen ataque es la mejor defensa". Esto explica parte del acoso escolar. Por otra parte, las personas heridas o maltratadas pueden sobre generalizar y buscar la venganza contra todo un grupo de personas cuando es sólo una parte de ellas la que les ha hecho daño. Un ejemplo de este tipo de ira es cómo algunas personas tienen prejuicios contra todos los inmigrantes de algunos países que eran enemigos de su país.

Otra forma en la que las personas enfadadas aprenden a ser agresivas y hostiles es obteniendo un premio por ser un matón. Si uno consigue respeto o parece infundir miedo a otras personas por sus acciones agresivas, entonces se motiva para continuar con su despliegue de ira. El comportamiento agresivo continuará si la persona obtiene un aumento de posición y estatus social.

La ira y el género

Durante mucho tiempo se ha dado por sentado que los hombres son más iracundos que las mujeres. Se piensa que la ira es una emoción masculina y que Marte está lleno de hombres malhumorados y enfadados. Se supone que las mujeres son más tranquilas y graciosas; Venus está lleno de amor. En consecuencia, el mundo ha aceptado la ira en los hombres más que en las mujeres. La ira no es propia de las mujeres, pero para los hombres representa poder y dominio. Algunas frases que apoyan la ira masculina son: "Los hombres no lloran", "no seas como una chica", etc. En consecuencia, los hombres aprenden a reprimir sus emociones.

Las investigaciones han revelado que tanto los hombres como las mujeres se enfadan y que no hay diferencia de género a la hora de hacerlo. Las mujeres se enfadan con la misma intensidad y frecuencia que los hombres. Incluso buscan ayuda para controlar la ira tantas veces o incluso más que los hombres. Los investigadores que encontraron diferencias en los niveles de ira también afirman que las mujeres se enfadan más que los hombres hasta cierto punto. Sin embargo, estas investigaciones no están calificadas. La mayoría de las mujeres han declarado que se enfadan, gritan, se sienten molestas y pierden los nervios. Los hombres, en cambio, declaran que prefieren guardar sus emociones. Se ven obligados a reprimirlas y sólo actuarán cuando se les lleve al límite.

Otras investigaciones han revelado que, aunque no hay diferencias en la frecuencia de la ira en función del género, las mujeres tienden a insistir en el tema que las enfadó durante más tiempo, informan de episodios de ira más intensos y hablan de su ira más abiertamente. La razón de que se insista en el enfado durante más tiempo es la intensidad. Las mujeres tienden a sentir las cosas más profundamente que los hombres, por lo que se extenderán más en el tema. De nuevo, las mujeres son más abiertas, por lo que hablarán abiertamente de las cosas que las irritan.

Las diferencias entre hombres y mujeres no se aprecian en el término ira, pero son muy evidentes en la agresión. El sentimiento es casi similar, pero el comportamiento difiere. Los hombres son más propensos a la acción física cuando se enfadan que las mujeres. Esto se mantiene casi constante en el tiempo y en la cultura porque a los hombres se les enseña a ser duros. En cambio, las mujeres tienden a emplear modos eficaces e indirectos de expresión de la ira, como reclutar aliados, cotillear, retirar el afecto y llorar. A menudo interpretamos las reacciones de las mujeres como razonables, pero en realidad, se debe a que son sobrepasadas por los hombres; por lo tanto, jugarán la mano que les toque. Las mujeres son más propensas a expresar su ira hacia sus compañeras que los hombres.

El género también puede influir en el tipo de ira que uno suele poseer. Las mujeres tendrán la forma de ira que muestra resentimiento mientras que los hombres tendrán el tipo de ira que es vengativa. Las mujeres también son más propensas a expresar su ira hacia sí mismas que hacia otras personas.

La ira y la cultura

Como ya hemos dicho, no siempre podemos expresar la ira como queremos. Las circunstancias y las personas implicadas determinan la forma en que resolveremos nuestros problemas. Las normas sociales determinan cómo respondemos a las personas con las que estamos enfadados, independientemente de la emoción. Las culturas tienen diferentes normas sobre la expresión de la ira. En cada comunidad existen normas de exhibición que determinan las formas en que se puede expresar la ira de forma adecuada. Las investigaciones han revelado patrones en las reglas de exhibición entre las culturas individualistas y colectivistas.

Las culturas individualistas defienden la autoexpresión y la independencia. Sus reglas de exhibición de la ira establecen que es más apropiado:

1. Minimizar la expresión de la ira en lugar de eliminarla por completo.
2. Muestre su enfado a los amigos y a la familia antes que a los desconocidos. Las personas de las culturas individualistas tienden a cambiar de grupo; por lo tanto, les resulta más importante mantener relaciones con personas que no conocen que con la familia y los amigos. Estas personas también dependen menos de un único grupo de interacciones sociales.

Las culturas colectivistas dan prioridad a la cohesión y la cooperación del grupo. Sus reglas de exhibición de la ira establecen que es más apropiado:

1. Mantén la armonía. La armonía es importante; por lo tanto, también hay que ocultar la ira para mantenerla. La gente puede no mostrar ninguna emoción o enmascarar su ira con otras cosas.
2. Exprese su ira a extraños en lugar de a familiares o amigos. Algunos mecanismos de afrontamiento de la ira pueden ser apoyados por una comunidad y desaconsejados por otra, por lo que uno debe tener en

cuenta su cultura al buscar ayuda para el control de la ira.

Poblaciones afectadas por la ira

La ira puede afectar a cualquiera, independientemente de la edad, el sexo o la etnia. En la mayoría de los casos, la ira se alimenta de nuestras creencias y de la exposición a ella. Si estamos expuestos a la ira a una edad temprana, o las creencias que se nos inculcan no son racionales, es más probable que nos afecte la emoción.

Adultos

La ira en los adultos suele afectar a la vida profesional y familiar. Uno de los retos que motiva ampliamente a los adultos a buscar ayuda para el control de la ira es la vida profesional. Existen herramientas preventivas y correctivas de la ira para que las personas puedan hacer frente al estrés y la ira derivados de cuestiones relacionadas con el trabajo. Por ejemplo, las personas que trabajan con individuos con problemas mentales probablemente experimenten estrés cuando tienen pacientes que no mejoran. En consecuencia, tendrán problemas de ira. Se han desarrollado habilidades de control de la ira para ayudar a estos cuidadores (por ejemplo, los que trabajan con personas con demencia) a afrontar los sentimientos de frustración que pueden llevar a la ira. Otros programas de control de la ira están diseñados para ayudar a las parejas que tienen problemas de control de la ira.

Niños y adolescentes

La capacidad de un niño para comprender sus emociones y cómo reaccionar en determinadas situaciones puede determinar en gran medida su forma de expresar la ira. Compartir con los niños pequeños las formas adecuadas de expresar la ira puede ayudarles mucho a reaccionar ante las situaciones. Algunos programas de control de la ira centrados en el comportamiento cognitivo se han modificado para los adolescentes y los niños más pequeños. Se han diseñado tres tipos comunes de terapia cognitivo-conductual para los jóvenes, que incluyen el desarrollo de habilidades para la vida, la educación eficaz y la resolución de problemas. Las habilidades para la vida se centran en la empatía, la comunicación, la asertividad, etc. y utilizan el modelado para enseñar las reacciones a la ira.

Una educación eficaz presta atención a los sentimientos de ira y relajación. La resolución de problemas ayuda al paciente a ver la causa y el efecto de la situación en lugar de permitir que la ira domine. Algunos factores que se tienen en cuenta a la hora de seleccionar una terapia para niños y adultos son la edad, la socialización y la gravedad del problema de ira. En el caso de los niños, la terapia de control de la ira puede hacerse más divertida incluyendo actividades más atractivas para ellos. Los adolescentes pueden sacar más provecho de las sesiones de terapia si se les ayuda en su entorno social natural.

La terapia de control de la ira seleccionada para los niños y adolescentes debe tener una intensidad que se ajuste a las acciones. Por ejemplo, si un adolescente tiene graves arrebatos de ira en clase, debería tener sesiones más largas con el terapeuta escolar. Algunas reacciones de ira más graves podrían requerir acciones duras, como sesiones de gestión en un centro correccional de menores.

Personas con discapacidad intelectual

Las personas con discapacidad intelectual pueden tener problemas para controlar la ira. Dependiendo del individuo y del entorno, hay ciertas estrategias que se utilizan para minimizar la agresividad de estas personas:

1. Las **estrategias reactivas** tienen como objetivo minimizar el impacto del comportamiento excesivamente agresivo. Un terapeuta puede utilizar protocolos establecidos, como el aislamiento forzado en el momento de la ira.

2. La **gestión de contingencias** se centra en la remodelación del comportamiento mediante algunas formas de castigo y refuerzo.

3. **Las intervenciones ecológicas** suelen utilizar el entorno para provocar un efecto calmante en la persona enfadada.

4. La **programación positiva** normalmente enseña habilidades de reacción positiva en lugar de agresión.

Criminales violentos

Los delincuentes violentos son propensos a la ira debido a su entorno. A veces, el hecho de encarcelarlos lo empeora aún más porque la mayoría de los centros de incineración son incontrolados. Normalmente, los delincuentes violentos necesitan la agresión para salirse con la suya. Por lo tanto, despliegan la ira para anular la naturaleza humana natural-racional.

Abusadores de sustancias

Las personas que abusan del alcohol y las drogas corren un mayor riesgo de enfadarse y ser incapaces de controlarlo. Si una persona enfadada no puede controlar bien ciertos aspectos de su vida, el riesgo de ira aumenta.

Trastorno de estrés postraumático

El trastorno de estrés postraumático suele provocar problemas de control de la ira. Las personas con lesiones cerebrales también tienen dificultades para controlar la ira, especialmente si la parte del cerebro responsable de las reacciones impulsivas está afectada.

Capítulo 3: Signos y síntomas de los problemas relacionados con la ira

Antes de que uno pueda aprender las técnicas para gestionar la emoción de la ira, necesita aprender las manifestaciones de la ira. Es necesario responder a preguntas como "¿Cuáles son los indicios de que estoy enfadado? ¿Qué lugares, personas y acontecimientos me hacen enfadar? ¿Cuál es mi reacción cuando me enfado? ¿Cómo afectan mis acciones a los demás? " Obtener las respuestas adecuadas a estas preguntas requiere tiempo y atención. Es posible que una persona descubra más de una cosa que le hace enfadar. En el proceso, uno identificará algunas de las señales que aparecen cuando se produce la ira. Estas respuestas suelen ser el comienzo del plan de control de la ira. Le ayudarán a uno a elaborar un plan que valga la pena y que ayude a controlar la ira.

La ira se manifiesta de diferentes formas, y mientras algunas personas son capaces de controlar la emoción, otras no. Algunos individuos tienen problemas para controlar su ira y otros la experimentan fuera del ámbito normal del ser humano. Esta ira que se manifiesta fuera del ámbito normal de la emoción puede presentar diferentes tipos de trastornos. Algunas de las formas de ira ampliamente aceptadas son la ira crónica, la ira abrumadora, la ira pasiva, la ira autoinfligida, la ira volátil y la ira de juicio.

Enfado crónico: esta forma de enfado se prolonga durante mucho tiempo y normalmente tiene un impacto en el sistema inmunológico. También se ha relacionado con ciertos tipos de trastornos mentales.

Cólera abrumadora: es una forma de cólera que surge cuando las exigencias de la vida son demasiado para una persona.

Enfado pasivo - Esta forma de enfado no siempre aparece como enfado y, por tanto, puede ser difícil de identificar. A veces, las personas que experimentan la ira pasiva ni siquiera se dan cuenta de que están enfadadas. En la mayoría de los casos, la ira pasiva se manifiesta como apatía, sarcasmo y maldad. Una persona que experimenta ira pasiva participará en patrones de comportamiento autodestructivos, como el alejamiento de la familia y los amigos, la falta de asistencia a la escuela y al trabajo, y el bajo rendimiento en situaciones sociales y profesionales. Para las personas ajenas, estos patrones de autosabotaje parecerán intencionados, aunque la persona afectada no se dé cuenta de la causa y el efecto. La ira pasiva puede ser difícil de reconocer porque suele estar reprimida. El asesoramiento puede ayudar a identificar la emoción que desencadena las actividades de autosabotaje y a sacar a la luz los asuntos subyacentes para que puedan ser tratados.

Cólera agresiva - Las personas con tendencia a la cólera agresiva suelen ser conscientes de sus sentimientos, aunque no siempre entienden la causa de su comportamiento. En algunos casos, estas personas redirigen los estallidos de ira hacia chivos expiatorios porque tienen dificultades para abordar el verdadero problema. A menudo, la ira agresiva se manifiesta como una ira de represalia o volátil y puede provocar daños físicos a personas y bienes. Aprender a identificar los factores desencadenantes y a gestionar los síntomas es importante para afrontar la ira agresiva de forma positiva.

Ira crónica

Básicamente, la ira es una emoción diseñada para empoderarnos y encontrar medios constructivos para satisfacer nuestras necesidades y deseos. Sin embargo, las personas que han abrazado la ira crónica (a largo plazo) acaban perdiendo el poder. Las personas con ira crónica ven el mundo a través de un filtro limitado a su emoción. Los que sufren de ira crónica tienen una tendencia profundamente arraigada que es reactiva y apenas está influenciada por la autorreflexión y el pensamiento. Normalmente, estas personas tienen una visión estrecha y sus reacciones suelen ser rígidas. En consecuencia, sus acciones tienen un poder disminuido. Normalmente, las acciones de estos individuos merman la capacidad de las personas afectadas para satisfacer sus deseos y necesidades de forma genuina.

La ira crónica tiene muchas caras dependiendo del individuo en cuestión. Por ejemplo, algunas personas buscan pelearse cuando están intoxicadas. Una persona entrará en un bar, elegirá a alguien para dirigir su ira y comenzará una pelea. Incluso si la persona es detenida por pelear en el bar y expulsada, elegirá a alguien que salga del bar y seguirá peleando. Normalmente, esto da lugar a detenciones u otras duras consecuencias.

El enfado crónico también es evidente en Internet, ya que la gente emite opiniones predominantemente egoístas. Estas afirmaciones hechas desde la ira merman la capacidad de ser abierto, civilizado, compasivo y comprensivo. La ira crónica es una catarata que nubla nuestro juicio y nuestra visión. Somos incapaces de ver lo bueno en los demás e incluso en nosotros mismos. Nos hace pensar que los desacuerdos nos hacen menos humanos.

La ira crónica es, en la mayoría de los casos, omnipresente y se manifiesta en las relaciones, en el lugar de trabajo y en otros segmentos de la vida. Muestra una vulnerabilidad continua a enfadarse, así como una actitud habitual de hostilidad. En la mayoría de los casos, la ira crónica se alimenta de las heridas y cicatrices emocionales y mentales de las personas: las cosas que sucedieron en nuestro pasado y que somos incapaces de superar. Estas heridas suelen tener su origen en anteriores negligencias y abusos físicos y emocionales. También pueden haberse originado por amenazas y pérdidas en nuestra vida reciente. Estas pérdidas pueden ocurrir en el empleo, la salud, las finanzas, el estatus social, económico, etc.

Mientras que algunas personas pueden señalar claramente el origen de su ira, otras no pueden asociar su estado con sus heridas y miedos anteriores. Las personas que no pueden relacionar su estado actual con las cosas que les sucedieron en el pasado normalmente intentan negar sus sentimientos o minimizar el impacto de ver lo que pasaron. A veces, el sentimiento de negación se debe a la vergüenza y la culpa. En la mayoría de los casos, se culparán a sí mismos por las cosas que les rompieron en un intento de esconderse de su confusión y rabia con respecto a los acontecimientos. En cualquier caso, la gravedad de las heridas sufridas en el pasado puede contribuir a un estado de hipersensibilidad y reacción exagerada porque cualquier asunto se siente como un maltrato.

Muchas personas que han sido heridas en el pasado abrazan el dolor crónico como una armadura mental con la intención de protegerse del sufrimiento. Este abrazo puede producirse de forma intencionada o no. La ira crónica puede ser utilizada por una persona para eludir la autorreflexión, algo que es necesario para crear una identidad. La ira le ayuda a uno a evitar preguntas como "¿quién soy y cuál es mi propósito?". Sin hacer estas consideraciones, uno se aferrará a las creencias con las que creció. En consecuencia, no habrá tiempo para analizar el pasado y el estado actual de la ira. A menos que tengamos respuestas a preguntas que nos ayuden a construir nuestro propio carácter, seguiremos aferrados a la ira crónica. No desarrollaremos una personalidad compleja que resuene con la persona que somos y queremos ser.

El enfado crónico nos deja reactivos, y tenemos una personalidad muy débil, por lo que respondemos a cualquier otro drama de forma drástica. La falta de gustos y deseos propios nos deja en un estado de reacción por defecto. Una persona también puede evitar la construcción de su personalidad si siente que los roles y deberes que le imponen sus padres o la sociedad son inalcanzables. Esta postura suele ser evidente en la actitud "No sé quién soy y quiero ser, pero estoy seguro de que no me gustaría ser tú".

Otras personas adoptan la ira crónica para evitar asumir la responsabilidad de sus vidas. Por lo general, es más fácil culpar a otra persona o a una circunstancia de una determinada situación que asumir la responsabilidad. Culpar a otra persona le ayuda a uno a renunciar a todo el poder y el control que podría haber utilizado para alterar la situación. Asumir el dolor crónico ayudará a la persona a no buscar cursos de acción alternativos incluso cuando tenga dolor.

Aferrarse a la ira suele estar respaldado por la necesidad de protegerse para no ser herido de nuevo. Aferrarse a la ira a largo plazo nos ayuda a desarrollar una mentalidad de hipervigilancia, es decir, estamos constantemente en guardia, esperando que alguien nos ofenda. Esta mentalidad incluye la creencia errónea de que otras personas están buscando maneras de hacernos daño, o que no debemos confiar en nadie. Esta mentalidad obstaculiza la intimidad, y no podemos invertir y compartir a un nivel emocional más profundo. De nuevo, la falta de confianza se suma a nuestra rapidez para evitar las relaciones cercanas y contribuye a la incapacidad de perdonarnos a nosotros mismos y a los demás.

Al abrazar el dolor, algunas personas son capaces de evitar el dolor del luto y el duelo. Evitan identificar y aceptar el dolor que hay detrás de la herida, un proceso que es importante para soltar las heridas. La incapacidad de dejar ir lo que sucedió en el pasado conduce a un tiempo congelado en el que uno ve que tiene oportunidades y opciones limitadas para cambiar las cosas. En consecuencia, nos vemos obligados a centrarnos en el pasado de una forma negativa que ensombrece la percepción del futuro.

Sea cual sea la razón que uno elija para abrazar la ira crónica, la emoción prolongada puede paralizarnos. La ira crónica fomentará una sensación de falta de poder que sólo conducirá a más ira en un intento de sentirse poderoso. Esta ira prolongada también puede contribuir al abuso del alcohol y de las drogas, así como al autodesprecio. Las personas que sufren de ira crónica, en la mayoría de los casos, se aferran a culpar y odiar a los demás por su miseria.

La ira crónica también puede significar otros trastornos como la depresión. También puede ser consecuencia de otros trastornos. Al igual que la depresión, la ira crónica también conduce al pesimismo hacia el futuro. En consecuencia, una persona con ira crónica no se comprometerá con objetivos futuros que podrían mejorar su vida. La ira crónica hará que a la persona le resulte difícil imaginar el futuro sin ira. Ni siquiera se puede imaginar un futuro brillante, lleno de felicidad, satisfacción y significado.

Una similitud entre la ira crónica y la procrastinación es que uno se siente protegido. La procrastinación le protege a uno de la tensión de emprender una actividad, mientras que la ira crónica congela a la persona en el tiempo, evitando así el futuro. Una persona con enfado crónico buscará todo tipo de excusas para evitar enfrentarse al futuro. Por ejemplo, en lugar de analizar las cosas que influyen en el enfado, explicará que otras personas no están enfadadas porque lo han tenido fácil en la vida.

La identidad de la ira crónica proviene en su mayor parte del odio a otras personas que son diferentes a nosotros. En segundo lugar, la ira crónica se basa en la creencia de que no puede alcanzar la felicidad mientras esas personas que odia sigan en su vida. Su presencia y existencia se sienten como un obstáculo. Esta mentalidad rígida otorga a otras personas demasiado poder sobre nuestras vidas y, al mismo tiempo, nos roba todo lo bueno.

Cuando nos aferramos a la ira crónica, no logramos comprender ni darnos cuenta de las cosas que realmente necesitamos. Sólo podemos identificar nuestros deseos clave cuando nos planteamos y reflexionamos sobre nuestra ira y nuestras reacciones. Un análisis minucioso revelará las necesidades que hemos frustrado o amenazado. Puede ser un deseo de seguridad, confianza, respeto y protección. Hay que tener en cuenta que aferrarse a esa ira sólo dificulta la satisfacción de los deseos.

Sinceramente, la vida es difícil. De hecho, la vida no es ni justa ni equitativa. Imagine a un veterano que ha perdido un miembro mientras luchaba por la paz en el mundo. Este veterano tiene todo el derecho a estar enfadado y amargado. Puede elegir quedarse en un estado abusivo, abusar de las drogas y despotricar de los fallos del gobierno. Sin embargo, un buen número de ellos opta por dedicarse a cursos constructivos como el deporte. Siguen adelante con la vida a pesar de sus pérdidas.

Aferrarse a la ira sólo le priva de una buena vida. Todo el mundo tiene retos, y la mejor opción que tiene es superar los suyos. Superar los retos y las heridas requiere una voluntad fortalecida. El verdadero cambio no se produce fácilmente, sino que exige algunas acciones serias frente al dolor. No importa si obtiene su motivación de la fe, de un mal o buen recuerdo, o de una recompensa en el futuro. Hay que poner mucha voluntad para romper un hábito. Para dejar de lado la ira crónica, tenemos que centrarnos en el futuro en nuestro comportamiento y nuestros pensamientos.

Es importante que exploremos la ira y las formas de gestionarla. A través de un asesoramiento que incluya una profunda autorreflexión y la práctica de nuevas habilidades, permitiendo un espacio para el luto y el duelo y, en última instancia, haciendo las paces con el pasado, uno puede encontrar formas de hacer las paces con la ira. Gestionar la ira puede requerir cultivar una voz de autocompasión que reconozca el dolor y el sufrimiento personales.

Independientemente de la persona en la que nos hayamos convertido y de la que creamos que somos, existe la posibilidad de que podamos desarrollar nuevos hábitos. Estos hábitos alterarán la forma en que nos relacionamos con nuestros sentimientos, pensamientos y comportamiento en términos de ira. Las estrategias de manejo de la ira nos ayudarán a llevar una vida que resulte en una mayor satisfacción.

Síntomas emocionales de los problemas relacionados con la ira

Uno podría pensar que el estallido de ira es el único indicador de una incapacidad para manejar la emoción, pero hay muchos síntomas que muestran una ira no gestionada. Algunos de los otros indicadores que muestran que uno no está manejando la ira de una manera sana y eficaz incluyen la irritabilidad constante, la ansiedad, la depresión, la tristeza, el resentimiento, la rabia, entre otros. Una sensación constante de agobio, problemas con la organización de los pensamientos y sentimientos, y fantasías de que uno es mejor que los demás también podrían indicar un trastorno de ira u otros problemas de ira.

Síntomas físicos de los problemas relacionados con la ira

Hay indicadores físicos de la ira, por ejemplo, palpitaciones, hormigueos, aumento de la presión arterial, fatiga, dolores de cabeza, mandíbulas apretadas, rechinar de dientes, dolor de estómago, dolor de cabeza, mareos, temblores y sacudidas, sudoración, sensación de calor en la cara y presión en la cabeza.

Otros síntomas que pueden indicar un fallo en el control de la ira son: empezar a gritar y levantar la voz por asuntos sin importancia, volverse sarcástico, levantar la voz, gritar y llorar, perder el sentido del humor, actuar de forma abusiva, etc.

Capítulo 4: Los costes de la ira

La ira tiene procesos y consecuencias tanto psicológicas como fisiológicas. Como tal, la ira puede tener un impacto negativo en el estado físico y emocional de la salud. La relación negativa entre la ira y las enfermedades cardíacas ha demostrado ser cierta.

Costes sanitarios

Presión arterial y enfermedades del corazón

Los científicos han descubierto que existe una conexión directa entre el estado de ser constantemente competitivo, agresivo y enojado, y las enfermedades cardíacas tempranas. Por ejemplo, estudios recientes demuestran que los hombres que carecen de habilidades para controlar la ira tienden a tener más probabilidades de sufrir una enfermedad cardíaca antes de llegar a los 55 años, en comparación con sus compañeros. Otro estudio reveló que es más fácil predecir con exactitud la probabilidad de sufrir un ataque al corazón en los hombres utilizando su índice de hostilidad. El índice de hostilidad se refiere al grado de irritabilidad y hostilidad de una persona hacia otra. Es más fácil predecir un infarto mediante el índice de hostilidad que con otras causas como los niveles de colesterol, el consumo de tabaco, la ingesta de alcohol, etc.

La expresión de la hostilidad y la ira también se relaciona con la reactividad de la presión arterial y la hipertensión (presión arterial alta). En un estudio en el que se analizaron los efectos de la distracción y el acoso en hombres que intentaban realizar una tarea, sólo los hombres que presentaban una alta hostilidad mostraron un aumento de los niveles de presión arterial y un mayor flujo sanguíneo hacia los músculos. Los hombres con puntuaciones más bajas en la escala de valoración de la hostilidad no mostraron los cambios fisiológicos mencionados. Los hombres con niveles de hostilidad más altos también informaron de una irritación y un enfado más persistentes que los que tenían niveles más bajos. Las pruebas de estos estudios y otros similares revelaron que existe una gran relación entre la propensión a la hiperactividad fisiológica y la ira. Algunas personas tienden a excitarse con facilidad y permanecen estresadas durante largos periodos, lo que provoca daños acumulativos e importantes en su organismo.

Numerosos estudios han revelado claramente que tener hostilidad, agresividad e ira constantes y crónicas aumentará la probabilidad de desarrollar una serie de enfermedades cardíacas mortales cinco veces más de lo normal. Cuanto más hostil sea usted, mayor será el riesgo de sufrir una enfermedad cardíaca. Si ve que pierde los nervios cada vez que tiene que esperar mucho tiempo en la cola de un supermercado, o si el atasco le saca de quicio, es importante que compruebe el daño que puede estar provocando. La ira puede destruir lentamente su vida o incluso matarle.

Tipos de personalidad e ira

Existen diferentes tipos de personalidad clasificados según sus características únicas. Las personas crónicamente hostiles, irritables e iracundas se encuentran normalmente bajo la personalidad 'tipo A'. Las personas con personalidades más relajadas se clasifican como 'tipo B'. Estas clasificaciones fueron inventadas por los doctores Meyer Friedman y Ray Rosenman a finales de la década de 1950 como medio para diferenciar entre los pacientes que tienen más posibilidades de padecer enfermedades cardíacas y los que tienen menos posibilidades. Las personalidades "tipo A" tienen más probabilidades de alcanzar un gran éxito profesional, pero tienden a mostrar más agresividad y rasgos de personalidad competitivos. La personalidad de tipo B tiende a abordar la vida por una vía fácil. En consecuencia, las personalidades 'tipo A' son más propensas a sufrir ataques al corazón que las 'tipo B'. En concreto, las personalidades 'tipo A' muestran los siguientes rasgos: rapidez para enfadarse, competitividad, reactividad explosiva, irritabilidad, impaciencia y hostilidad. Estos rasgos indican una alta probabilidad de padecer enfermedades cardíacas.

En el lado positivo, las personas de personalidad "tipo A" suelen ser muy decididas y están impulsadas a triunfar. No permiten que nada se interponga en su camino cuando persiguen sus objetivos. Están concentrados y, por consiguiente, siempre tienen prisa. Estas personas carecen de paciencia con sus colegas y con la gente que les rodea, especialmente con los de la personalidad "tipo B". Las personalidades de tipo A parecen ignorar a los demás sobre todo porque su mente está ocupada en otras cosas o están ocupados en otra cosa. Estas personas también tienden a ser muy críticas y a criticar muchas cosas. A menudo se centran en los puntos débiles de otras personas, concentrándose en asuntos como la impuntualidad, la indiferencia, la poca habilidad para conducir, etc. Las personas con personalidad "tipo A" tienden a enfadarse con los que consideran incompetentes o que tienen algunos defectos.

Desde el punto de vista fisiológico, los hombres de la categoría de personalidad "tipo A" (sobre todo los que tienen altos niveles de hostilidad) muestran una menor respuesta del sistema nervioso parasimpático en comparación con los que tienen una personalidad más relajada, tipo B. El sistema nervioso parasimpático se refiere a la parte del sistema nervioso que se encarga de calmar los momentos de ira. El sistema nervioso simpático (o SNS) es lo contrario del sistema nervioso parasimpático, que provoca la excitación en los momentos de ira. El sistema nervioso simpático es el responsable de inundar el cuerpo con hormonas del estrés que provocan la excitación. Estas hormonas del estrés incluyen la adrenalina y la noradrenalina principalmente. El sistema nervioso parasimpático desempeña el papel de contrarrestar las hormonas de la excitación liberando acetilcolina que neutraliza las otras hormonas, permitiendo que el cuerpo se relaje y se calme. Cuando un sistema nervioso parasimpático sano responde, hace que el cuerpo trabaje menos, reduciendo así la tensión de órganos como el corazón y las venas. Sin embargo, dado que el sistema nervioso parasimpático de los hombres "tipo A" es más débil de lo normal, normalmente son incapaces de calmarse y, por tanto, sufren daños corporales.

Extrañamente, incluso el sistema inmunológico de las personas con personalidad tipo A parece ser más débil. El sistema inmunitario desempeña un papel importante a la hora de ayudar al cuerpo a mantenerse libre de células cancerosas mediante la producción de otras células asesinas que se encargan de eliminar las células tumorales una vez que se forman en el cuerpo. Un estudio reveló que los estudiantes con altos índices de hostilidad (Tipo A) tenían menos células asesinas en el cuerpo durante los períodos de alto estrés, como cuando se presentan exámenes difíciles. Este no era el caso de los estudiantes con personalidad tipo B.

En resumen, a diferencia de la personalidad de tipo B, las personas de tipo A están conectadas de forma diferente, ya que pasan más tiempo bajo la influencia de un sistema nervioso excitado. Esto no ocurre con la personalidad de tipo B. La excitación repetida de la presión sanguínea y el ritmo cardíaco, y otras variedades de factores que intervienen en la respuesta de excitación del tipo A causan daños acumulativos y hasta cierto punto no reparables en los órganos y tejidos del cuerpo. Las diferencias en la exposición al estrés explican las mayores tasas de mortalidad temprana asociadas a la categoría de personalidad tipo A.

Costes sociales

La ira no sólo tiene efectos físicos, sino que también supone una serie de costes emocionales y sociales. La ira se correlaciona con la hostilidad, que a su vez dificulta la salud y las relaciones constructivas de las personas. Debido a la naturaleza constante de la ira, las personas hostiles seguirán perdiendo amigos y conservando muy pocas relaciones cercanas. Además, las personas hostiles son más propensas a sufrir depresión y tienen una mayor probabilidad de ser abusivas con los demás, tanto física como verbalmente. Y lo que es más importante, la ira crónica interfiere en la intimidad de una relación personal, ya sea con un miembro de la familia o con la pareja. A las personas normales les resulta difícil bajar la guardia cuando tratan con una persona enfadada; de ahí las tensiones en las relaciones.

A primera vista, esta pérdida de relaciones puede no sonar como un mal destino, especialmente para aquellos a los que les gusta su espacio. Sin embargo, las investigaciones demuestran que es importante tener relaciones sanas y de apoyo con los amigos, la familia, los colegas y los compañeros de trabajo para mantener la salud. Contar con el apoyo social de los compañeros ayuda a mantener alejados los problemas emocionales y los trastornos de salud más profundos, como las enfermedades cardíacas. Las personas tienen menos probabilidades de sufrir una depresión debilitante si cuentan con un apoyo social fuerte y viable.

Las personas enfadadas tienden a tener una actitud cínica hacia los demás y a menudo no utilizan la ayuda cuando se les ofrece. Estas personas tampoco reconocen el impacto de sus acciones y su comportamiento en los demás; apenas se dan cuenta de que están alejando a la gente poco a poco. La ira hace que estas personas ridiculicen la ayuda genuina de los amigos. La ira también se ha relacionado con los malos hábitos alimenticios y de consumo de alcohol, así como con el abuso de sustancias. Como las personas enfadadas no mantienen vínculos con otras personas, no habrá nadie que les ayude a lidiar con los malos hábitos, lo que aumenta las posibilidades de sufrir graves consecuencias para la salud.

La respuesta fisiológica y la excitación debidas a la ira evolucionaron para que las personas puedan manejar las amenazas físicas de forma constructiva. Sin embargo, en el mundo actual, son muy pocas las ocasiones en las que es necesario responder con una agresión física. Si nos fijamos en los lugares de trabajo, las reuniones sociales, los hogares, las escuelas, etc. hay muy pocos casos en los que las peleas físicas y los altercados verbales sean viables. Agredir a un jefe puede llevar a la pérdida del puesto de trabajo y pelearse con un conductor lento en la carretera puede llevarle a los tribunales.

La ira no controlada le llevará a los tribunales, le hará perder el trabajo e incluso le recluirá la familia y los amigos. Las personas que sufren de ira incontrolada no sólo sufrirán físicamente, sino también social y emocionalmente. Es importante que se controle cualquier comportamiento agresivo y perturbador derivado de una ira mal gestionada.

Costes y efectos motivacionales de la ira

Como se ha visto anteriormente, la ira no sólo afecta al estado físico de una persona. También afecta al estado psicológico de una persona. ¿Se ha preguntado alguna vez por qué a las personas enfadadas les resulta difícil dejar de lado sus hábitos? Hay algunas creencias y beneficios motivacionales vinculados a la ira. Algunos de estos beneficios son cortos de miras; otros son saludables, mientras que otros son autodestructivos.

En el lado positivo, la ira tiende a generar una sensación de control y poder en una situación que, de otro modo, implicaría miedo y sensación de debilidad. Antes del sentimiento de ira, uno puede carecer de la sensación de fuerza, pero a medida que la emoción aumenta, el control y la rectitud motivan a la persona a cambiar y desafiar la difícil injusticia social o interpersonal. Cuando la ira se maneja adecuadamente, le ayudará a uno a motivar a los demás para ganar un caso que de otro modo sería imposible de manejar. A veces, la ira le da a uno un descanso del sentimiento de miedo y vulnerabilidad; es una buena forma de desahogar las frustraciones y las tensiones.

La ira aumenta la energía necesaria para defenderse cuando se está perpetrando un mal. Por ejemplo, si uno es víctima de la violencia doméstica durante mucho tiempo, y la ira llega a un punto de ebullición, la vulnerabilidad desaparece y la fuerza se apodera de la persona para ayudarla a abandonar la relación abusiva. En estos casos, la ira puede ser una fuerza muy positiva en la vida. Ayuda a seguir adelante y a perseverar cuando se lucha por una buena causa, por ejemplo, Mahatma Gandhi y otros luchadores por la libertad.

Aunque la ira tiene motivaciones positivas, también tiene otras negativas. La ira es capaz de crear y reforzar un falso sentimiento de derecho, es decir, un sentimiento ilusorio de superioridad que permite justificar actos inmorales. Por ejemplo, la agresión motivada por la ira puede utilizarse para justificar el terrorismo o para intimidar y coaccionar a las personas para que hagan lo que uno quiere aunque sea en contra de su voluntad. Es más probable que las personas enfadadas se adhieran a la filosofía de que el fin justifica los medios y entonces seleccionen algún medio injustificado para lograr sus objetivos. Si la ira le ha llevado al lado oscuro de alguna manera, como lo hizo con Eric Harris y Dylan Klebold, los tiradores de la escuela que asesinaron a sus compañeros en Colorado en 1999, entonces es hora de buscar ayuda.

Hay que darse cuenta de que la ira puede tener un efecto positivo o negativo. Por lo tanto, si la ira llega a un punto de ebullición y le hace alejarse de un cónyuge abusivo, entonces esa ira es buena. Pero si utiliza la ira para intimidar y atemorizar a los demás para que hagan lo que usted quiere, incluso sin tener en cuenta las consecuencias, entonces hay un peligro, y está actuando tan mal como un matón.

Capítulo 5: La ira y la salud mental

La ira no siempre es un trastorno en sí mismo. A veces, puede significar otro trastorno mental. Al evaluar la ira, el terapeuta debe abordar cualquier diagnóstico subyacente. Hay una serie de trastornos mentales estrechamente relacionados con la ira, entre ellos:

- **Trastorno bipolar** - Una característica común de la manía es la irritabilidad. Una persona puede tener síntomas de ira en la fase depresiva.
- **Depresión mayor** - La ira puede dirigirse a uno mismo o a los demás.
- **Trastorno narcisista de la personalidad** - Una persona narcisista puede arremeter con ira si alguien hiere o ataca su ego. Utilizan la ira para enmascarar otros sentimientos como el miedo y la inferioridad.
- **Comportamiento de oposición desafiante - El** comportamiento hostil o de ira es uno de los principales signos del TOD en los niños.
- **Trastorno de estrés postraumático**: el TEPT suele provocar un estallido de ira incluso sin provocación. El estrés lleva a la persona al límite de tal manera que la mente deja de funcionar normalmente.

La conexión entre la ira y el estrés

Podrías preguntarte si el estrés es lo mismo que la ira. ¿El estrés es el resultado de la ira o la ira es el resultado del estrés? La gente dice que hoy hay más ira en el mundo que hace 20 años. Teniendo en cuenta las condiciones de vida actuales, esto podría ser cierto. Otras personas dicen que hay más ira hoy en día y que es evidente en la violencia en el lugar de trabajo, la ira en la carretera, los tiroteos en las escuelas, etc. El estrés puede aumentar ciertos problemas y si experimentas ira a menudo, es probable que el estrés la empeore.

El estrés saludable es muy bueno cuando se controla. El eustrés (estrés saludable) nos hace levantarnos de la cama por la mañana y perseguir nuestros sueños. También es lo que nos hace estar atentos durante todo el día. Este tipo de estrés no conduce a la irritabilidad ni a la ira. Las personas que carecen de Eustress suelen ser calificadas de desmotivadas o perezosas por los demás.

Por otro lado, existe una forma de estrés llamada angustia. Este tipo de estrés hace que las personas estén irritables o francamente enfadadas. Este estrés suele producirse cuando el enfado es excesivo y ya no actúa como motivador. El estrés puede ser abrumador cuando una combinación de factores estresantes se acumula en una persona. Un día, el estrés se vuelve demasiado, y la persona no sabe cómo manejarlo, por lo que estalla en ira.

¿Hay algún otro sentimiento que esté detrás del estrés y la ira? Cuando uno se siente enfadado o estresado hay otros sentimientos que lo potencian. En la mayoría de los casos, uno se estresa o se enfada cuando se siente impotente, faltado de respeto, abrumado, temeroso, etc. Es importante observar los sentimientos que hay detrás del estrés y la ira para identificar el tratamiento más viable. Entender la causa de su acción le ayuda a seleccionar los pasos que le ayudarán a relajarse.

Una vez que haya identificado los pensamientos y sentimientos que contribuyen a la ira y el estrés, observe el entorno que le rodea. ¿Es su entorno caótico? ¿El entorno de su casa o de su trabajo le hace sentir muy fatigado e irritable? Una vez que vea los factores estresantes del entorno, busque formas de evitarlos o de afrontarlos. A veces las soluciones se limitan a cambiar su mentalidad

Hay sustancias que pueden aumentar la ira y el estrés, como el azúcar, la cafeína, la nicotina y el exceso de comida. También hay sustancias y prácticas que pueden ayudar a reducir el estrés, como los ejercicios, el aprendizaje de la comunicación, los pasatiempos, el diario, el yoga, la respiración profunda, el Qigong y la participación en actividades sociales.

Consejos rápidos para controlar el estrés y la ira

- Pregúntese: "¿Importará mañana, la próxima semana o el próximo mes?".
- Comprenda que la única persona responsable de usted es usted mismo.
- Entienda que la ira y el estrés son energía. Depende de usted decidir cómo quiere utilizarla: positiva o negativamente.
- Comprenda que si permite que otras personas le estresen, les está dando el poder de controlarle.

¿Realmente quiere que otras personas manejen sus sentimientos?

El impacto de la ira y el estrés

Lo ideal es que nos encontremos en un estado de homeostasis, es decir, que sintamos y vivamos de forma equilibrada. Físicamente, todo debería funcionar perfectamente y también las emociones. Debería haber un estado de bienestar pleno, sin estrés, angustia o ira. Sin embargo, ocurren muchas cosas que alteran ese equilibrio y nos llevan a otros estados de existencia. Los peligros del mundo exterior son la principal causa de los desequilibrios. Un autor y bloguero llamado Robert M. Sapolsky, MD, afirma que las cebras no tienen úlceras. En su libro titulado "Why, Zebras Don't Get Ulcers" (Por qué las cebras no tienen úlceras), D r. Sapolsky, afirma que cuando una cebra se ve amenazada por un depredador, sus sentidos de alerta aumentan. La presión sanguínea aumenta, el flujo de adrenalina se intensifica y el animal entra en modo de lucha o huida. La sangre se dirige a las patas y al corazón, por lo que la cebra corre muy rápido. La cebra escapará o morirá, pero en cualquier caso, se olvida en cuanto la situación ha terminado. Sin embargo, esto no se aplica a los humanos.

En nuestro caso, el estrés y la ira durarán mucho tiempo después de que la situación haya terminado. Por lo general, los seres humanos están diseñados para rumiar las cosas y encontrar soluciones. La rumiación sobre la situación peligrosa o enloquecedora provoca un aumento de los niveles de presión arterial y adrenalina. De hecho, nos encontraremos en un estado en el que podemos percibir ira cuando no la hay. Esa reacción explica por qué puede enfadarse en un atasco. El problema es que esos altos niveles de alerta debidos al estrés y la ira son perjudiciales para la salud. Deberíamos aprender a gestionar el estrés y la ira y, como la cebra, volver al estado de equilibrio.

La ira y sus creencias

Como hemos visto, hay una gran variedad de razones por las que uno puede enfadarse. ¿Sabía usted, o incluso sospechaba, que el sistema de creencias de una persona puede provocar un ataque de ira? Los investigadores han descubierto que las creencias de una persona afectan a sus niveles de ira.

¿En qué cree? ¿Qué creencias tiene? ¿Cuáles tiene y ya no le sirven? ¿Cuáles le hacen daño? Por definición, una creencia es algo que toma como verdad y, por tanto, se aferra a ella. Puede ser una lista de lo que se debe y no se debe hacer, un sistema de valores. Por ejemplo, puede creer que siendo una buena persona conseguirá pasar por la vida, que siempre se saldrá con la suya, que todo el mundo debe ser amable en cualquier circunstancia y que nadie se aprovechará de usted. ¿Hasta qué punto es cierta esa creencia?

Muchas creencias se forman durante la infancia sobre la base de lo que a uno le enseñan o lo que ha observado. Las creencias suelen ser inculcadas por los padres, tutores, profesores u otras figuras de autoridad. En muchos casos, estas enseñanzas son una ventaja cuando se utilizan bien. Sin embargo, algunas de ellas se convierten en creencias que dan lugar a problemas más adelante en la vida. Por ejemplo, las personas a las que se les hace creer que siempre deben salirse con la suya se enfadan mucho más que aquellas a las que se les enseñó que no podían ganar siempre.

La próxima vez que se sienta enfadado, examine detenidamente las cosas en las que cree. ¿Contribuyen a su enfado? ¿Son racionales? Muchas veces, una creencia que conduce a la ira es irracional o poco práctica. Una vez que identifiques el problema específico de la creencia, ajústela. Por ejemplo, puede darse cuenta de que una determinada creencia le dificulta mantener la calma y la racionalidad. Es mejor dejar de lado las creencias absurdas que seguir enfadado.

Otro ajuste que puede hacer es añadir comprensión a su creencia. Por ejemplo, si cree que todo el mundo debería tratarle de forma justa cada dos por tres, debería ajustarse a "Debería ser tratado correctamente, pero hay veces que seré tratado injustamente". Así es la vida. Aprenda a lidiar con ella en lugar de enfrentarse a ella.

Quizá quiera insistir en que sus creencias son correctas y racionales. Poner a prueba sus creencias le ayudará a saber si su ira está justificada. Recuerde que la ira es beneficiosa cuando se utiliza correctamente. Por ejemplo, las personas que utilizan la ira para defenderse la utilizan de forma correcta. La ira puede ayudarle a escapar de situaciones en las que alguien le maltrata. Si no fuera por las personas que utilizan la ira de forma justificada, no tendríamos algunos derechos civiles, algunas personas seguirían sin poder votar y habría muchas injusticias en el mundo. Cuando la ira esté justificada, utilice la energía de forma positiva. Evite la violencia. No sea verbalmente abusivo. Evite las cosas que puedan herir a otra persona.

El Iceberg

La ira es lo que normalmente vemos. Cuando una persona está enfadada, podemos ver los signos, los cambios físicos nos informan. Algunas personas sudan, otras aprietan los puños y otras levantan la voz. Si lo comprobamos de cerca, la ira es en realidad el iceberg. Lo que todos vemos es sólo la punta. Hay un sentimiento complejo detrás de lo sintomático, y varía de una persona a otra. El verdadero iceberg puede estar formado por inseguridades, miedo, orgullo herido, y frustración, por sentirse faltado de respeto y otras emociones.

Dado que el enfado que vemos es sólo el iceberg, se necesita un trabajo de detective para identificar la verdadera causa. Hay que identificar el problema subyacente para poder ayudar a la persona enfadada. El primer paso para controlar la ira es preguntarse: "¿Qué está causando estas emociones?". "¿Qué me hace sentir así?" Cuando una persona examina los sentimientos y las causas de la ira, entonces puede abordar el problema. Técnicas básicas como respirar, contar y meditar le ayudarán a lidiar con la punta del iceberg a corto plazo, pero se necesitará más para las soluciones a largo plazo.

Entender el iceberg es una gran manera de controlar su propia ira y la de otras personas. Cuando utilice la teoría del iceberg para analizar la ira, le resultará fácil comprender la ira de otra persona. Por ejemplo, cuando un compañero de trabajo se enfada en el trabajo por una razón ínfima, podrá ver que hay otra cosa detrás de la emoción actual. Es difícil que corresponda al enfado con ira cuando sabe que están actuando por miedo, celos, inseguridad, heridas o cosas del pasado. Cuando entendemos esto, es más fácil ser gentil en nuestras reacciones y empático.

En consecuencia, podremos ayudar a la persona a lidiar con la ira o al menos a mantener la calma. Es triste que muchas personas, y más los hombres, crean que está bien mostrar la ira a través de la agresión y la violencia, mientras que está mal mostrar otras emociones como la tristeza, el miedo, la culpa o la inferioridad. La mayoría de los sentimientos que llevan a la pérdida de control forman parte del iceberg de la ira. Estos sentimientos que no se pueden mostrar forman parte de los desencadenantes de la ira que se esconden bajo la superficie. Por lo tanto, hay que analizar todos los sentimientos que alimentan la ira. En lugar de tomar la ruta machista y expresar lo que es socialmente aceptable, busque formas de discutir sus verdaderos sentimientos. Mirar más allá de la ira y tratar los verdaderos problemas, le ayudará a lidiar con sus propias emociones así como con las de las personas que le rodean.

La ira, el alcohol y el abuso de drogas

Recuerde que la ira que vemos en la gente y en nosotros mismos es sólo la punta del iceberg. Hay más cosas. Algunas personas tienen problemas de control de la ira derivados del abuso de drogas y sustancias. Otras tienen problemas de ira debido a daños cerebrales.

En los casos en los que una persona abusa de las drogas y tiene problemas de control de la ira, el principal problema es que las drogas están atacando la funcionalidad del cerebro. Cuanto más se consumen las drogas, más se enfada la persona. Una variedad de razones puede contribuir a esa ira. Por ejemplo, cuando la persona se queda sin drogas, se enfada. Si surgen problemas familiares o personales debido a las drogas, y la persona afectada es incapaz de gestionarlos, se enfadará. Los ataques químicos directos al cerebro pueden provocar la ira.

Tenga en cuenta que suele ser difícil controlar la ira si la persona enfadada consume drogas con frecuencia. Un terapeuta puede trabajar con una persona así hasta que se quede sin aliento y probablemente no funcione. Estas personas necesitan ayuda con el abuso de sustancias antes de poder trabajar con la ira. Un programa de abuso de sustancias ayudará al paciente más que un programa directo de control de la ira.

Algunas personas tienen problemas de ira debido a lesiones cerebrales. Las secciones del cerebro encargadas de controlar la ira y otros impulsos se denominan lóbulos frontales, y están situadas justo detrás de la frente. Un accidente, como un choque de coche, un golpe en la cabeza o una caída, puede convertir a una persona por lo demás tranquila en un individuo enfadado y colérico. En realidad, es muy fácil dañar el cerebro hasta el punto de perder los nervios. En el caso de que una persona enfadada haya tenido alguna vez un accidente que pueda haber dañado el cerebro, es aconsejable que visite a un neurólogo antes de contratar a un terapeuta para el control de la ira. Existen intervenciones médicas para algunos de estos casos. Ayudan a la persona antes de que pueda acudir a la terapia. La mayoría de los casos de lesiones cerebrales requieren que se combinen fármacos psiquiátricos con programas de control de la ira. Aunque mucha gente cree que no hay esperanza para las personas con problemas de ira derivados de lesiones cerebrales, existe cierta ayuda. Un gran número de personas ha aprendido a controlar la ira a pesar de las lesiones. Sin embargo, se necesita mucha dedicación y trabajo.

Capítulo 6: La elección de gestionar la ira

El control de la ira suele describirse como la capacidad de desplegar la ira con éxito. El objetivo más adecuado del control de la ira consiste en regularla y controlarla para que no cause problemas. Aunque la ira forma parte de las emociones humanas, las formas que elegimos para expresarla pueden no ser aceptables o normales para las personas y el entorno. Una vez que una persona sospecha que tiene problemas de ira, o si las personas de confianza que le rodean le dicen que tiene problemas para controlar su ira, existe la necesidad de aprender sobre cómo tener un mejor control sobre la emoción.

Hay una variedad de programas de manejo de la ira e información disponible para cada persona a través de diferentes plataformas. Estos programas y planes están diseñados para ayudar a uno a manejar la ira y desarrollar una vida emocional saludable. Una buena ira ayuda a mantener una buena relación con otras personas y, como tal, los programas de manejo de la ira le ayudarán a dominar su problema de ira. Sin embargo, al igual que cualquier otro programa, los diseñados para el manejo de la ira beneficiarán a las personas que los sigan por completo y apliquen todo lo que tienen para ofrecer.

Aprender a controlar la ira requiere que uno se comprometa profundamente porque es una tarea continua. Requiere muchos cambios con respecto a las costumbres del pasado. Se requerirá reconsiderar las respuestas automáticas utilizadas formalmente. También se requerirá que asuma más responsabilidad por acciones y pensamientos que no requerían mucha reflexión en el pasado. Todos estos cambios requerirán un plan y mucha disciplina. En un esfuerzo por ayudarle a conseguir este plan y esta disciplina, le ayudaremos a revisar las formas en que las personas normales abordan los grandes cambios. Esta perspectiva le ayudará en el proceso de control de la ira. Es importante comprender la mejor manera de abordar un desafío, así como es importante superar el problema.

Las etapas del cambio

Normalmente, las personas pasan por una serie de etapas predecibles a medida que atraviesan los acontecimientos que cambian su vida. El progreso a través de las etapas se debe en gran medida a una combinación de técnica, motivación y dedicación. Algunos individuos avanzan a un ritmo rápido a través de las etapas, mientras que otros se toman su tiempo y, en algunos casos, dan un paso o dos hacia atrás antes de poder avanzar de nuevo.

Al estudiar las siguientes etapas, es importante considerar cómo afectó cada una de ellas a su vida durante una época de cambio. ¿Cómo se desarrollaron las etapas en su vida? También es bueno considerar cómo va a trabajar a través de los desafíos encontrados en cada etapa mientras persigue sus objetivos de control de la ira. No hay ninguna regla que establezca que uno debe seguir la secuencia de las etapas que se enumeran a continuación, pero uno debe asegurarse de que entiende bien cada etapa para lograr los objetivos establecidos.

La decisión de controlar la ira supondrá sin duda un gran cambio en la forma de vivir la vida. Es difícil que uno quiera hacer un gran cambio en la vida a menos que haya una gran cosa que aparezca y le haga reconsiderar las viejas formas de hacer las cosas. Hay cosas que aparecen en la vida de un individuo que lo motivan a buscar nuevas formas de manejar los asuntos. La mayoría de las personas sólo hacen cambios cuando han experimentado las graves consecuencias de la ira en su vida personal, laboral y social. Uno puede buscar ayuda después de que su cónyuge haya solicitado el divorcio tras una gran pelea o haya perdido el trabajo por un desacuerdo en el lugar de trabajo. Algunas personas buscarán ayuda cuando se den cuenta por sí mismas de que están conteniendo demasiada ira, mientras que otras buscarán ayuda sólo para quitarse de encima a otras personas.

Etapa de concienciación: La etapa de concienciación suele comenzar cuando la persona enfadada busca información sobre el control de la ira, por ejemplo, qué es la ira, cómo afecta a las relaciones y a la salud. ¿Cómo se puede controlar?

Etapa de preparación: La diferencia entre la etapa de concienciación y la de preparación es el compromiso. En la etapa de concienciación, la persona se concentra en reunir información. Por otro lado, la etapa de preparación implica la decisión de expresar la ira de forma constructiva. Además del compromiso, la preparación también implica la planificación y el autoestudio. Durante todas las etapas, y más aún en la de preparación, es importante llevar un diario de control de la ira en el que se anoten las cosas que le hacen enfadar, los sentimientos y las reacciones, y las consecuencias. El diario de la ira ayuda a ser más consciente e identificar los factores desencadenantes de la ira y, por lo tanto, a dar una idea de las proporciones de la ira. Cuanto más se estudie la ira, mayores serán las posibilidades de cambiar la forma de expresarla.

Etapa de acción: Esta etapa implica el inicio del cambio real. Uno puede decidir tomar un curso profesional sobre el manejo de la ira o comprar un conjunto de libros de guía, grabaciones o videos. La etapa de acción también implica el diseño de un programa personal para ayudarle de forma individual. Sin embargo, independientemente del programa que uno utilice, no servirá de nada si la persona no los aplica con persistencia y dedicación.

Mantener las ganancias: La etapa de mantenimiento de los cambios en la vida es una etapa interminable. Implica darse cuenta y aceptar que uno es humano y que es propenso a cometer errores, que no es perfecto y que a veces actuará de forma inadecuada, pero lo mejor es que siempre puede recuperarse de los fallos de comportamiento. Llegar a un cambio de comportamiento sostenido lleva tiempo. En algunos casos, se necesitarán múltiples fracasos e intentos antes de poder alcanzar el objetivo fijado. Cada vez que uno recae en un comportamiento antiguo, utilice las estrategias y herramientas que ha aprendido en el camino para volver desde donde cayó.

Es particularmente difícil para la mayoría de las personas con problemas de ira reunir la motivación necesaria para un compromiso serio de trabajar a través de un programa de manejo de la ira. Usted ve, la ira tiene una autojustificación y la calidad seductora a sí mismo, por lo tanto, la gente normalmente no se siente atraída por el manejo de la ira por su propia voluntad. La mayoría de los casos implican que la persona sufra las graves consecuencias de la ira antes de darse cuenta de que necesita ayuda para controlar los arrebatos. Incluso después de la realización, la motivación para seguir el programa puede ser realmente escasa.

Normalmente, las personas enfadadas dejan de asistir a un programa de control de la ira justo antes de terminarlo y, en otros casos, los que terminan pueden no aplicar las técnicas que han aprendido. Por lo tanto, la mayoría de las personas necesitan repetir los programas de manejo de la ira varias veces antes de que puedan comprender realmente el mensaje que necesitan incorporar en sus vidas por sí mismos.

Tratamiento obligatorio de control de la ira

Como se ha visto anteriormente, no todas las personas buscan voluntariamente ayuda cuando tienen problemas de control de la ira. Recuerde que la ira tiene motivaciones; cosas que la hacen sentir bien. Sin embargo, en casos extremos, el tribunal puede obligar a las personas a asistir a programas de tratamiento de la ira. Si uno está causando daño a los demás a través de la ira, y él / ella demuestra la falta de voluntad para trabajar en los hábitos, el tribunal está dispuesto a exigir que él / ella para asistir a las clases. Un empleador también puede obligar a un empleado enfadado a asistir a seminarios y programas de control de la ira, aunque sea a través del patrocinio de programas de asistencia al empleado.

En el caso de que haya sido obligado por un tribunal o por su empleador a asistir a programas de tratamiento para el control de la ira, es vital que aproveche al máximo la demanda. Mejor participe plenamente en el programa. Puede que no sea su voluntad pasar por el programa, pero entienda que es por su bien. Las personas que le han exigido tienen buenas intenciones; quieren que tenga el control de su vida antes de que otras personas empiecen a controlarla por usted. Están tratando de protegerle de perder su trabajo, de perder sus relaciones e incluso de ir a la cárcel. Si aprende a aplicar la ira de forma más productiva, mejorará su vida y reducirá las posibilidades de sufrir ciertas enfermedades y muertes prematuras. Tener en cuenta esto le ayudará a participar plenamente y a beneficiarse del programa de control de la ira.

El compromiso es esencial si quiere obtener realmente todos los beneficios del programa. Aprenda y practique las técnicas muchas veces para ayudarle a cambiar su comportamiento. El único billete que garantiza el éxito en un programa de control de la ira es hacer lo necesario para que el programa funcione. Recuerde que puede haber efectos negativos si no sigue todo el programa. El verdadero cambio sólo ocurrirá si usted coopera. Sin una cooperación total, ni siquiera una verdadera oportunidad de cambiar de vida le ayudará.

Por qué hay que mantenerse fresco

En la mayoría de los casos, la ira viene acompañada de mucha justificación: usted se siente bien y la otra persona está equivocada. Sin embargo, como hemos visto antes, no se puede ir por ahí descargando la ira sobre cualquier otra persona; ni siquiera las normas sociales lo permiten. No está bien ir atacando a otras personas sólo porque cree que son objetivos. La ira desenfrenada tiene muchas consecuencias, y los castigos que se pueden aplicar pueden ser devastadores. En el mundo actual, en el que la gente está aterrorizada, los arrebatos violentos no están bien aceptados; por lo tanto, si ataca a alguien físicamente, independientemente de los motivos, hay muchas posibilidades de que le detengan o le castiguen. En el trabajo, si ataca a un cliente, a un compañero o incluso al jefe, hay muchas posibilidades de que le despidan del trabajo. Si la agresión recae sobre su hijo, tenga por seguro que le quitarán la custodia. Si no se lo quitan, asegúrese de haberle enseñado que no está bien reventar de ira con los demás. Si revienta con sus amigos, lo más probable es que se alejen de usted y se abstengan de ayudarle.

Si tenemos en cuenta todos los riesgos relacionados con la ira no controlada, es importante elaborar una lista de las razones por las que debemos mantener la calma en determinadas situaciones. Repasa las razones a menudo para que queden claras y fijas en su cabeza. Las razones que elija deben basarse en las consecuencias prácticas que podrían recaer sobre usted si se deja llevar por el descontrol.

Algunos ejemplos de las razones que puede anotar son

- "Debo mantener la calma para conservar mi trabajo".
- "Debo mantener la calma, para evitar que me arresten".
- "Necesito mantener la calma, para que mis hijos no aprendan de mí los malos hábitos de la ira".
- "Necesito estar tranquilo, para que mi cónyuge no me deje, etc. "

Los principales retos que dificultan el cultivo de la ira sana

Muchas personas con ira destructiva buscan formas de superarla, ya sea por iniciativa propia o porque alguien, por ejemplo, un cónyuge, se lo ha pedido. Una vez que la persona se da cuenta y reconoce el efecto de la ira destructiva, busca formas y estrategias para minimizar la reactividad y la vulnerabilidad a la ira. Sin embargo, estas personas suelen fracasar en sus intentos de controlar la ira.

Pueden estar muy motivados para realizar los cambios necesarios, pero las mentalidades contradictorias minan los esfuerzos. Mantener y mostrar la ira sirve para algo. Por ejemplo, la ira puede convertirse en una armadura emocional que ayuda a distraer y proteger al individuo de soportar conscientemente la amenaza específica. Esta ira conduce a una forma de paz que consuela a la persona afectada. De este modo, la persona afectada tendrá un conflicto a la hora de realizar los cambios necesarios para el control de la ira.

Para superar los desafíos que socavan el cultivo de la ira sana, hay que reconocerlos y superarlos. Algunos de estos retos son:

1. **La infravaloración del trabajo que supondrá el cambio**

   Vivimos en una sociedad que cree en las soluciones rápidas para todo. Muchas cosas se solucionan ahora fácilmente gracias a la tecnología avanzada. Se calienta la comida en unos segundos, se va a la tienda en unos minutos e incluso se disfruta de duchas instantáneas. Sin embargo, las soluciones rápidas no pueden aplicarse a las prácticas desarrolladas durante muchos años. El cultivo de una ira sana necesita tiempo, paciencia y compromiso.

2. **Enfado por la cantidad de esfuerzo necesaria para el cambio**

   Después de darse cuenta de que una buena ira sólo se desarrollará a partir del compromiso, la dedicación y la paciencia, muchas personas se sienten más enfadadas. Este enojo puede incluso llevar al resentimiento hacia las personas que carecen de tales desafíos de enojo.

3. **La ira normalmente funciona a corto plazo.**

   El hecho de que la ira sea sólo una solución a corto plazo para los desafíos hace que la persona afectada se sienta sola y aislada. La ira actúa como una distracción de los sentimientos amenazantes y del dolor interior. En otros casos, la ira puede ser utilizada para invocar la ansiedad y el miedo en otras personas, dando así una sensación de poder a la persona enfadada. Una vez que la ira desaparece, la persona se sentirá aislada y, por lo tanto, podría no estar dispuesta a hacer todo lo necesario para cultivar una ira sana.

4. **Malestar en la reflexión**

Para entenderse a sí mismo, es necesario la soledad y la reflexión. Tomar tiempo para reflexionar nos permite ser más conscientes de cómo facilitamos nuestra ira. Sin embargo, la mayoría de las personas encuentran la reflexión y la soledad extremadamente incómodas. Normalmente, la sociedad exige que seamos sociales y evitemos la autocomplacencia.

5. **Pensar y sentir que hay que cambiar de hábitos son dos cosas distintas.**

Una persona puede pensar que necesita cambiar sus hábitos pero le falta fuerza de voluntad. Sin embargo, cuando uno siente que necesita cambiar sus hábitos, es probable que persiga los cambios necesarios. Puede ser un reto desarrollar una ira sana cuando la mente y el corazón no están de acuerdo.

6. **Familiaridad**

Los años de vivir con ciertas características hacen que nos familiaricemos y nos sintamos cómodos con la persona en la que nos convertimos. Por ejemplo, cuando uno vive con ira durante mucho tiempo, puede empezar a pensar que la ira es una parte normal de su vida. Nos sentimos cómodos con nosotros mismos porque hemos vivido de una manera determinada durante muchos años.

La verdad es que estamos sujetos al cambio y dependemos en gran medida del conjunto de hábitos que desarrollamos y seguimos a lo largo de los años. En consecuencia, podemos cultivar formas mejores y más útiles de enfrentarnos a la vida del mismo modo que aprendimos las formas con las que estamos familiarizados.

7. La tensión que acompaña a la aplicación de nuevas habilidades

Todos conocemos la sensación que acompaña al aprendizaje de nuevas habilidades. Cuando probamos cosas nuevas, tenemos miedo de fracasar, nos sentimos inseguros ante lo desconocido. Hay una sensación de torpeza, inadecuación, intolerancia y cierto grado de duda. La adquisición de nuevas habilidades exige un alto índice de tolerancia a la frustración. Los momentos de aprendizaje y aplicación de nuevas habilidades requieren amor propio y compasión. Exigen que nos demos cuenta de que los errores son una parte normal de la vida. Por lo tanto, es importante que establezcamos objetivos realistas al desarrollar una ira sana; de lo contrario, podríamos sentirnos frustrados y abandonar.

8. **El sentimiento gratificante que acompaña a la ira**

En algunos casos, la ira va acompañada de un subidón físico que borra los pensamientos de duda y hace que uno se sienta con energía y vivo. La ira hace que aumente el nivel de la hormona cortisol. Esta hormona ayuda a las personas a responder a las situaciones de estrés, de ahí la mayor sensación de energía. Desgraciadamente, el subidón físico dificulta la capacidad de juicio. Un ingrediente esencial de la ira sana es la capacidad de ser consciente de la euforia en lugar de actuar en consecuencia. Esta atención implica identificar las cosas que nos interesan a largo plazo.

9. **Utilizar la ira para evitar la responsabilidad**

Algunas personas utilizan la ira para evitar la responsabilidad. Hay cientos de personas que se aferran a la ira y culpan a otra persona de su destino. Estas personas pueden culpar a sus padres, familiares, empleadores, compañeros de trabajo, etc. que creen que son responsables de su sufrimiento. Incluso mucho después de que las personas acusadas se hayan ido, los que se aferran a esa ira siguen culpándolas. En cierto modo, esta ira refleja un grado particular de dependencia. Contradictoriamente, soltar esta ira implica soltar la culpa y aceptar la responsabilidad por el papel que hemos desempeñado. Una ira sana implica darse cuenta de que nos corresponde encontrar el sentido y la estructura de nuestra vida y también dar los pasos necesarios para vivir lo mejor posible.

10. **Concentrarse en las actividades que son gratificantes a corto plazo**

Muchas de las actividades que la gente quiere llevar a cabo en un esfuerzo por desarrollar una ira sana son a corto plazo y dan resultados durante un periodo de tiempo muy corto. Sin embargo, se necesita mucha autorreflexión para conseguir una ira sana. A menudo buscamos actividades divertidas que desvíen nuestra atención a corto plazo en lugar de actividades a largo plazo que puedan conducir a una gratificación más duradera y profunda. Comprometerse con una ira sana requiere que uno se concentre en los beneficios a largo plazo y, por lo tanto, busque métodos duraderos para el manejo de la ira.

11. **Trastornos mentales**

Hay ciertos tipos de trastornos mentales que socavan el compromiso y la motivación para el cambio en relación con la ira. Un trastorno mental puede requerir tratamiento antes de que la persona empiece a cultivar hábitos saludables en cualquier dirección. Esto puede requerir psicoterapia y/o medicación.

Algunas de las estrategias que se pueden utilizar para afrontar estos retos son

1. Identificar los obstáculos que pueden afectar a la búsqueda de una ira sana. Detectar los principales obstáculos de la ira sana le ayudará a uno a mitigarlos.

2. Escriba una lista de razones por las que necesita cultivar una ira sana, la importancia, el logro previsto y las diferencias que espera ver en su vida.

3. Identifique un momento específico en su horario diario en el que practiques las actividades que ayudan a desarrollar una ira sana.

4. Lleve un registro de los principales desafíos que bloquean su logro e identifique dónde podría fracasar.

5. Busque la ayuda de otras personas que puedan ayudarle a alcanzar sus objetivos, por ejemplo, familiares y profesionales.

6. Participe en actividades de meditación formales e informales. Le ayudarán a ser más consciente de los retos que le plantea el progreso.

7. Saboree y celebre los momentos de progreso. Cada cambio de vista debe ser apreciado porque es un signo de progreso positivo.

Capítulo 7: Pasos para gestionar la ira de forma eficaz

Utilizar un diario de la ira

Una de las técnicas más recomendadas para tratar la ira incluye el uso de un diario de la ira. Este diario resulta útil después de que la persona haya identificado los índices de ira.

La clasificación de la ira se refiere a una técnica aplicada por las personas para medir los niveles de ira. Teniendo en cuenta que la ira no es un estado físico que pueda medirse como la temperatura corporal mediante un aparato físico, hay que identificar una escala personal con calificaciones. La ira es compleja porque implica aspectos físicos, emocionales y psicológicos; por lo tanto, puede ser difícil de calificar.

Hay que imaginarse una forma de termómetro que mida el grado de ira que se siente en un momento dado. Cuando uno empieza a sentirse irritado o frustrado, el mercurio del termómetro empieza a subir, cuando está enfadado pero controlado, el mercurio sube hasta la mitad, y cuando no está controlado, el termómetro marca el máximo. Se puede calificar el enfado de 0 a 100, donde el cero significa que se tiene el control, mientras que el 100 significa rabia total.

Los índices de ira son esenciales porque le dan a uno información sobre la probabilidad de perder el control o explotar en un momento dado. Al aprender a trazar la ira, uno reconocerá los momentos de desafío, las posibilidades de perder y mantener el control, y los pasos a seguir para calmarse.

Aunque los índices de ira ayudan a tomar conciencia de los niveles de ira, no permiten dejar de estar enfadado. Por ello, es necesario desarrollar un plan para ayudar a calmar y controlar la ira. Algunas de las cosas que uno podría incorporar en el plan son "tomarse un tiempo" cuando la ira empieza a aparecer, es decir, alejarse de la persona o cosa que le está haciendo perder la calma. Otro medio para controlar la ira puede ser cambiar la conversación del tema que irrita a otro más neutral.

Son muchos los aspectos que uno puede aplicar para calmar una situación que invoca la ira. Las mejores técnicas son las que ayudan a mantener la calma sin dañar el orgullo. Dado que cada persona tiene puntos fuertes y débiles únicos, la lista de estrategias y el plan deben adaptarse a las necesidades específicas.

Como dice el refrán, "la prevención es la mejor medicina". Es importante ser capaz de predecir las situaciones que pueden provocar la ira. Esta capacidad ayudará enormemente a una persona a controlar y mantener el temperamento bajo control. Uno puede optar por evitar por completo las situaciones provocadoras, y si evitarlas no es posible, entonces podrá prepararse con formas de mitigar el peligro de perder el control antes de entrar en la situación peligrosa.

Un diario de la ira o un diario puede ser una herramienta muy útil para ayudar a mantener un registro de las experiencias con la ira. En el diario, uno debe hacer anotaciones diarias de las situaciones provocativas encontradas. Para obtener los máximos beneficios del diario, hay ciertos tipos de información que uno debe registrar para cada evento provocativo:

- En la situación, ¿qué parte fue provocativa?
- ¿Qué parte en particular le hizo sentir dolor o estrés?
- ¿Qué pensamientos pasaron por su cabeza durante la situación?
- Refiriéndose a la clasificación de la ira, ¿cómo de enfadado se sintió?
- ¿Cómo se ha comportado?
- ¿Cuál fue el efecto de su comportamiento en usted y en los demás?
- ¿Qué ha pasado exactamente?
- ¿Cómo reaccionó su cuerpo?
- ¿Le duele la cabeza?
- ¿Se ha peleado o se ha asustado?
- ¿Gritó, dio un portazo o se volvió sarcástico?
- ¿Cuáles fueron las consecuencias de la situación?

Después de registrar esta información durante un periodo de tiempo, revisa el diario e identifica los temas recurrentes, los desencadenantes constantes, las cosas que le hacen perder la calma. Los factores desencadenantes pueden clasificarse en ciertas categorías, como por ejemplo

- La gente no hace lo que se espera de ellos o hace lo que no se espera
- Situaciones como atascos, teléfonos que suenan, problemas informáticos, etc.

- Personas que se aprovechan de los demás
- Enfado y decepción por uno mismo
- Una combinación de cualquiera de las categorías anteriores

Durante la revisión del diario, también es importante buscar los pensamientos que desencadenan la ira. Estos pensamientos serán identificables porque tienden a repetirse y muy probablemente implicarán algunos de estos temas:

- La idea de que los que le ofendieron lo hicieron intencionadamente para causar daño
- La percepción de que ha sido perjudicado y victimizado
- La creencia de que las otras personas se equivocaron y que deberían haber actuado de otra manera.
- La idea de que los que le perjudicaron son tontos y malvados

El diario también le ayudará a identificar los casos en los que se sintió perjudicado y las razones por las que se sintió así. ¿Por qué cree que la persona hizo algo deliberado para perjudicarle y por qué cree que la persona estaba equivocada y usted tenía razón? El seguimiento de estos pensamientos ayudará a la persona a empezar a ver los aspectos comunes de estas experiencias. Algunos tipos de pensamientos desencadenantes son

- La gente no se preocupa por usted; no prestan suficiente atención a sus necesidades
- La gente espera y exige demasiado de usted
- Otras personas son desconsideradas y groseras

- Otros son egoístas y se aprovechan de usted
- Otros sólo piensan en sí mismos y utilizan a las personas
- La gente le avergüenza, le critica y le falta el respeto
- La gente es mala o cruel, tonta e incompetente, irreflexiva e irresponsable, etc.
- La gente busca la forma de hundirle más y no le ofrece ayuda
- La mayoría de las personas son perezosas y hacen cualquier cosa para evitar su parte de trabajo
- La gente intenta manipularle o controlarle
- La gente le retrasa

Hay ciertas situaciones en las que es más probable que se den estos temas, entre ellas:

- Cuando alguien dice que no
- Al expresar y recibir sentimientos negativos
- Cuando se trata de una situación en la que no hay cooperación
- Al hablar de las cosas que le molestan
- Al protestar,
- Al proponer y oponerse a una idea

En el fondo de cada pensamiento desencadenante hay una noción de que las personas se están comportando de forma inadecuada y que usted tiene derecho a enfadarse con ellas. La mayoría de las personas identificarán una serie de pensamientos que desencadenan la ira. Debe buscar los casos y situaciones que le llevan a la ira y ver si puede identificar los pensamientos desencadenantes que le llevaron a la ira.

El propósito del diario es ayudar a uno a identificar los patrones de comportamiento y las especificaciones recurrentes que realmente le hacen perder la calma. Cuando se utiliza bien, el diario permite observar con precisión los comportamientos y los sentimientos. En consecuencia, uno será capaz de detectar los planes de mitigación para ayudar a controlar la ira. Cuando uno entiende las formas a través de las cuales siente la ira, es capaz de planificar estrategias para lidiar con la ira de manera más productiva.

Una vez identificados los desencadenantes, surge la necesidad de desactivarlos.

Identificar y comprender los desencadenantes de la ira y su temática ayuda a trabajar de forma más constructiva. Recuerde que los pensamientos desencadenantes de la ira se producen por sí solos; por lo tanto, uno tendrá que trabajar conscientemente para sustituir la ira por algo más positivo.

Por ejemplo, si está conduciendo por una autopista y algo le obstruye, tome nota conscientemente de los signos fisiológicos de la ira que indican un enfado. A continuación, respire profundamente y analice la situación de forma más racional en lugar de seguir el impulso de atacar. Es importante analizar la situación de forma racional en lugar de suponer que la obstrucción ha sido deliberada (que podría ser el primer pensamiento en situaciones de ira). Identificar que la acción provocadora no iba dirigida deliberadamente contra usted le ayudará mucho a lidiar con la ira de forma racional y con más tolerancia.

Cuando siente que su ira está justificada, sólo crea espacio para más ira, incluso cuando no tiene sentido. Será mejor que deje pronto de justificar la ira para ayudarla a remitir más rápidamente. Aunque toda la ira puede ser legítima y en el momento de sentirla, eso no justifica ningún acto negativo realizado por la ira. Tenga en cuenta que la ira excesiva e incontrolada es mala para la salud y provoca la destrucción de las relaciones importantes con otras personas.

Gestión de la ira Técnicas de relajación

La ira puede gestionarse utilizando una serie de técnicas, pero la mayoría de ellas no funcionarán si se utilizan de forma casual. Hay que comprometerse a usarlas y practicarlas para tener posibilidades de un efecto positivo.

Respiración profunda y controlada

La frecuencia respiratoria y los latidos del corazón de un individuo aumentan cuando uno se excita emocionalmente. Se puede invertir estos efectos reduciendo deliberadamente la frecuencia respiratoria y relajando sistemáticamente los músculos tensos. Con estas prácticas de relajación se puede mantener el control.

Cuando uno está enfadado, se encuentra respirando rápida y superficialmente. La continuación de esta respiración superficial sólo exacerba la ira. En su lugar, hay que actuar para controlar la respiración y relajar deliberadamente los músculos tensos para calmarse. Para obtener todos los beneficios de esta técnica, hay que reservar al menos 15 minutos para realizar este ejercicio. Si se selecciona menos tiempo, la práctica será ineficaz.

Practicar la respiración lenta

En primer lugar, inicie los esfuerzos de relajación realizando varias respiraciones profundas y lentas seguidas. Asegúrese de que cada vez exhala el doble de tiempo del que ha inspirado. Es decir, cuente lentamente hasta tres al inspirar y luego cuente hasta seis al espirar lentamente. Las respiraciones más largas se traducen en mejores resultados.

Durante la técnica de respiración, tómese el tiempo necesario para observar el movimiento del aire dentro de los pulmones. Una vez más, abra los pulmones y la cavidad torácica, e inspire completa y profundamente. Esta respiración debe llenar primero el vientre, luego el pecho y más tarde, la parte superior del pecho, justo debajo de los hombros. Sienta cómo las costillas y los pulmones se expanden con el aire. A continuación, tómese el tiempo necesario para sentir cómo las costillas vuelven a su lugar original al exhalar. Practique esta técnica durante todo el tiempo que pueda.
Esta respiración lenta y deliberada le ayudará a uno a devolver su respiración a ritmos regulares siempre que esté enfadado. Los patrones de respiración controlada ayudan a controlar muchos aspectos del cuerpo. Teniendo en cuenta que todas las cosas del cuerpo están conectadas, una respiración lenta y profunda le ayudará a controlar el ritmo de los latidos del corazón, la tensión de algunos músculos y, en algunos casos, los dolores.

En muchos casos, la ira se manifiesta en forma de tensión muscular. Por lo general, esta tensión se acumula a lo largo del cuello y los hombros y puede durar mucho tiempo después de que la ira haya desaparecido. Si el cuello está tenso, es esencial practicar la técnica de relajación muscular que consiste en rodar lenta y suavemente el cuello de lado a lado. Haga rodar la cabeza de un hombro a otro con respiraciones coordinadas; rueda hacia un lado mientras exhalas y hacia el centro mientras inhalas. Repita la técnica hasta que la tensión de los músculos empiece a desaparecer. La tensión de los hombros puede liberarse encogiéndose de hombros y soltándose varias veces de forma cuidadosa y deliberada.

Otra práctica que puede ayudar a la relajación de los músculos de los hombros es hacerlos rodar hacia atrás y hacia delante. Utilizar la técnica de respiración y relación muscular ayudará a relajarse. Utilice el diario de la ira para comprobar las zonas que se sienten tensas durante los momentos de ira y utilice las técnicas de relajación para solucionarlas.

Relajación muscular progresiva

Para algunas personas, las técnicas de relajación pueden no funcionar, por lo que pueden probar lo contrario, que consiste en:

- Apretar y tensar los músculos en tensión durante unos 15 segundos y luego soltarlos lentamente. Si siente algún dolor debido a estas técnicas, asegúrese de soltar los músculos inmediatamente.

- Pase de un grupo de músculos al siguiente hasta que todos los tensos hayan recibido el ciclo de tensión y liberación. Con un poco de práctica, se puede utilizar la técnica de tensión y liberación en todo el cuerpo en pocos minutos. Se ha comprobado que la técnica de tensión y relajación es más eficaz que la técnica de relajación únicamente.

- Sea cual sea la técnica que se utilice, hay que dejar pasar entre 20 y 30 minutos antes de alcanzar un estado de calma total. Durante este tiempo, hay que mantener una respiración muy profunda y regular. También debe decirse a sí mismo que pronto mejorará para seguir adelante.

Las técnicas de relajación como las descritas anteriormente garantizan que la persona no se centre demasiado en su enfado. Estas técnicas le dan a uno tiempo para pensar en las circunstancias que rodean su momento de enfado y también tiempo para generar nuevas soluciones a los problemas a los que se enfrenta.

La prueba de realidad como herramienta de control de la ira

La ira es una emoción que hace que las personas no puedan pensar con claridad en los momentos de disgusto. Cuando uno está enfadado, tiende a tomar decisiones sobre una situación o un caso de forma inmediata. Estas personas tienden a pasar más tiempo dándole vueltas a cómo se sienten y a cómo la situación ha afectado a su vida normal en lugar de analizar las cosas de forma crítica. Uno tendrá más posibilidades de mantenerse bajo control si puede evitar mirar sólo el lado interno y evaluar la situación desde la perspectiva de otras personas. No se fije demasiado en cómo le han hecho sentir las personas o las cosas; en su lugar, céntrese en comprender todos los detalles.

Aunque puede ser difícil, hay que exprimir el mensaje de la situación incluso cuando el impulso de la ira está sacando lo mejor de la situación. Es importante tener en cuenta el mensaje que la ira le está transmitiendo y lo que puede aprender de ella. ¿Qué aspecto de la situación concreta le hace enfadar? ¿Por qué? ¿Qué puede hacer para mejorar las circunstancias? A continuación, utilice las técnicas de relajación para reducir el calor del momento.

Recuerde que no tiene que responder a la situación de inmediato, especialmente si la ira se apodera de usted. La mayoría de las situaciones son lo suficientemente flexibles como para que uno se tome un tiempo, reúna los hechos y pensamientos correctos, y luego responda. Tómese tiempo para pensar en la situación antes de actuar. También puede tomarse un tiempo para hablar con una persona de confianza antes de tomar una decisión. Cuanto más se aborde una situación problemática de forma relajada y preparada, mayores serán las posibilidades de obtener resultados positivos. Una mente calmada le ayudará a uno a conseguir lo que quiere.

Pruebas de realidad

En la mayoría de los países, se supone que un delincuente acusado es inocente hasta que haya suficientes pruebas de culpabilidad. Sin embargo, las personas enfadadas no hacen esta suposición, sino que asumen que las personas que les molestan son realmente culpables. Las personas enfadadas tienden a culpar a los demás y a veces a sí mismas de las cosas que van mal. Las personas enfadadas tienden a suponer que el objetivo al que culpan ha sido el causante de que las cosas vayan mal. Sin embargo, no siempre es así, porque la persona acusada puede ser un espectador inocente que se ha visto envuelto en la situación. Para gestionar mejor la ira, es mejor frenar y hacer consideraciones serias en lugar de actuar al primer impulso. Las pruebas de realidad le ayudarán a saber si la ira está justificada y si la persona que recibe la ira es realmente culpable. El primer paso para crear hábitos viables de prueba de la realidad consiste en renunciar a la suposición de que la primera impresión de la situación es siempre exacta. Es difícil saber la verdad a primera vista, especialmente cuando uno está enfadado. En la mayoría de los casos, sólo vemos una parte de la historia (la nuestra). La realidad suele ser más complicada de lo que vemos y apreciamos.

Por ejemplo, imaginemos que la gente cree que la tierra es el centro del universo y que el sol y la luna giran alrededor de ella. La gente del mundo antiguo también creía que el mundo es plano y que si uno caminaba lo suficiente, llegaría al borde y se caería. Incluso ahora, sin el conocimiento adecuado, uno simplemente percibiría el mundo como una superficie plana. El puro sentido de la vida puede engañarnos, por lo que debemos apoyarnos en técnicas y análisis para averiguar la verdad del asunto.

Las primeras personas que sugirieron que el mundo era redondo y que la Tierra no era el centro fueron consideradas locas. Sin embargo, tras años de estudio y análisis, todos estamos de acuerdo en que el mundo es redondo y la tierra no es el centro. Todo lo que la gente necesitaba para darse cuenta es que la verdad era una prueba. La gente enfadada debería darse cuenta de que su primera conclusión puede ser tan errónea como cualquier otro pensamiento equivocado y que se necesitan pruebas antes de emitir juicios. En conclusión, la gente enfadada necesita hacer una pausa y reunir información completa antes de poder juzgar para sacar mejores conclusiones.

Pensamiento en blanco y negro

Una vez que se comprende que el mundo es un lugar complicado, resulta más fácil aceptar que la primera expresión no siempre es correcta. En el momento del enfado, uno puede no ser capaz de captar la imagen exacta y completa de una situación problemática. Reconocer la complejidad puede ser un reto para algunas personas enfadadas que tienen la costumbre de identificar el mundo como un lugar blanco y negro. La mayoría de las personas enfadadas hablan del mundo en generalidades polarizadas por las que insisten en que las cosas deben hacerse siempre de determinada manera, o que la gente no debería hacer nunca determinadas cosas. También tienden a concentrarse en el lado negativo en lugar de buscar lo bueno de las cosas y reconocer lo positivo. Estas personas tienden a sacar conclusiones rápidamente y rara vez se molestan en verificar si su comprensión es correcta o no. Estas mentalidades de blanco y negro necesitan ser habladas para reconocer los matices de gris antes de que el progreso del manejo de la ira ocurra de manera duradera.

Hablarlo ayuda

Cuando uno está abierto a la posibilidad de que la primera impresión no siempre sea correcta, hay varias maneras de poner a prueba las impresiones para obtener una comprensión mejor y más completa. La mejor manera de poner a prueba la realidad consiste en hablar con otras personas que tengan experiencia en esas circunstancias. ¿Qué pensaban ellos que había pasado antes de averiguar la verdad? ¿Cómo descubrieron los hechos? ¿Cuál fue la causa real del problema? Cuando consulta a otras personas y, ellas ven la situación como usted, es decir, que ha sido perjudicado, entonces está más justificado que se sienta enfadado. Si las otras personas ven la situación de forma diferente, entonces no está justificado acusar a la otra persona. El aporte de otras personas puede ayudarle a apreciar la naturaleza compleja de una situación.

Cuenta hasta diez

La siguiente alternativa del método de prueba de la realidad, además de consultar a los demás, es utilizar la regla de contar hasta diez antes de actuar. Esta venerable regla también se conoce como dar a la otra persona el beneficio de la duda. A medida que la ira aumenta por la situación, hay que poner pausas y contar lentamente. Esto puede combinarse con técnicas de respiración y relajación. Uno debe hacer lo que pueda para calmarse. A continuación, debe tomarse el tiempo necesario para buscar explicaciones alternativas que ayuden a comprender la situación de forma más completa.

Por ejemplo, si una persona conduce delante de usted muy despacio y es una carretera libre, lo primero que puede pensar es que lo hace para entretenerse e impedirle llegar a tiempo a su destino. El primer impulso será gritar al conductor por ser lento e incompetente. Contando hasta diez antes de dejar salir sus pensamientos, se da tiempo para comprobar las alternativas de las causas de la lentitud en la conducción. Por ejemplo, puede que el coche tenga problemas mecánicos o que el conductor esté agotado. Tal vez el conductor haya recibido varias multas por exceso de velocidad recientemente, por lo que conduce despacio para evitar otra. Si una de estas opciones resulta ser cierta, entonces será difícil seguir enfadado con el conductor, aunque usted siga atascado detrás de él.

Capítulo 8: Gestión de la ira y comunicación

Existen diferentes tipos de estilos de comunicación aplicados por las personas. Las personas enfadadas suelen adoptar ciertas posturas y posiciones comunicativas cuando se comunican con otras personas. En psicología, hay términos utilizados para describir estas posturas de comunicación, cada una de las cuales adquiere su propio lema:

1. **Comunicación agresiva** - En esta postura, la persona dice: "Yo soy digno, pero tú no".
2. **Comunicación pasiva** - La persona que utiliza esta postura normalmente dice: "Yo no cuento".
3. **Comunicación pasivo-agresiva** - En esta postura, una persona dice "Yo soy digno. Tú no eres digno, pero no te lo diré".
4. **Comunicación asertiva** - Las personas en esta postura dicen: "Yo soy digno, y tú también".

Es evidente que la mayoría de las personas enfadadas utilizan más posturas pasivo-agresivas y agresivas. Las personas que utilizan posturas agresivas tienen más posibilidades de iniciar una discusión, por lo que no consiguen el objetivo que pretenden. Ser pasivo en la comunicación también es malo en la comunicación porque emite un aura de debilidad que invita a una mayor agresión. La comunicación asertiva es más útil y equilibrada, ya que tiene en cuenta los sentimientos de todas las partes implicadas. Es la única postura que transmite respeto por todos. La comunicación asertiva es probablemente la mejor manera de garantizar que cada persona tenga en cuenta sus necesidades. Por lo tanto, es imprescindible aprender a comunicarse de forma asertiva en lugar de agresiva o pasiva-agresiva para poder transmitir y recibir mensajes de forma constructiva.

Las personas que tienen la costumbre de ser agresivas tienden a malinterpretar el significado de ser asertivo. En concreto, estas personas tienden a confundir la agresión y la asertividad. Creen que sus acciones y palabras son asertivas. Los dos estilos de comunicación pueden implicar persuasión y comunicación feroz. Sin embargo, hay cosas fundamentales que difieren, por ejemplo, los comunicadores agresivos tienden a ponerse a la defensiva mientras que las personas asertivas defienden sus derechos y a sí mismos sin cruzar las líneas de los demás. Normalmente, la comunicación agresiva reprende y ataca a los demás independientemente de la situación. Por otro lado, la comunicación asertiva sólo utilizará la ira y la fiereza cuando se defienda. La comunicación asertiva no cruza las líneas de los demás innecesariamente.

Gestión de la ira y formulación de peticiones

El estilo de comunicación que uno utiliza determina la capacidad de una persona para hacer peticiones. Normalmente, las personas que utilizan una técnica de comunicación agresiva tienen dificultades para hacer peticiones de manera eficaz. Recuerde que las personas enfadadas suelen utilizar una comunicación agresiva y, por tanto, fracasarán a la hora de hacer peticiones. Como ya se sienten con derecho, las personas enfadadas asumen erróneamente que todas las personas deben hacer su voluntad. Por lo tanto, no harán peticiones bajo el supuesto de que las personas que les rodean saben cuándo y cómo hacerlas. Incluso cuando intentan hacer peticiones, las hacen de forma que suenan como una exigencia, lo que provoca el enfado de los demás y no llevarán a cabo la petición con gusto. Una petición eficaz debe implicar claridad, transparencia emocional y respeto.

La **claridad** se refiere a la realización de una petición bien formada que exprese claramente los deseos y necesidades del individuo. Cuando una petición carece de claridad, resulta difícil de cumplir y lo más probable es que provoque enfado, frustración y estrés. Más aún cuando las peticiones se plantean y se interpretan como órdenes. Una petición clara debe formularse explícitamente y debe dar respuestas claras a ciertas preguntas, es decir, quién, qué y cuándo.

La **transparencia emocional** consiste en exponer los verdaderos sentimientos en lugar de hacer acusaciones. Por ejemplo, si uno le dice al otro: "Tú, idiota, eres tan insensible. ¿Qué te pasa que siempre tienes que olvidarte? ¿Dónde está la leche que te dije que compraras? ¿No puede ni siquiera recordar cosas tan pequeñas?" ¿Puede sentir la intensidad de la defensa en la declaración? La persona está evitando exponer los verdaderos sentimientos y acusando al otro de ser un idiota. Una petición de este tipo desanima rápidamente a un público comprensivo. La petición carece de transparencia emocional, por lo que no atrae a la otra persona. La transparencia emocional implica la voluntad de compartir los sentimientos reales. El orador parece grosero y egocéntrico. Pero si prestamos más atención a los sentimientos, percibiremos que el orador se siente excluido o desatendido.

Será mejor si uno expone sus peticiones con transparencia emocional, compartiendo el verdadero motivo de la petición. Esa transparencia puede motivar al oyente a actuar. En el ejemplo anterior, podemos reformularlo: "Siento que no te preocupas por mí cuando te olvidas de recoger algo para mí. Por favor, acuérdate de guardarlo para mí la próxima vez". En esta frase, el hablante deja claro que sus sentimientos se ven heridos cuando la otra persona se olvida de entregar lo que se le pide. Esto da lugar a dos cosas buenas: en primer lugar, el mensaje es claro, y en segundo lugar, no deja lugar a que el oyente adopte una postura defensiva. Cuando las peticiones se hacen con transparencia emocional, claridad y respeto, hay muchas posibilidades de que el oyente las tome en serio.

El respeto implica formular la petición de manera que la persona quiera cumplirla. El respeto hace que las personas se sientan honradas y, por lo tanto, es más probable que ayuden a la persona a hacer la petición. A la hora de hacer peticiones, se pueden utilizar frases como "Si no es mucho pedir, ¿podría...?" o "¿Podría ayudarme...?" o "Le agradecería mucho que..."

Existe una buena fórmula de petición que ayuda a transmitir la información de forma clara, llamada *Fórmula de petición asertiva*. Esta fórmula consta de tres partes que se suman a una declaración completa:

"Me siento _____ cuando tú _____ porque _____."

Sin embargo, es muy importante que uno se asegure de no acusar al otro al hacer la petición. Por ejemplo, no se debe decir "siento que eres tonto". La sección "siento" se refiere a cómo se siente. La fórmula no funciona con las acusaciones. Esto se debe a que habrá hecho una acusación y habrá hecho que la otra persona adopte una postura defensiva basada en la declaración agresiva de ataque. Hable de usted mismo para obtener mejores resultados. Por ejemplo, puede decir "Me siento abandonado cuando no me llamas para avisar de que vas a llegar tarde porque me preocupa que puedas estar en peligro".

- La definición de ira;
- Una expresión de ira;
- Entender la ira y la ira inteligente;
- Las causas, signos y síntomas de la ira;
- Qué es la ira no gestionada;
- El coste de la ira;
- La ira y la salud mental;
- La elección de gestionar la ira;
- Pasos para gestionar la ira de forma eficaz;
- Gestión de la ira y comunicación;
- Selección de un buen programa de control de la ira;
- El uso de técnicas de control de la ira; y
- Recaídas y medicación.

Capítulo 9: Selección de un programa de control de la ira

En el estudio científico de las emociones, la ira ha recibido menos atención en comparación con otros problemas como la depresión y la ansiedad. Sin embargo, se han identificado varios programas de control de la ira que ayudan a reducirla y gestionarla eficazmente. La mayoría de ellos han conseguido reducir la ira insana y ayudar a los usuarios a mejorar las habilidades de afrontamiento adaptativo. Lamentablemente, no todos los programas han demostrado que funcionan, por lo que hay que tener en cuenta algunos aspectos antes de decidirse por alguno de ellos. La calidad de los programas varía mucho, y mientras algunos se basan en investigaciones científicas sólidas, otros son sólo conjeturas y potencialmente perjudiciales.

Según los científicos, los mejores programas de control de la ira se basan en marcos cognitivo-conductuales. En resumen, las teorías cognitivo-conductuales afirman que las reacciones emocionales de los seres humanos están más influenciadas por nuestra interpretación de los acontecimientos que por los acontecimientos en sí mismos. Por ejemplo, si uno se enfada por la velocidad de conducción de la persona que tiene delante, no es por el estilo de conducción, sino por la creencia e interpretación de que la otra persona podría hacerlo mejor. Los programas de control de la ira que se basan en las teorías cognitivo-conductuales suelen prestar atención a enseñar a los individuos a controlar y reducir su excitación fisiológica y emocional, pensando de forma menos provocadora. Enseñan al individuo cómo pensar y expresar la ira de forma productiva. Estos programas hacen hincapié en el desarrollo de estrategias de autocontrol.

A la hora de seleccionar un programa, estos son algunos de los aspectos que se pueden tener en cuenta:

i. Los programas basados en las teorías cognitivo-conductuales suelen tener un apoyo fiable en la investigación y son más rentables y breves. Muchos de estos programas pueden completarse en 2 o 3 meses.

ii. Hay algunas prácticas que han sido desaprobadas, pero algunas personas siguen utilizándolas. Por ejemplo, se desaconsejan los programas que permiten la expresión agresiva e incontrolada de la ira, como golpear cosas con bates y dar puñetazos a almohadas y bolsas. Puede que proporcionen alivio a corto plazo, pero al final, hay una alta probabilidad de aplicar la ira agresiva en el futuro.

iii. Seleccione un proveedor de tratamiento con el que se sienta cómodo. El hecho de que una persona utilice un programa aprobado no significa que sepa cómo aplicarlo. Por lo tanto, es importante que encuentre un buen proveedor.

Dependiendo de las necesidades personales, uno puede elegir trabajar con un consejero profesional o con un grupo de apoyo para aprender a controlar la ira. También puede optar por trabajar por su cuenta utilizando un recurso de autoaprendizaje de su elección. Sin embargo, hay que advertir que cambiar un hábito de larga duración puede ser difícil; por lo tanto, se requiere mucho compromiso. Un buen sistema de apoyo le ayudará a realizar y mantener un verdadero cambio de comportamiento. Por lo tanto, si se toma realmente en serio la idea de hacer un cambio en la forma de manejar la ira, es mejor participar en un grupo de apoyo. Le ayudará a mantener un seguimiento de los cambios que realice. Un programa de autoaprendizaje es bueno, pero será mejor que participe en un grupo que tenga en cuenta sus intereses. Los programas formales le ayudan a uno a ceñirse a una pauta estructurada para el cambio, le dan motivación para seguir trabajando hacia sus objetivos incluso cuando el deseo de dejar de fumar es abrumador.

A continuación se presenta una lista de diferentes tipos de programas de control de la ira entre los que se puede elegir:

Terapia individual y de grupo

En este estilo de control de la ira, se trabaja con un psicólogo o un profesional autorizado, ya sea individualmente o en grupo. Lo mejor de trabajar con un terapeuta es que usted consigue que alguien observe y analice su comportamiento y su progreso. El terapeuta puede comprobar sus progresos desde una perspectiva imparcial y, por tanto, le ayudará con sus pruebas de realidad. En la terapia de grupo, los demás miembros le ayudarán a hacer un seguimiento de sus progresos. También tendrá personas con las que comparar notas. Un terapeuta de control de la ira también le ofrecerá más de una forma de controlar su ira. En caso de que un programa falle, le sugerirá otras formas que podrían funcionar.

Recuerde que no todos los terapeutas saben utilizar los programas tal y como están diseñados y que usted podría empeorar a largo plazo. Por ello, es aconsejable que elija un terapeuta adecuado para usted. Un terapeuta cognitivo-conductual es el mejor para el control de la ira porque está mejor informado sobre el control de las emociones. Hay otras cualidades que deberá tener en cuenta antes de decidirse por cualquier terapeuta. Lo ideal es que un terapeuta con licencia tenga la formación adecuada para ayudarle a aplicar las terapias y técnicas de control de la ira. Otros tendrán una práctica especial para el manejo de la ira.

Normalmente, un curso de control de la ira no se desarrollará como una sesión de terapia tradicional, sino que será como una clase. En estas sesiones de terapia, se ayudará a los participantes a ser más conscientes de sus respuestas cognitivas, emocionales y físicas ante los conflictos y la ira. Dependiendo de las necesidades personales, el terapeuta elegirá si trabajar con usted en ejercicios de meditación y respiración para reducir la excitación de la ira. También puede optar por ayudarle a aplicar una técnica física y emocional segura y adecuada para liberar la ira. También puede incluir habilidades de comunicación y reestructuración cognitiva.

El efecto de la terapia puede llevar un tiempo diferente para cada persona. Por término medio, los progresos se observan después de 8 a 10 sesiones. El progreso viene determinado en parte por su esfuerzo y dedicación personal, que implica la asistencia regular a las sesiones de terapia, la profundidad con la que toma las lecciones y la seriedad con la que practica sus tareas.

Clases de control de la ira

Las clases de control de la ira suelen estar disponibles a través de los empleadores, una variedad de organizaciones y diferentes sectores de la comunidad. Las clases de control de la ira difieren en calidad y duración. Mientras que algunas de las clases se extienden a lo largo de un periodo de tiempo prolongado, hay otras que sólo duran un rato, como un fin de semana. Haga lo que haga, es mejor elegir un programa que dure más de un fin de semana; le dará más información sostenible. Cuanto más larga sea la clase, mayor será la información que recopilará para su proceso de cambio. Sin embargo, independientemente de la duración del programa, se le asignarán proyectos de tareas y pruebas de examen para seguir el progreso a través de su curso.

Es importante que lleves un registro de sus necesidades personales y que piense detenidamente en sus necesidades cambiantes. Si su ira surge más bien con los compañeros de trabajo, tal vez le beneficie un seminario de control de la ira. Si su ira es contra un cónyuge, entonces le beneficiaría más una terapia de pareja. Sea cual sea el camino que elija, asegúrese de que el camino elegido está aprobado y le guiará hacia sus objetivos.

Autoestudio

Se puede aprender a controlar la ira por cuenta propia de diversas maneras. Existen grabaciones de vídeo y audio que permiten completar los programas de control de la ira en su propio espacio y tiempo y a un ritmo personal. Algunos de estos grupos ofrecen a la persona una plataforma online a la que contribuir, apoyo a través del correo electrónico o del teléfono, e incluso grupos de chat de apoyo.

Si quiere un enfoque más especializado de la gestión de su ira, por ejemplo, un programa diseñado para una madre trabajadora, o para un ejecutivo de empresa, hay una gran colección de recursos en las bibliotecas y en línea. Puede investigar un poco más antes de decidirse por un programa o una clase.

Seguimiento del programa de control de la ira

Llegará un día en el que dejará de planificar el control de la ira y lo llevará a cabo realmente. Independientemente de que persiga sus objetivos de control de la ira personalmente o a través de un grupo de apoyo, un día se necesitará que cambie realmente su comportamiento. Debido a que se requiere mucho trabajo para cambiar un comportamiento que se ha desarrollado con el tiempo, es importante que usted realmente se comprometa con su curso y se adhiera a él hasta que vea resultados positivos. Hay una serie de estrategias que puede seguir para llegar a un buen control de la ira. Estas estrategias dan estructura al programa que ha elegido y le ayudarán a mantener el compromiso. Si no sigue un programa sistemáticamente, no se beneficiará de un programa de control de la ira, aunque sea la mejor y más fiable técnica.

Siga un programa durante el tiempo recomendado. Tendrá más posibilidades de ver cambios si sigue un programa de control de la ira diseñado por un profesional; consiga una buena guía en el programa. Aunque un programa diseñado personalmente puede funcionar, es mejor que dedique su tiempo a centrarse en cómo cambiar su comportamiento en lugar de como diseñar una técnica de gestión. En la mayoría de los casos, un programa diseñado por un profesional le ofrecerá apoyo a nivel personal y de grupo. Un líder de grupo le ayudará a mantener el progreso incluso cuando la tentación de dejar de fumar sea alta. El apoyo que reciba puede ser emocional o técnico. A medida que usted se motive, también motivará a los demás. En el proceso, a veces darás a otras personas la ayuda que necesitan. Esto le motiva a usted a seguir con la suya.

Algunas personas saben bien que un programa de grupo no les servirá y otras pueden no encontrar una clase adecuada, por lo que optarán por hacer su propio plan. Aun así, es aconsejable que sigan un programa establecido al hacer uno personalizado. También es importante que seleccionen a una o dos personas para que les ayuden a controlar su progreso. En términos más sencillos, tener un plan estructurado le ayudará a tener éxito en el control de su ira.

Terapia cognitivo-conductual para el control de la ira

Uno de los tipos de psicoterapia más utilizados es la terapia cognitivo-conductual. Esta terapia está pensada para el tratamiento, ya que ayuda a la persona enfadada a reconocer los pensamientos negativos y autodestructivos que están disparando la emoción. Esta forma de terapia ha demostrado ser la más eficaz para el control de la ira. Normalmente, las formas ineficaces de gestionar los impulsos de ira pueden conducir a patrones de embotellamiento de los sentimientos hasta que explotan, lo que conduce a graves problemas tanto en el trabajo como en otras relaciones. Una vez más, una mala gestión del estrés puede aumentar el resentimiento y la ira y, al final, uno no sabrá cómo expresar esas emociones de forma eficaz.

La terapia cognitivo-conductual para el control de la ira puede incluir:
- Formación en atención plena (mindfulness)
- Entrenamiento de tolerancia a la angustia,
- Reestructuración cognitiva de los pensamientos disfuncionales
- Desarrollo de habilidades de asertividad
- Entrenamiento en la regulación de las emociones

En términos sencillos, la TCC le ayudará a entender cómo cambiar sus pensamientos, comportamientos y sentimientos. Al centrarse en la forma en que reacciona a las situaciones, esta terapia le ayuda a actuar de forma más eficaz. De hecho, le enseña a uno a sentirse mejor con respecto a una situación aunque no pueda cambiarla. Hay una serie de beneficios que hacen que la TCC merezca la pena, entre ellos el hecho de que está orientada a objetivos. La TCC se centra en las situaciones presentes, es breve, está bien investigada y conlleva actividades en equipo.

Terapia cognitivo-conductual - orientada a objetivos

A diferencia de un buen número de terapias conversacionales, la TCC es una terapia de resolución de problemas que ayuda a alcanzar sus objetivos. Los objetivos pueden ser cualquier cosa, desde llevarse bien con un jefe hasta tener una relación duradera. Uno podría buscar ayuda para el control de la ira con la intención de reducir los sentimientos de depresión o ansiedad. Una vez que el paciente haya alcanzado sus objetivos, trabajará junto con el terapeuta y decidirá si hay algo más que deba hacer.

Terapia cognitivo-conductual - Centrada en el presente

La TCC suele concentrarse en las situaciones actuales y en las dificultades presentes que resultan angustiosas. El ángulo del aquí y ahora ayuda al paciente a resolver los problemas actuales de forma más eficaz y rápida. Identificar los retos individuales y centrarse en ellos uno a uno de forma estructurada y coherente da lugar a la consecución de mayores logros en el tratamiento, y a alcanzarlos en un plazo más corto que otras terapias de conversación.

Terapia cognitivo-conductual - Activa

La terapia cognitivo-conductual requiere colaboración y trabajo en equipo. El paciente y el terapeuta tienen que trabajar juntos para resolver los problemas. En lugar de esperar a que el problema desaparezca tras escuchar una charla interminable, el paciente tiene la oportunidad de hacer sugerencias en las sesiones. Hay tareas y herramientas de autoayuda que se utilizan entre las sesiones. Ayudan al paciente a acelerar el proceso de curación. En cada sesión se observa una forma de pensar diferente. El paciente desaprende las reacciones no deseadas al tiempo que identifica nuevas formas de gestionar la ira.

Terapia cognitivo-conductual - Breve

La TCC está limitada por el tiempo, lo que significa que una vez que usted y el terapeuta han identificado que ha mejorado, puede terminar la sesión o ponerla en espera durante el periodo que desee. En consecuencia, la TCC es más breve que las demás terapias tradicionales de conversación, que pueden durar años. Un buen número de personas terminan la TCC en unos pocos meses. Es importante señalar que no todas las personas responden rápidamente a la terapia. Algunas personas necesitarán terapia adicional para crear un cambio duradero. Los pacientes con problemas crónicos graves pueden necesitar un plazo largo, entre 6 meses y varios años. Sin embargo, incluso para los pacientes que necesitan más tiempo de terapia, se prefiere la TCC.

Terapia cognitivo-conductual - Bien investigada

Esta terapia es una de las pocas que han sido probadas científicamente. Los investigadores han descubierto que es eficaz. Hacer grandes cambios puede ser un gran reto; por lo tanto, uno necesitará mucho apoyo. Una terapia bien documentada le ayudará a gestionar la ira de forma más eficaz.

Los pasos que se siguen en la terapia cognitivo-conductual incluyen:

1. Conciencia de sus emociones y pensamientos en torno al desencadenamiento de la ira
2. Identificación de las circunstancias o situaciones de su vida que le llevan a la ira
3. Reconocimiento de patrones de pensamiento negativos e inexactos
4. Aprender patrones de pensamiento más saludables y positivos

Hay muy pocos riesgos asociados a la terapia cognitivo-conductual, y hay muchos beneficios. Hay que advertir que se le puede pedir que recorra su pasado y sus recuerdos dolorosos, pero lo hará bajo una buena guía.

Otras opciones de programas de tratamiento

Hay varias opciones disponibles para las personas que buscan controlar la ira, incluyendo el tratamiento hospitalario y ambulatorio. Las opciones de tratamiento modernas son específicas y eficaces y, en la mayoría de los casos, dan resultados en tan solo 6 u 8 semanas.

A medida que uno va analizando estas opciones, debe saber que la ira no es algo de lo que pueda deshacerse. Es una parte saludable de la vida que comparten todas las personas en todas partes. El objetivo de estas opciones del programa es ayudar a controlar la ira antes de que se convierta en algo destructivo o provoque todo tipo de problemas personales. No se puede curar la ira, pero se puede controlar su efecto e intensidad. Algunas estrategias terapéuticas pueden ayudar a reducir la reactividad. Incluso se puede aprender a tener más paciencia ante situaciones y personas que no se pueden controlar.

La mayoría de las terapias se centran en las habilidades de resolución de problemas, las habilidades de comunicación y la evitación de ciertas situaciones, el humor y el comportamiento cognitivo. Es posible trabajar con la ira sin ayuda externa, pero un terapeuta ayudará a avanzar más rápido en el programa.

Programas de tratamiento de control de la ira en régimen de internado/residencial

Si la ira está afectando a la vida diaria de una persona, entonces se puede recomendar un centro de control de la ira en régimen de internado o residencial. Podría ser importante para uno para permanecer con un equipo de personal de tratamiento dedicado en condiciones controladas si él / ella:

- Tiene problemas con la ley por problemas de ira
- Atacar al cónyuge o a los hijos, sobre todo físicamente
- Tiene discusiones constantes y descontroladas con sus compañeros de trabajo y familiares
- Amenaza de violencia contra las personas y los bienes
- Cree que todo irá bien si reprime la ira
- Pierde el control de sí mismo cuando se enfada

Dado que el objetivo del tratamiento de control de la ira es reunir las herramientas necesarias para expresar la emoción de forma constructiva, segura y saludable, un terapeuta o profesional es el más adecuado para ayudar.

Beneficios de los tratamientos de control de la ira en casa

El tratamiento residencial para el control de la ira ayuda a aprender a controlar la frustración y la ira. Un terapeuta interno puede ayudar al paciente a reconocer situaciones peligrosas y a ser más consciente de las señales de advertencia cuando la ira es inminente. Además, el tratamiento residencial le ayudará a entender las formas de evitar la supresión de la ira, que le llevará a la depresión, la hipertensión, la ansiedad y los problemas cardíacos. Y lo que es más importante, el tratamiento residencial ayuda a desarrollar estrategias de gestión lejos del mundo exterior y de los desencadenantes.

Hay diferentes aspectos que uno debe considerar antes de seleccionar un centro residencial. El hecho de que sea un centro de tratamiento no significa que deba tener condiciones estériles e inhumanas. Algunas de estas instalaciones de lujo son cómodas y serenas. Un buen ambiente facilitará un estado de ánimo positivo y ayudará a aprender más rápido.

Programa ejecutivo de control de la ira

Estos programas están diseñados para ejecutivos, abogados, médicos y otros profesionales que quieren discreción y privacidad y desean beneficiarse de un programa individual. Las estrategias efectivas de control de la ira no sólo beneficiarán a un ejecutivo individual cuando interactúe con empleados, clientes o pacientes; también le ayudarán a elaborar políticas organizativas sólidas. Cuando un profesional es capaz de manejar la ira y el estrés de forma positiva, está mejor posicionado para instruir y trabajar con otros.

En los programas de control de la ira de los ejecutivos, las personas pueden esperar aprender formas de:
1. Comuníquese de forma directa y respetuosa;
2. Restablecer la confianza;
3. Reparar relaciones rotas encontrar resoluciones positivas para personas y situaciones estresantes;
4. Controlar la reactividad emocional;
5. Resolver los conflictos de forma saludable; y
6. Empatizar con los clientes y los compañeros de trabajo.

Programas de tratamiento de la ira en régimen ambulatorio

En algunos casos, una persona está dispuesta a participar en un programa de control de la ira pero no está en condiciones de asistir a una sesión de hospitalización. Por ejemplo, si un trabajo es demasiado exigente, o hay una familia joven involucrada, uno podría no manejar un programa residencial. De nuevo, si su problema de ira no supone una amenaza física para las personas o las cosas, entonces puede que no necesite un programa residencial. Un programa ambulatorio es el más adecuado para esa persona. Muchos programas ambulatorios ofrecen un asesoramiento intenso para las personas, y suelen durar de seis a ocho semanas. También ayudan al paciente a prepararse para un mayor seguimiento en casa. Con los programas ambulatorios, uno tiene que lidiar con situaciones y personas externas porque el entorno no está controlado. Por lo tanto, uno se beneficiará del apoyo de amigos y familiares.

Cómo encontrar el mejor centro de tratamiento de la ira

Una vez que esté preparado para tomar el control de su ira y haya decidido buscar ayuda, es importante tener en cuenta una serie de cosas. Si opta por un centro, busque uno que ofrezca una evaluación completa, un tratamiento adecuado y servicios de seguimiento. Hable directamente con los profesionales del centro y pregúnteles por su cualificación y experiencia. Puede parecer mucho, pero será mejor que conozca los métodos y los resultados esperados en lugar de hacer conjeturas. Expréseles todas sus preocupaciones y asegúrese de que los facilitadores le explican todos los costes del programa. Algunos seguros médicos ayudan a pagar parte de esos gastos.

Obtendrá más beneficios del programa que elija si:
1. Trata a su terapeuta como un compañero y no como un supervisor;
2. Es abierto con sus pensamientos y sentimientos;
3. Se mantiene la constancia y se sigue el plan de tratamiento;
4. Recuerde que la determinación y la paciencia conducen a resultados;
5. Se comunica bien con su equipo, especialmente cuando se enfrenta a desafíos; y
6. Haga sus deberes.

El compromiso contractual

Es aconsejable para uno para elaborar un contrato que establece el plan específico que detalla las cosas, que desea practicar en el curso del programa de manejo de la ira. La mejor parte de la firma de un contrato de este tipo es que usted habrá hecho por sí mismo el apoyo y la estructura a seguir. Estos dos aspectos son importantes para su éxito. Imprima el contrato en una hoja y fírmelo con tinta. Si tiene personas que le apoyan en su búsqueda, puede pedirles que firmen como testigos de su progreso. También puede considerar la posibilidad de colgar el contrato firmado en un lugar público, por ejemplo en su casa, para que la gente de su entorno pueda entender lo que busca e incluso ayudarle. Hacerlo público reforzará su compromiso y ayudará a que la gente de su entorno le apoye.

Los detalles que debe incluir en el contrato tienen que ser muy específicos. Por ejemplo, tiene que anotar:
   a. Sus objetivos: lo que espera obtener del programa
   b. El plan: lo que tiene que hacer para alcanzar sus objetivos
   c. Cuándo y cómo va a practicar las cosas que ha establecido

Al hacer el contrato, sea muy específico con los objetivos, evite utilizar generalidades como "quiero dejar de exagerar". Este tipo de objetivos abiertos son imposibles de medir de forma específica y, por tanto, dejan demasiado margen para saltar de un extremo a otro con una falsa sensación de logro. En lugar de establecer unos objetivos poco realistas e inespecíficos, describe las situaciones reales que le hacen enfadar y exponga cómo pretende cambiarlas. Escriba las técnicas que va a utilizar para enfrentarse a esas situaciones. Repita las técnicas si es necesario. Repetir las cosas ayuda a recordar y comprender.

Tómese un tiempo libre

En el contrato, asegúrese de que incluye la posibilidad de tomarse un tiempo libre. Esto significa que se aleja voluntariamente de una situación que le obliga a enfadarse. Por ejemplo, si no está de acuerdo con su cónyuge, acuerde que se alejará de la situación de tensión y hará un espacio para calmarse. Tenga en cuenta que si no se aleja, lo más probable es que la situación se le vaya de las manos. Tómese un tiempo para alejarse, pensar críticamente y calmarse.

Los descansos pueden ayudarle a resolver la situación con un mejor estado de ánimo. Del mismo modo, si las exigencias de la familia le agobian habitualmente cuando llega a casa después del trabajo, procure tomarse un descanso antes de llegar a la casa. Durante este tiempo, asegúrese de relajarse. No confunda el consumo de alcohol con una forma de relajarse; es una forma poco saludable de descomprimirse. Una buena manera podría ser ir al gimnasio o tomar una clase de yoga. Dese una zona de amortiguación, un espacio para hacer algo que le interese. Tomar un descanso le ayudará a relajarse de tal manera que, una vez que llegue a casa, podrá apreciar las cosas buenas de su familia sin ser hostil o estar de mal humor. Unos minutos de tiempo para usted le ayudarán a manejar las situaciones cuando llegue a casa.

En el contrato, acuerda que practicarás las técnicas de relajación y respiración de forma regular. Es preferible que las practiques a diario. Aprender a mantener la calma requiere que entiendas las formas a través de las cuales reaccionas con menos violencia, independientemente del estrés que conlleve la situación. En consecuencia, se requiere que aprenda a relajarse con habilidad. Algunas de las técnicas de relajación más eficaces que puede utilizar para calmarse son la meditación, la respiración profunda y los ejercicios físicos. Con la práctica y la paciencia, estas técnicas se convierten en una forma proactiva de minimizar su excitación general de ira.

Examinar el pensamiento

En su contrato, incluya una sección para revisar los pensamientos. Como se ha visto antes, los primeros pensamientos que se le ocurren a uno cuando se enfada son normalmente juiciosos e imperfectos porque se basan en información incompleta. Si se centra simplemente en las impresiones incompletas, lo más probable es que ataque a las personas que se rodean, y esto no será una medida inteligente. En lugar de enfadarte sin más, prométase a sí mismo que evaluará de forma crítica y cuidadosa las situaciones que le provocan la ira. El mejor momento para evaluar su enfado es durante la sesión de tiempo muerto, justo antes de que el enfado disminuya o se descontrole. Aprenda a ver los tipos de situaciones que desencadenan su ira y los pensamientos que se le ocurren cuando está furioso. Reflexione seriamente sobre si es bueno para usted reaccionar cuando está enfadado. Absténgase de actuar por las reacciones emocionales automáticas (que normalmente son erróneas) y piense de forma crítica y lógica sobre las situaciones.

Comunicación asertiva

En el contrato, indique claramente que se tomará un tiempo cada día para practicar las habilidades de comunicación asertiva. Puede buscar un libro sobre la comunicación asertiva y leerlo. Escriba las cosas que normalmente dice a la gente de forma agresiva. Luego reescríbalas de forma asertiva. Practique las frases asertivas con la gente, delante de un espejo o en sesiones de juegos de rol. Si intuye que se va a meter en una situación que le va a enfadar, practique las frases asertivas con antelación; le ayudará a enfrentarse a la circunstancia real.

Además de practicar la comunicación asertiva, que consiste sobre todo en transmitir su mensaje, también es importante que practique la escucha de los demás. Es necesario convertirse en un oyente hábil que participe en la conversación de forma constructiva. Al final, ampliará sus posibilidades de conseguir lo que quiere de otras personas.

Duración del contrato

Es importante tener un marco temporal para el programa de control de la ira de una hora. Lo ideal es que no sea demasiado largo, pero tampoco demasiado corto. Podría durar todo el tiempo que dure el programa que seleccione. Sin embargo, una mejor opción es dividir el contrato en períodos más cortos pero vinculados. Por ejemplo, un contrato podría durar de uno a cinco días, o la duración que mejor se adapte a su plan. Algunas personas empiezan con un contrato que dura veinticuatro horas, mientras que otras eligen unos pocos días. Cuando un contrato termina, la persona redacta uno nuevo, asumiendo nuevos compromisos.

La ventaja de los contratos cortos es que le permiten adaptarlos a los cambios que va experimentando. A medida que aprende nuevas técnicas, el contrato renovado le permite evaluar sus prácticas. Los contratos cortos también le permitirán sentirse exitoso cuando haya logrado el objetivo a corto plazo, lo que le dará la motivación para perseguir el siguiente. Recompénsese por cada contrato conseguido, tenga tiempo para sentirse bien por ello y luego póngase con el siguiente. Tanto si se conforma con un contrato diario como con uno de mayor duración, debe firmarlo y asegurarse de que los testigos también confirman sus logros. Guarde el contrato o colóquelo en un lugar público como recordatorio.

Deje que la gente le ayude

Su familia, sus socios, sus amigos e incluso sus asociados estarán en mejor posición para reconocer el momento en que se está enfadando. Por ello, es aconsejable incluirlos en el plan si es posible. Puede acordar con su equipo de asistencia una señal que puedan darle cuando vean que empieza a caer en el viejo hábito de la expresión agresiva. Una vez que detecte la señal, asegúrese de cambiar su comportamiento; de lo contrario, la ira aumentará. Algunas técnicas que pueden ayudarle a evitar esta escalada son tomarse un tiempo de descanso o acordar manejar la situación más tarde, cuando esté emocionalmente estable.

Recompénsese a sí mismo

Las recompensas son una buena fuente de motivación. Por eso es importante que incluya las recompensas en el contrato. Tenga una recompensa cada vez que logre un objetivo establecido en el contrato. Sin embargo, la recompensa debe ser sana y sensata, preferiblemente, algo de lo que pueda prescindir en caso de que no consiga sus objetivos. También debe ser un regalo que le haga ilusión ganar, uno con el que se sienta bien si lo consigue. Por ejemplo, puede regalarse algo que le haga ilusión, como asistir a un espectáculo de ópera.

Capítulo 10: El uso de las técnicas de control de la ira: Cómo combinarlas

En los temas anteriores hemos visto una serie de información y una variedad de técnicas que uno puede utilizar para manejar y desarrollar una ira sana. Es posible que uno quiera practicar estas técnicas de forma aislada, pero no tiene por qué ser así. Puede combinar cualquier número de técnicas que le funcionen, siempre y cuando le ayuden a conseguir sus objetivos.

Cuando una situación concreta le provoque ira, deténgase y haga consideraciones. Reflexione antes de responder. Los siguientes pasos resumen las técnicas de control de la ira:

1. Inmediatamente que sienta ira, detenga su línea de pensamiento y acción. Una vez que reconozca que su ira está aumentando, cambie o retenga sus pensamientos y acciones, podría pensar en otra cosa que sea más placentera. Si la imaginería le funciona, intente imaginar una señal de stop roja.

2. Cuando la ira empieza a aumentar, los mecanismos del cuerpo también empiezan a cambiar. Por ejemplo, aumenta el ritmo de los latidos del corazón y la presión arterial. Para contrarrestar estos signos físicos, utilice la técnica de relajación y respiración. Puede elegir una palabra para recitar con el fin de

invocar el estado de calma. Por ejemplo, puede utilizar repetidamente las palabras calma y frío.

3. Reflexione sobre la situación e intente identificar los desencadenantes de su ira. Hágase preguntas como: ¿qué pensamientos están ocupando mi cabeza en este momento? ¿Qué estoy sintiendo? ¿Cómo está respondiendo mi cuerpo? ¿Estoy considerando todo el escenario o sólo la primera impresión? ¿Qué es lo que quiero? ¿Quiero vengarme y realmente vale la pena? ¿Y si actúo con agresividad? ¿A qué consecuencias me enfrento? ¿De qué otras formas puedo responder a la situación en lugar de actuar con ira? ¿Empeorarán o mejorarán la situación?

4. Una vez que haya hecho las consideraciones anteriores, considere la forma en que quiere responder. Es mejor que trabaje para identificar una respuesta asertiva más que una agresiva.

5. Responder. Después de hacer todas las consideraciones, pensar, repensar y comprobar los hechos, hablar con alguien sobre la situación, etc. Cuando tenga los detalles bien definidos, responda.

En la mayoría de los casos, el calor del momento cuando uno está enfadado hace que la situación parezca que necesita una respuesta muy urgente. Se dará cuenta de que la situación no necesita realmente una respuesta drástica inmediata; es mejor que se tome un tiempo y lo reconsidere. La urgencia de la situación suele ser una ilusión y, una vez que se calma, se aclara. La intensa excitación del momento contribuye a la impaciencia.

Cuando sienta que la ira aumenta y que el calor del momento se vuelve demasiado intenso, le ayudará mucho pedir un tiempo de descanso y utilizar algunas de las técnicas de control de la ira para analizar la situación. Mientras se desentiende de la situación de ira, utilice una frase educada para excusarse, como por ejemplo: "Me siento molesto ahora, permíteme alejarme un rato y continuar con esta conversación más tarde". El tiempo de descanso interrumpirá su proceso de enfado y, una vez que vuelva a la situación, su mente estará renovada y más receptiva. Es mejor que vuelva a abordar el caso de forma asertiva y no agresiva.

Si la situación no le permite tomarse un descanso, pruebe los siguientes pasos:

1. Evite las acusaciones. En lugar de hablar a la otra persona de sus defectos de forma agresiva, utilice el enunciado "yo" para explicar sus sentimientos y hacer una petición. El objetivo de la comunicación es dar a conocer su postura a los demás, no menospreciarlos ni golpearlos.

2. Mientras habla, no mire fijamente a la persona a los ojos, sino que mantenga un contacto visual intermitente a intervalos. Mirar demasiado a los ojos durante una confrontación puede parecer agresivo, mientras que el contacto visual a intervalos muestra el valor y la voluntad de defender lo que uno cree.

3. Cuando escuche a otras personas, asegúrese de practicar la escucha activa. Evite el "sí, pero". Esto

normalmente desvía la atención de la otra persona hacia usted. En consecuencia, si el "sí, pero" continúa, la otra persona se siente excluida.

4. Al hablar, evalúe si sus necesidades han sido escuchadas. ¿Cree que la persona a la que le ha transmitido el mensaje ha entendido todo lo que ha dicho? En un momento de acaloramiento, la persona con la que se comunica puede malinterpretar el mensaje porque se centra demasiado en la excitación. Si se da cuenta de que no ha entendido su mensaje, vuelva a expresarlo de otra manera. Tenga en cuenta que la persona puede estar demasiado enfadada como para entenderle; por lo tanto, es posible que tenga que ir más despacio y permitirle despotricar. No todas las personas enfadadas son capaces de utilizar las técnicas de control que ha aprendido. Si la comunicación resulta imposible, es importante que se retire y continúe en otro momento.

5. Haga lo que haga, evite caer en una reacción prematura. Llevará tiempo y práctica resolver las cosas con paciencia, pero al final merecerá la pena. Gane más tiempo cuando esté enfadado, dilate su respuesta, espere un poco más. Si tiene que elegir entre perder los nervios o marcharse, elija marcharse. Es mejor mantener el control que ganar con la agresión.

La práctica hace la perfección

Recuerde que es muy difícil y probablemente imposible aprender a controlar la ira de la noche a la mañana. Sin embargo, habrá muchas oportunidades en su vida en las que podrá practicar diferentes técnicas. También puede aprender a aplicarlas más si se ejercita mediante juegos de rol. Estas prácticas le ayudarán a simular y controlar sus desencadenantes.

El juego de roles puede hacerse de forma personal o con un compañero. Sin embargo, el juego de roles se aplica mejor si se cuenta con un grupo de apoyo; uno en el que se comparten los objetivos. Utilice la lista de factores desencadenantes para idear situaciones que presenten los retos del control de la ira. Si no trabaja con un compañero, póngase delante de un espejo y hable consigo mismo. Puede parecer una locura, pero los actores profesionales lo hacen la mayoría de las veces para mejorar sus habilidades interpretativas. Adopte un papel como si estuviera hablando con alguien con quien está enfadado. Métase en el personaje de la forma más realista posible. Haga que su imaginación sea lo más vívida posible. Hable en voz alta e imagine las respuestas más realistas. Al principio, le resultará incómodo hablar consigo mismo en voz alta frente a un espejo, pero con el tiempo, la ansiedad desaparecerá y se sentirá más cómodo con la práctica.

Si tiene acceso a compañeros y grupos con los que representar los papeles, mejor, será más fácil seguir su evolución cuando haya otras personas implicadas. Es más fácil dirigir las emociones hacia alguien, aunque sólo sea una actuación. Mantenga el control durante todo el tiempo que pueda y mantenga el carácter. La práctica hace la perfección.

La ira y la defensa

¿Qué le hace enfadar? ¿Es un tratamiento incorrecto en la consulta? ¿O una enfermedad concreta que afecta a un ser querido? ¿El hecho de que la sequía esté matando gente? ¿Hay informes sobre el trabajo infantil?

La buena ira ha ayudado a la gente a encontrar soluciones para muchos desafíos a lo largo de los siglos. Por ejemplo, la ira hizo que la gente luchara contra la esclavitud. Esta emoción hizo que los luchadores por la libertad se enfrentaran a sus opresores. La ira también hizo que las mujeres lucharan por su derecho al voto y al trabajo. Las elevadas facturas de los hospitales hicieron que la gente luchara por conseguir un seguro.

¿Cómo puede utilizar su ira de forma positiva? Conviértala en defensa. Inicie un movimiento que luche a favor o en contra de un curso determinado. Si su enfado se debe a las imágenes de niños que mueren de ira en determinados lugares del mundo, inicie un curso que sensibilice a la gente sobre ello. Si es por una enfermedad que le arrebató un ser querido por no tener suficiente información, inicie una plataforma en la que la gente pueda aprender más sobre ella.

Centrarse demasiado en su ira sólo le causará resentimiento. Busque formas de bendecir a los demás con su energía. La promoción puede parecer difícil al principio, pero a su debido tiempo, tendrá un curso que valdrá su energía.

Capítulo 11: Recaídas y tratamiento de la ira

Mientras se trabaja en la superación de un problema de ira, hay ocasiones en las que se producen recaídas. Es probable que la persona retome los hábitos de ira anteriores, como volverse inapropiadamente enojada, beligerante y agresiva. Las recaídas, los deslices y los lapsus son prácticamente inevitables en los programas de control de la ira, por lo que habrá que planificarlos. Lo más importante es negarse a rendirse.

Por muy difícil que sea, no permita que un fallo sea su excusa para abandonar un programa de ira. Trate los fracasos como experiencias de aprendizaje. Examine cuidadosamente los acontecimientos que desencadenaron la recaída y aprenda cómo se produjo la situación. ¿Qué parte de su plan de control de la ira fue insuficiente para la situación? La información que obtenga de este análisis le ayudará a arreglar su programa para que funcione mejor la próxima vez.

En el proceso de planificación de las recaídas, es importante que busque eventos problemáticos con antelación y se prepare mentalmente para ellos. Si todavía no ha acudido a la ayuda profesional, sería el momento de buscarla. Si ha pasado por programas de asesoramiento y tratamiento, las sesiones de refuerzo pueden hacer maravillas para ayudarle a seguir adelante. Las sesiones de refuerzo consisten en volver a ver a su terapeuta y recibir ayuda adicional sobre su problema. Esta sesión de refuerzo puede incluir la revisión de las estrategias de control de la ira que está utilizando, la comprobación de los factores de estrés actuales y la obtención de una opinión objetiva sobre su próximo paso. Las sesiones de refuerzo no indican que haya fracasado.

Mentalidad sobre las recaídas

Hay una alta probabilidad de que la mayoría de la gente tenga un desliz o una recaída. Una cosa a la que hay que prestar atención es a los pensamientos que se tienen respecto a la recaída. Las mentalidades hacen que las cosas sean mejores o peores para nosotros. Si se machaca por una recaída, lo más probable es que tenga más problemas de ira. La gente suele pensar que la autocrítica abusiva es una fuente de motivación, pero en realidad no lo es. Hay algunos pensamientos racionales e irracionales identificados en las personas que tienen recaídas, y se ha observado que una línea de pensamiento puede determinar si la persona se recuperará o seguirá recayendo. Algunos de estos pensamientos son:

Irracional	Racional
No conseguiré nada con esto.	He mejorado mucho en muchos aspectos. He aprendido muchas habilidades nuevas y puedo controlar mejor mi ira.
Soy una criatura horrible.	Soy humano y propenso a cometer errores.
Nunca voy a mejorar.	Mi tendencia ha sido buena.

	Esto es sólo un contratiempo que superaré.

Cumpla con su plan.

La gestión de la ira implica diferentes técnicas y habilidades, como la respiración profunda y la relajación, la comunicación asertiva, la identificación de los factores desencadenantes y su contraprestación, el perdón, el cambio de mentalidad y el abandono de las cavilaciones. Con el tiempo, tendrá la tentación de abandonar algunas de las técnicas que sienta que han cumplido su función. En realidad, eso podría ser el comienzo de su recaída. No deje de utilizar una habilidad de afrontamiento sólo porque sienta que está fuera de servicio. Siga practicándola. Si ha abandonado una habilidad, retómela. Tardará mucho tiempo en dejar de usar estas técnicas e incluso entonces, puede que tenga que sacarlas de la tienda y practicarlas en un momento u otro.

Otro paso para recuperarse de las recaídas es comprobar aquellas estrategias y técnicas a las que no prestaste atención. En esas tareas que no completó evaluando es donde puede estar el punto débil. No pierde nada con revisar sus trabajos anteriores.

Busque opiniones.

Las personas que le rodean, como los cónyuges, la familia, los amigos de confianza, podrían ayudarle a rastrear la causa de su recaída. Simplemente, pueden ser su salvavidas en la búsqueda del control de la ira. Cuando experimente una recaída, puede pedirles que le ayuden a señalar el punto en el que ha recaído y las causas. Estas personas pueden ayudarle a detectar una reincidencia antes de que se le vaya de las manos.

Sin embargo, es importante que entienda que estas personas sólo le ayudarán si se lo pide. Pídales que busquen cosas que indiquen que se está desquiciando. Deben saber cómo se comporta cuando está bien y cuando está enfadado. Desarrolle un signo, una palabra o una señal que le den cuando noten que está perdiendo la calma.

Algunas de las señales y palabras que puede utilizar son: un toque en el hombro, un gesto con la mano, una pregunta como "¿estás bien?" o una simple petición como "deja respirar".

Normalmente, la primera reacción al ver la señal es la negación, creyendo reflexivamente que no está enfadado. Intente evitar un estado defensivo. Los socorristas son muy objetivos, por lo que verán los puntos débiles antes que usted.

Incentivarse a sí mismo.

Después de una recaída, es importante que se incentive. La motivación puede venir de hacer una lista de las razones por las que quiere cambiar. Identifique las tres razones que dominan su vida, por ejemplo, si ha perdido demasiados amigos, o si se ha avergonzado demasiado, buscando así la manera de protegerse de más daños. Tener estas razones en mente le ayudará a levantarse. Puede identificar muchas razones, pero elija las tres o cinco más importantes para ayudarle a levantarse. Deténgase y reflexione sobre cada objetivo y la importancia de su plan.

Señales de advertencia de una recaída

Las siguientes señales de advertencia pueden ayudarle a identificar cuándo está a punto de producirse una regresión:

1. **El regreso de la negación** - Esto implica la incapacidad de reconocer y decir a otras personas lo que está sintiendo y pensando. Esta negación puede ocurrir incluso cuando se es incapaz de reconocer que se está produciendo un desliz, y se está volviendo a la conducta agresiva.

2. **Aprehensión sobre el bienestar** - Se refiere a la falta de confianza en su capacidad para controlar la ira. Puede ocurrir cuando se encuentra en un escenario agravante y le cuesta controlarse

3. **Defensividad** - Cuando se avecina una recaída, hay posibilidades de que adopte una postura defensiva al hablar de sí mismo. Esto suele ocurrir cuando no quiere admitir que está volviendo a los viejos hábitos.

4. **Creación de crisis** - Se sentirá abrumado por la vida y por la incapacidad de controlar las cosas. También sentirá que aparecen dos problemas más cada vez que resuelve uno. Esto suele ocurrir si sus planes son demasiado estresantes o exigentes.

5. **Evitación** - Esto implica evitar el hecho de que algo pueda hacer que vuelvan los antiguos sentimientos incómodos y dolorosos. En consecuencia, se encontrará evitando a las personas y los lugares que pueden hacerle entrar en introspección.

6. **Inmovilización**: se trata de la sensación de que no se relaciona eficazmente con otras personas. Es más bien como si estuviera pasando por los movimientos de la vida. Ninguno de sus problemas parece estar realmente resuelto y pasará más tiempo soñando despierto que buscando soluciones.

7. **Irritabilidad** - Se trata de reaccionar de forma exagerada ante pequeños asuntos y perder los nervios rápidamente. La irritabilidad se dará más si está decepcionado consigo mismo y se siente frustrado.

8. **Los planes empiezan a fallar** - Notará que la mayoría de sus proyectos no salen adelante más que nada porque no los está siguiendo. Por ejemplo, si tiene planes para seguir una dieta saludable. Se dará cuenta de que está tirando mucho a la basura. Esto sucede cuando siente que los planes son demasiado difíciles y agotadores.

9. **Depresión** - Estará representada por algunos síntomas importantes como la falta de sueño, los hábitos alimenticios irregulares, la pérdida de interés por las cosas que antes le divertían y la pérdida de un patrón de vida regular. También es posible que sienta que seguir enfadado es la única manera de dejar de lado la depresión

10. **Rechazo abierto de la ayuda** - Otro indicio de recaída es el rechazo de la ayuda. En la mayoría de los casos, las personas que le rodean le tenderán la mano y manifestarán sus preocupaciones sobre usted. Sin embargo, la negación le hará rechazar sus expresiones.

11. **Incapacidad para controlar su comportamiento** - Esto puede manifestarse en una actitud de "no me importa". Se encontrarás con que no atiende a los asuntos importantes, como las reuniones.

12. **Mentir conscientemente** - Esto implica explicar la verdad y en su lugar, vender mentiras sobre una situación.

13. **Pasar más tiempo con personas autodestructivas y deprimidas** - Esto puede ser un indicador o un resultado de una recaída. Inicialmente, su plan de recuperación implicaba pasar tiempo con personas que manejan su ira de forma saludable. Sin embargo, durante la recaída, siente la necesidad de pasar más tiempo con personas enojadas y deprimidas.

Capítulo 12: Medicación contra la ira y efectos secundarios

La ira es un problema psicológico, por lo que es posible tratar los síntomas con medicación. El objetivo de los programas de control de la ira es ayudar a la persona a ser autosuficiente, y aunque la terapia es la mejor opción, la medicación puede ayudar en la fase de tratamiento.

Medicamentos comunes

Se sabe que algunos medicamentos evitan los estallidos de ira y reducen la agresividad. No se dirigen a la ira específica del cuerpo, sino que producen un efecto calmante que controla las reacciones. Hay antidepresivos, estabilizadores del estado de ánimo y fármacos antipsicóticos que ayudan al paciente a lidiar con la ira, pero difícilmente la detienen por completo.

Antidepresivos

Se ha comprobado que estos fármacos sirven para tratar la ira resultante de una serie de trastornos mentales, como los trastornos de la personalidad y la depresión. Los investigadores descubrieron que los antidepresivos hacían desaparecer la ira en un 53-71 por ciento de los pacientes deprimidos. Los antidepresivos utilizados son la Imipramina, la sertralina y la fluoxetina.

Estabilizadores del estado de ánimo

En la mayoría de los casos, se prefieren los antidepresivos para tratar la ira en personas con otras afecciones, como la depresión y los trastornos de la personalidad, porque son eficaces para la mayoría de los pacientes. Sin embargo, hay casos en los que los fármacos antidepresivos fallan, por lo que se recomiendan otros medicamentos como los estabilizadores del estado de ánimo. Algunos medicamentos anticonvulsivos como la carbamazepina y el divalproex se utilizan como estabilizadores.

Fármacos antipsicóticos

Las investigaciones demuestran que algunos fármacos antipsicóticos típicos, como la clozapina, pueden utilizarse para tratar a los pacientes esquizofrénicos que tienen un comportamiento agresivo y hostil. Los investigadores explican que los fármacos reducen la ira debido a su capacidad para minimizar la impulsividad. Sin embargo, otros estudios afirman que, aunque los fármacos antipsicóticos son eficaces para el control de la ira, tienen muchos efectos secundarios, lo que los hace inviables para el tratamiento a largo plazo.

La seguridad del tratamiento farmacológico

Evidentemente, la medicación es a veces la mejor manera de controlar la ira a corto plazo. Con la ayuda de otras formas de tratamiento, como la terapia, un paciente podría no necesitar la medicación durante mucho tiempo. Un profesional puede recomendar ciertos fármacos para su uso a largo plazo si tienen pocos o ningún efecto secundario. Por supuesto, toda medicación conlleva un riesgo. Hay posibilidades de adicción u otras adversidades.

Es importante que uno tome toda la medicación según lo prescrito por el médico o profesional. Esté atento a cualquier efecto secundario y comuníquese con su médico o terapeuta. Los médicos pueden hacer controles de seguimiento de esa medicación que tiene algunos riesgos. Vigile de cerca cualquier cambio adverso. También es importante consultar al terapeuta/médico antes de dejar cualquier medicación para la ira.

Aquellas personas que tengan dudas sobre la medicación pero que aun así quieran curar sus problemas de ira pueden buscar ayuda en tratamientos alternativos como los aceites esenciales y las hierbas junto con la terapia. La manzanilla es una de las hierbas utilizadas por las personas para calmar sus nervios. Prácticas como el ejercicio diario, la atención plena y la meditación pueden ayudar al paciente a encontrar la calma y el equilibrio. Sin embargo, se necesita paciencia y mucha persistencia para lograrlo.

Capítulo 13: Resumen de las técnicas de control de la ira

Sentirse enfadado

Todos nos sentimos enfadados en un momento u otro. Algunas personas pueden lidiar con el enfado con bastante rapidez, pero a otras les cuesta más clasificar la irritabilidad. Miramos los retos desde distintos ángulos y, por tanto, obtenemos perspectivas y resultados diferentes. El enfado puede provocar grandes complicaciones en nuestra vida y en la de los que nos rodean.

La ira normalmente nos informa de cuándo algo puede ir mal. Por ejemplo, podemos sentirnos perdidos cuando algo no está bajo nuestro control. A veces, la ira nos ayuda a evitar los sentimientos reales. Si sentimos miedo, la ira nos ayuda a sentirnos seguros y con la energía suficiente para luchar. Demasiado estrés también puede provocar la ira. El estrés nos hace sentir nerviosos, por lo que una pequeña cosa puede obligarnos a reaccionar de forma muy drástica.

La ira implica una amplia gama de sentimientos. Puede ser un pequeño enfado por un accidente menor, como olvidarse de recoger la leche en la tienda, o una forma de rabia por un asunto más grave, como ver que alguien a quien quiere se hace daño. Todos reaccionamos dependiendo de cómo interpretemos la situación y del estado de ánimo que tengamos. En algunos casos, uno puede sentirse enfadado por una razón que no puede identificar.

La ira será más fuerte para usted si:
- Se muestra de una manera que es más fuerte de lo que esperaba en base a la situación;
- Ocurre con demasiada frecuencia hasta el punto de que ya no disfrutas de la vida;
- La causa es algo que le ocurrió en el pasado y que aún no ha resuelto;
- Da lugar a actos violentos contra otra persona, contra la propiedad o contra uno mismo;
- Está interfiriendo con su capacidad de trabajo;
- Está perjudicando sus relaciones o haciendo que la gente se aleje de usted; y
- Está afectando a su salud, física, mental y emocional.

Qué hacer

En alguna situación, todo el mundo se ve obligado a reaccionar con ira. Esta emoción puede ser útil en algunos casos. Por ejemplo, como hemos visto antes, si la ira le hace dejar una relación abusiva, entonces es buena. Es saludable si la ira le motiva a actuar en algo o a trabajar para conseguir sus objetivos. Sin embargo, si uno maneja la ira de una manera poco saludable, entonces llevará a problemas que pueden afectar a muchos sectores de la vida. Por suerte, hay algunas cosas que se pueden hacer para lidiar con la ira.

Estrategias inmediatas

Las estrategias inmediatas no resuelven el problema, pero ayudan a que la persona vuelva a tener el control. Cuando uno tiene el control, está en condiciones de encontrar formas productivas de afrontar el reto. Las estrategias inmediatas también le ayudarán a mantenerse alejado de acciones y palabras de las que se arrepentirá más tarde.

En primer lugar, abandone la situación que le hace enfadar si es posible. Alejarse de la situación de enfado puede ayudarle a relajarse y a pensar de forma más clara. Recuerde que la reacción del cuerpo cuando está en un estado de ira impide tener en cuenta todas las cosas. Aléjese.

En segundo lugar, cuente hasta diez. Esto se aplica más si se encuentra en una situación en la que puede marcharse sin una razón adecuada, por ejemplo, al hablar con un empleador. La mejor opción es contar hasta diez lentamente; así tendrá tiempo de moderar el enfado.

En tercer lugar, repita una frase tranquilizadora de su elección. Puede utilizar palabras que le aporten paz, como "mantén la calma" o "paz y bondad". También le ayudará dejar que su cerebro divague en pensamientos como "¿importará dentro de dos meses?".

En cuarto lugar, respire profundamente y relájese. ¿Recuerda las técnicas de respiración y relajación de las que hemos hablado antes? Resultan muy útiles en los momentos de urgencia. Inspire profundamente hasta el estómago y suelte lentamente, cuando tome aire, piense que es energía positiva. Al espirar, piense que está soltando la energía negativa. Las respiraciones profundas le ayudan a calmar su mente acelerada, a reducir la presión arterial e incluso a disminuir el ritmo cardíaco.

En quinto lugar, cambie su atención. Puede sonar como una falta de respeto o arrogancia, pero es mejor que dejar que su ira se desborde. Aleje su atención del tema y piense en algo agradable. Identifique algo que le haga ilusión, como un masaje o un trozo de pastel recién hecho. Cualquier cosa que le haga feliz, vaya a por ella.

Estrategias a corto plazo

Una vez que las estrategias inmediatas le han ayudado a controlar la emoción básica, hay estrategias que puede utilizar para analizar la situación. Éstas le ayudan a evaluar las emociones que se desprenden de la situación. Estas estrategias no requieren mucho tiempo, pero cuando se aplican bien, pueden marcar una gran diferencia.

En primer lugar, reconozca el enfado. Si sigue negando la ira, no tendrá la oportunidad de enfrentarse a ella. La ira no desaparecerá sólo porque la reprima. El reconocimiento y la aceptación son los primeros pasos para encontrar ayuda para su problema.

En segundo lugar, considere si la reacción estaba justificada por la situación. El enfado es algo normal, pero se convierte en un reto si la reacción es demasiado para la situación. Piense qué pensaría si viera a otra persona enfadarse por la situación segura en la que se encuentras. También puede pedir a alguien de confianza que le ayude a comprobar si el enfado estaba justificado.

En tercer lugar, evalúe sus pensamientos. La mayor parte de las veces, la ira se desencadena por nuestros pensamientos. La forma en que percibe una circunstancia determina la forma en que reaccionará ante ella. Por lo tanto, es importante que evalúe los pensamientos/sentimientos que tuvo mientras estabas enfadado. ¿Eran verdaderos o falsos?

En cuarto lugar, identifique el origen del enfado. ¿Son las palabras o las acciones de la otra persona las que le han hecho enfadar? ¿Han dejado de hacer algo? Intente tratar el origen de forma productiva y pacífica. Las habilidades asertivas pueden ayudarle a resolver el asunto.

En quinto lugar, busque el humor en la situación. Es posible que haya olvidado cómo hacer humor de un asunto menor.

Estrategias a largo plazo

Puede que esté buscando formas de solucionar su problema de ira por completo. Las estrategias de control de la ira a largo plazo requerirán más esfuerzo y tiempo, pero le ayudarán a controlar su ira en diferentes situaciones. El objetivo es cambiar la forma en que maneja la ira para que no le cause problemas.

En primer lugar, aprenda las cosas que desencadenan su ira. Mientras que algunas personas se enfadan por culpa de otras personas, como sus jefes, cónyuges o amigos, otras se enfadan por situaciones que no pueden cambiar, como los atascos y la pérdida de un avión. También hay personas que pierden los nervios cuando se sienten emocionadas, por ejemplo, cuando se sienten avergonzadas, enfadadas o culpables.

En segundo lugar, identifique sus señales de advertencia. Conocer las señales de advertencia de su ira le ayudará a tomar medidas antes de perder los nervios por completo. Hay que evitar el enfado total; por tanto, hay que detectarlo a tiempo. Algunos de los primeros signos de ira son la opresión en el pecho, la irritabilidad, el resentimiento, las palpitaciones y las ganas de arremeter.

En tercer lugar, hable con una persona de confianza. Intente obtener una segunda opinión de alguien que sepa que no puede ser parcial. Tenga en cuenta que el enfado en realidad le informa de las cosas que hay que cambiar. Otra persona puede ayudarle a identificar el verdadero problema, a identificar soluciones e incluso a probarlas.

En cuarto lugar, aprenda de otras personas. Si su enfado se debe a una situación que no puede controlar, como un trabajo, pregunte a otras personas cómo lo han hecho. ¿Cómo se enfrentó su compañero de trabajo a una situación similar?

En quinto lugar, practique un pensamiento sano. Recuerde que la ira se desencadena sobre todo por nuestros pensamientos. Aprenda a resolver problemas, a pensar de forma positiva y a gestionar el estrés. No dé por sentado que todas las personas quieren complicarle la vida. Piense de forma crítica y busque consejo.

En sexto lugar, las actividades físicas han sido identificadas como algunas de las estrategias de gestión útiles para muchos trastornos. Puede salir a pasear, limpiar la casa o practicar su deporte favorito. Esto le ayudará a sentirse menos tenso y a olvidar.

En séptimo lugar, practique la atención plena. Esto implica prácticas como la meditación, que le ayudan a mirar sus pensamientos sin juzgarlos. Esta práctica le ayudará a mirar su ira y también a acomodarla sin apartarla.

En octavo lugar, aprenda a ser asertivo. La asertividad es una técnica que ayuda a controlar la ira. Aprenda a comunicarse y a actuar con asertividad. Recuerde que la asertividad no es sinónimo de agresividad. La asertividad no es una forma de presionar y exigir. Por el contrario, consiste en comunicar lo que piensa sin menospreciar a los demás. Asegúrese de que su mensaje es claro.

En noveno lugar, deje a los demás en paz. Si su ira aumenta por culpa de otras personas, por ejemplo, su cónyuge o su jefe, recuerde que no puede controlarlos y que no siempre tienen que actuar como usted quiere. Su comportamiento no es en gran medida su responsabilidad.

Décimo, elija un programa de tratamiento. Hay muchos programas disponibles, tanto individuales como en grupo. Elija uno que se adapte a su tiempo y a sus objetivos. Recuerde que aunque los programas diseñados para un individuo son buenos, es mejor que utilice la terapia de grupo. Le ofrecerá un mejor sistema de apoyo.

Recuerde que la ira puede significar otro problema, como la ansiedad o la depresión. Hable con un profesional.

Conclusión:

Gracias por haber llegado hasta el final del libro. Esperamos que le haya resultado útil e informativo. Nos hemos esforzado al máximo para que todos los capítulos le aporten información valiosa. Hemos utilizado intencionadamente un lenguaje sencillo para asegurarnos de que cada persona que lo lea se sienta capacitada. El libro ha evitado deliberadamente las teorías complicadas y se ha ceñido a prácticas sencillas que uno puede utilizar a su conveniencia.

En el momento en que se entiende la ira es cuando resulta más fácil de manejar. El control de la ira es esencial en la vida cotidiana. En este libro se ha tratado el tema del control de la ira. No hay una cosa específica que una persona pueda hacer para controlar la ira de la noche a la mañana. Sin embargo, si sigue los pasos adecuados, con dedicación y compromiso, obtendrá los resultados que busca. Combine varias opciones de tratamiento si es necesario. Si trabaja con un terapeuta, siga todas las instrucciones que le dé y mantenga un canal de comunicación abierto.

El siguiente paso es dejar de leer y empezar a aplicar las lecciones en la vida real. Haga todo lo que haya identificado como necesario para frenar la ira y asegurar su salud y el bienestar de las personas que le rodean. Descubrirá que mucha gente sigue ignorando las formas adecuadas de controlar la ira. Se dará cuenta de que la mayoría de los que parecen tenerlo todo controlado no hacen más que reprimir la ira, y eso les perjudicará al final. Para ello, trate de involucrarlos y enséñeles una o dos cosas que haya aprendido aquí. Incluso puede recomendarles o regalarles este libro.

También es posible que necesite consultar este libro más adelante. Consérvelo y repáselo tantas veces como quiera. Que haya llegado al final del libro no significa que no haya nada más que aprender sobre la ira y su gestión. Lea más y amplíe sus horizontes. Sólo así conseguirá el dominio que busca. Preste atención a los cambios que rodearán su vida en cuanto empiece a gestionar la ira, más aún de forma asertiva. Utilice algunos de estos consejos para hacer del mundo un lugar mejor.

Gracias

Muchas gracias por leer mi libro.

Espero que esta colección te haya ayudado a comprender mejor la manipulación.

Así que GRACIAS por recibir este libro y por llegar hasta el final.

Antes de irte, quería pedirte un pequeño favor.

¿Podría considerar publicar una reseña en Amazon o si decide obtener la versión Audible GRATIS (instrucciones en otra página)?

Publicar una reseña es la mejor y más fácil manera de apoyar el trabajo de autores independientes como yo.

Tus comentarios me ayudarán a seguir escribiendo el tipo de libros que te gustan.

>> Deja una reseña en Amazon US <<

¿Qué es la ira? ¿Por qué la ira lleva a muchas personas a un comportamiento agresivo y poco saludable? ¿Tiene efectos fisiológicos y psicológicos adversos? ¿Podemos calificar toda la ira de negativa?

¿Se siente muy irritable o con los nervios de punta? ¿Los atascos le hacen enfadar? ¿Sus compañeros de trabajo o su jefe le hacen enfadar con facilidad?

La ira no tratada y no controlada puede tener efectos muy adversos en su salud física, mental y emocional. Puede pasarle factura a usted y a las personas que le rodean. La ira también puede afectar a sus relaciones, su carrera, su vida familiar e incluso su estilo de vida en general.

En la mayoría de los casos, reprimimos la ira con la esperanza de que no nos afecte a nosotros ni a nuestras relaciones, pero esa no es una forma eficaz de afrontarla. No puede ignorar la emoción de la ira para siempre: en un momento dado, le afectará. Lo mejor es que la reconozca, la aceptes y la afronte. Póngase en una posición en la que la ira no dirija su vida. Aprenda a utilizar la energía que le proporciona de forma positiva.

Este libro le ayudará a entender la ira, le guiará para identificar los desencadenantes de la misma y aprenderá a gestionarla. Gestionar la ira puede ser muy complicado si no se tienen las pautas adecuadas. Para ello, este libro utiliza un lenguaje sencillo para explicar las formas útiles y no útiles de

la ira. También describe los pasos que se pueden seguir para gestionarla.

En el interior, encontrará:

• La definición de ira;
• Una expresión de enojo;
• Entender la ira y la ira inteligente;
• Las causas, signos y síntomas de la ira;
• ¿Qué es la ira incontrolable?
• El costo de la ira;
• Ira y salud mental;
• La elección de controlar la ira;
• Pasos para manejar la ira de manera efectiva;
• Manejo y comunicación de la ira;
• Seleccionar un buen programa de manejo de la ira; • El uso de técnicas de manejo de la ira; y
• Recaídas y medicación.

Cómo analizar a las personas y la psicología oscura:

Guía secreta de la persuasión, la guerra psicológica, el control mental, la PNL, el comportamiento humano, la manipulación y la inteligencia emocional.

Índice de contenidos

El siguiente libro electrónico se reproduce a continuación con el objetivo de proporcionar información lo más precisa y fiable posible. Sin embargo, la compra de este libro electrónico puede considerarse como un consentimiento al hecho de que tanto el editor como el autor de este libro no son de ninguna manera expertos en los temas discutidos en el mismo y que cualquier recomendación o sugerencia que se hace aquí es sólo para fines de entretenimiento. Se debe consultar a los profesionales que sean necesarios antes de emprender cualquier acción respaldada en este libro.

Esta declaración es considerada justa y válida tanto por la American Bar Association como por el Comité de la Asociación de Editores y es legalmente vinculante en todo Estados Unidos.

Además, la transmisión, duplicación o reproducción de cualquiera de las siguientes obras, incluida la información específica, se considerará un acto ilegal, independientemente de si se realiza de forma electrónica o impresa. Esto se extiende a la creación de una copia secundaria o terciaria de la obra o de una copia grabada y sólo se permite con un consentimiento expreso por escrito de la Editorial. Todos los derechos adicionales están reservados.

La información contenida en las siguientes páginas se considera, en términos generales, una exposición veraz y exacta de los hechos y, como tal, cualquier desatención, uso o mal uso de la información en cuestión por parte del lector hará que cualquier acción resultante sea de su exclusiva responsabilidad. El editor o el autor original de esta obra no pueden ser considerados en modo alguno responsables de los daños y perjuicios que puedan sufrir tras la utilización de la información aquí descrita.

Además, la información contenida en las páginas siguientes tiene únicamente fines informativos, por lo que debe considerarse universal. Como corresponde a su naturaleza, se presenta sin garantía de su validez prolongada ni de su calidad provisional. Las marcas comerciales que se mencionan se hacen sin el consentimiento por escrito y no pueden considerarse en modo alguno un respaldo del titular de la marca.

Introducción

Enhorabuena y gracias por descargar Psicología Oscura. Aquí exploraremos los aspectos más sórdidos y oscuros de la psique humana, así como algunos métodos de aplicación de nuestros conocimientos para utilizarlos en nuestra vida cotidiana. Aquí se profundizará en los principios de la psicología oscura, los rasgos de la "personalidad oscura", los estudios de la psicología oscura, la lectura de la mente, la psicología cognitiva, los modos de persuasión, el control de las emociones y la ingeniería social y el liderazgo.

Este libro NO ofrece ningún beneficio formal para la salud y está destinado únicamente a fines educativos. Cualquier beneficio o perjuicio para la salud asociado a la lectura de este libro es meramente circunstancial y casual. El autor no aprueba el uso de ninguna información expresada aquí para mejorar la salud.

La psicología oscura acepta y abraza el lado más oscuro de la experiencia humana. En este sentido, hace lo mismo que cualquier área de estudio antropocéntrica, la única diferencia radica en la especialidad de la psicología oscura de esta realidad oscura dentro del animal humano. Sin embargo, la psicología oscura no pretende ser un desfile de villanos. Los especialistas en este campo hacen su trabajo para entender mejor por qué y cómo las personas malévolas trabajan para conseguir sus fines, no por un intento de ganar fama para sí mismos o para idolatrar a los más monstruosos de entre nosotros. También es importante tener en cuenta que todos y cada uno de nosotros tenemos un lado oscuro o "malvado" de nuestra propia psicología. Si bien hay algunos otros conductos por los que podemos llegar a la realización de los contenidos de este lado, es la psicología oscura la que nos proporciona la ruta más clara en nuestro camino hacia nuestra iluminación respecto a lo oscuros que somos realmente y por qué.

Como puede ver, tenemos mucho terreno que cubrir dentro de este libro, así que ahora debemos sumergirnos en nuestro primer tema relacionado con la psicología oscura: sus principios.

Capítulo uno: Los principios de la psicología oscura

La psicología oscura podría describirse mejor como un estudio de la condición humana en el que se convierte en norma que las personas orillen a otras por deseos criminales y/o desviados. A menudo estos deseos carecen de un propósito específico y se basan principalmente en deseos instintivos básicos. Cada ser humano tiene el potencial y la capacidad de victimizar a otros seres humanos, así como a otras criaturas vivas, pero la mayoría de nosotros mantenemos estos deseos reprimidos para poder funcionar con éxito en la sociedad. Los que no sublimamos estas tendencias oscuras solemos ser representantes de la "tríada oscura": psicopatía, sociopatía y maquiavelismo, u otros trastornos mentales/perturbaciones psicológicas. De este modo, la psicología oscura se centra principalmente en las bases (es decir, los pensamientos, los sistemas de procesamiento, los sentimientos y los comportamientos) que se encuentran por debajo de los aspectos más depredadores de nuestra naturaleza, los mismos que van más enérgicamente a contracorriente del pensamiento moderno sobre el comportamiento humano. En este campo, tendemos a suponer que estos comportamientos más abusivos, criminales y desviados son intencionados la mayoría de las veces, aunque hay casos en los que parecen no tener fundamentos teleológicos.

La psicología oscura acepta y abraza el lado más oscuro de la experiencia humana. En este sentido, hace lo mismo que cualquier área de estudio antropocéntrica, la única diferencia radica en la especialidad de la psicología oscura de esta realidad oscura dentro del animal humano. Sin embargo, la psicología oscura no pretende ser un desfile de villanos. Los especialistas en este campo hacen su trabajo para entender mejor por qué y cómo las personas malévolas trabajan para conseguir sus fines, no por un intento de ganar fama para sí mismos o para idolatrar a los más monstruosos de entre nosotros. También es importante tener en cuenta que todos y cada uno de nosotros tenemos un lado oscuro o "malvado" de nuestra propia psicología. Si bien hay algunos otros conductos por los que podemos llegar a la realización de los contenidos de este lado, es la psicología oscura la que nos proporciona la ruta más clara en nuestro camino hacia nuestra iluminación respecto a lo oscuros que somos realmente y por qué.

Hacer el mal, como afirma Sócrates, es hacer un daño a los demás. No sólo daña a los demás, sino que Sócrates también pensaba que daña nuestra propia alma, como muchos modernos estarían de acuerdo. Los psicólogos oscuros permiten que algunos de nosotros hagamos el mal a otros sin mayores propósitos. Sus fines nunca justifican sus medios porque, sencillamente, no hay fines que encontrar. Esta capacidad (y tal vez incluso la propensión) para el daño dentro de la causa o el propósito se puede encontrar dentro de todos nosotros. El campo de la psicología oscura asume justificadamente que estos deseos irracionales de dañar dentro de nosotros son increíblemente complejos y dañinos de entender.

Independientemente de que el mal se haga a propósito o incluso intencionadamente, y de que se haga por falta de dinero, por represalia o por poder, la fuerza más destructiva detrás del mal es la agresión. La agresión es probablemente el mayor adversario de las relaciones prosociales, y no debe confundirse con la asertividad. La agresión es cualquier comportamiento verbal y/o físico que tiene como objetivo dañar o destruir. Este objetivo es lo que la diferencia de otras clases de comportamientos que causan daño o destrucción sin ningún objetivo.

Desde el punto de vista biológico, hay ciertos marcadores genéticos que son más indicativos de agresividad que otros. Neurológicamente, es la amígdala la que controla la mayoría de los patrones de comportamiento agresivo. Por esta razón, las personas con la amígdala agrandada y deformada suelen cometer actos violentos en mayor proporción. En cuanto a las hormonas, suelen ser las personas (principalmente hombres jóvenes) con niveles más altos de testosterona y niveles más bajos de serotonina las que tienden a ser más violentas. Las personas más agresivas dentro de las sociedades suelen ser aquellas que han sido sometidas a una especie de bucle: sus niveles de testosterona aumentan y les hacen volverse agresivos, lo que a su vez engendra mayores niveles de testosterona y aún más agresividad. De este modo, se crean algunas de las personas más peligrosas que el mundo puede ofrecer. Los medicamentos y los alimentos que aumentan la serotonina y disminuyen los niveles de testosterona suelen ser las mejores opciones para disminuir los niveles generales de agresividad.

La causa más común de la agresividad es el fracaso o la imposibilidad de alcanzar un objetivo. Los estudios indican que las personas que se han sentido desgraciadas por tales acontecimientos desafortunados suelen hacer que los demás a su alrededor también se sientan más desgraciados. En estos casos desagradables, nos frustramos de forma natural, lo que hace que nos enfademos, y una vez enfadados podemos volvernos agresivos fácilmente si se nos da una señal. Algunos de los estímulos más comunes que pueden provocar comportamientos agresivos son los insultos personales (quizás el más común), el humo de los cigarrillos, los malos olores y las temperaturas elevadas. El ostracismo es otra causa común de agresión, que provoca algunos de los mismos fenómenos neurológicos que el dolor físico.

Una de las causas más trágicas del aumento de la agresividad es el conocimiento de que la agresión puede ser gratificante en algunos casos. Los niños que aprenden a una edad temprana que la agresión puede ser rentable (por así decirlo) son mucho más propensos a seguir siendo agresivos durante toda la vida. Otras influencias sociales que pueden provocar mayores índices de agresividad son la ausencia de uno o ambos progenitores durante los años de formación, siendo la figura paterna la que suele estar ausente. Para frenar el comportamiento agresivo antes de que empiece, a pesar de las condiciones familiares, el mejor modelo posible a inculçar es el que premia la cooperación y la sensibilidad desde una edad temprana. Los padres y cuidadores deben ser modelos de estos modos de conducta, pero los padres exasperados que no tienen sistemas eficaces tienden a volverse descarados e incluso agresivos ellos mismos con sus hijos, creando a menudo linajes intergeneracionales de agresión con sus acciones.

Uno de los aspectos más preocupantes de la naturaleza humana, si no el más, es la agresión sexual. Las violaciones suelen ser cometidas por varones contra mujeres. Las causas son diversas, pero suelen ser una mezcla de promiscuidad sexual (o de acercamiento impersonal al sexo) combinada con una masculinidad hostil y agresiva.

Además de la amígdala, el cerebro medio y el hipotálamo también son fundamentales en la agresión, en todos los mamíferos. El hipotálamo tiene receptores especializados que determinan los niveles de agresión en función de los niveles de serotonina y vasopresina a los que están expuestos. Las áreas del cerebro medio que se ocupan de la agresividad tienen conexiones tanto con el tronco cerebral como con otras estructuras como el córtex prefrontal y la amígdala. La estimulación de la amígdala suele conducir a mayores niveles de agresión en los mamíferos, mientras que las lesiones en esta área (o en el hipocampo) suelen conducir a una reducción de la expresión de la dominación social a partir de la regulación de la agresión y/o el miedo.

El córtex prefrontal es un área crucial para la regulación del autocontrol y la inhibición de los impulsos, específicamente los agresivos. Una reducción de la corteza prefrontal, en particular de sus porciones orbitofrontal y medial, se correlaciona positivamente con niveles más altos de agresión violenta y antisocial. La inhibición de la respuesta también es menor en la mayoría de los delincuentes violentos.

De nuevo, una deficiencia en los niveles de serotonina es una de las causas más comunes de la agresividad y la impulsividad. Los niveles bajos de transmisión de serotonina pueden afectar a otros sistemas neuroquímicos, incluido el sistema de dopamina, que regula la motivación hacia los resultados y los niveles de atención. La norepinefrina también influye en los niveles de agresividad general, actuando en el sistema hormonal, el sistema nervioso simpático y el sistema nervioso central. Los neuropéptidos oxitocina y vasopresina también desempeñan un papel importante en la regulación del reconocimiento social, el apego y la agresión en los mamíferos. La oxitocina desempeña su papel más importante en la regulación de los vínculos de las hembras con sus parejas y crías, así como en el uso de la agresión protectora y de represalia. La vasopresina se utiliza más para la regulación de la agresión en los machos.

Cuando pensamos en la psicología oscura, uno de los términos más comunes que nos vienen a la mente es "depredador". Los depredadores humanos tienen todo tipo de formas y tamaños y trabajan con diversos medios, pero todos ellos tienen algo en común si tienen éxito: la persuasión. Los depredadores de todo tipo saben "rasgar las cuerdas que hay dentro de todos nosotros", como dice el psicólogo social Robert Cialdini. Son personas que buscan la sintonía de todos aquellos con los que se cruzan, o el acatamiento de su propia autoridad, ya sea real o imaginaria.

Lo primero que los depredadores buscan establecer sobre los demás es la autoridad. Tienden a buscar las cosas que más desean los demás y luego las ofrecen bajo la apariencia (normalmente falsa) de figuras de autoridad. Proyectan confianza cuando están cerca de personas en las que creen que pueden influir. Si son bien hablados, suelen tener más éxito en esta práctica, ya que tendemos a cuestionar mucho menos a los que nos parecen más bien hablados. Uno de los adjetivos más adecuados para describir a la mayoría de los depredadores es impotencia. Suelen ser personas que han sentido poco o ningún poder en sus vidas, al estar constantemente sometidos a la voluntad de otros y no sentir nunca esa misma sensación de autoridad ellos mismos, empiezan a buscar a nuestras víctimas que perciben como más débiles que ellos.

Otra forma en la que los depredadores actúan para conseguir sus fines es fomentando el sentido de la reciprocidad en sus víctimas. Suelen atraer a sus víctimas con regalos o favores, para luego atraparlas con obligaciones que deben cumplir para pagar sus deudas. Estos regalos y favores no sólo obligan a las víctimas a pasar más tiempo con sus agresores, sino que también desvían su atención de los verdaderos objetivos de los depredadores. A través de este laberinto de deudas, las víctimas pueden pasar meses e incluso años y décadas de su vida en contacto innecesario con los depredadores.

La similitud entre las personas es una de las causas más comunes de la simpatía. Es más, una vez que hemos decidido que nos gusta otra persona nos volvemos mucho más propensos a hacer cosas, cosas que nos piden. Por eso los depredadores utilizan muchas formas diferentes de aumentar la compenetración con sus víctimas, incluyendo el uso de cumplidos, identidades comunes e intereses comunes para atrapar a sus víctimas. De este modo, los malintencionados pueden dañar a los demás sin ser detectados, sólo siendo percibidos como amigos y aliados por sus involuntarias víctimas. La mayoría de los depredadores sorprenden a la gente común en el sentido de que son capaces de hacerse pasar por personas simpáticas tan bien como las personas más benévolas. Por lo general, saben imitar a las personas "normales" con una facilidad y fluidez que les permite trabajar para conseguir sus fines malévolos sin ser detectados por personas sin experiencia en el área de la depredación. La mayoría están dotados del mismo sentido de la conformidad que todos nosotros, pero esta conformidad no siempre se aplica a sus acciones mientras manipulan su camino por la vida.

Los depredadores siempre buscan lo que quieren las víctimas potenciales. Los que tienen éxito son capaces de distinguir fácilmente qué es lo que aprieta a los demás y qué es lo que más desean. Una vez que han averiguado qué cebo deben utilizar para conseguir lo que quieren, intervienen para proporcionar a la víctima la prueba social que afirma que están en lo cierto y que tienen todo lo que la víctima busca. Son personas que casi pueden oler nuestros deseos e inseguridades, y que están dispuestas a conseguir que los más crédulos hagan su voluntad.

Dado que los depredadores dependen en gran medida del poder de compromiso de sus víctimas, tienden a buscar sólo a las personas que creen que se sentirán más en deuda con ellos. Al principio, una figura depredadora obtendrá pequeños compromisos de sus víctimas, que normalmente sólo conducen a otros más grandes con el paso del tiempo. Cuando los demás se lo permiten, los depredadores tienden a acumular estos compromisos hasta que resulta difícil desvincularse de ellos. Es entonces cuando suele aparecer el lado más oscuro del depredador, y quienes están en contacto con él empiezan a sentirse desilusionados.

Si queremos evitar la depredación de los demás, tenemos que hacer una introspección sobre nuestras propias vulnerabilidades, ya que éstas son exactamente las cosas que las personas malévolas van a buscar en nosotros. También debemos hacer una introspección sobre nuestros propios comportamientos depredadores, ya que ninguno de nosotros es inmune a la malevolencia. Cada uno de nosotros es a la vez depredador y sumiso, por lo que reconciliar estos dos yoes es esencial para entendernos mejor a nosotros mismos y a los demás.

Capítulo dos: Rasgos de "personalidad oscura"

Tendemos a centrarnos demasiado en el lado luminoso de la psicología humana. Tanto si somos seguidores del movimiento de la "psicología positiva" como si no, a menudo nos cuesta ver el valor de la parte más ruin de la psicología humana, el lado oscuro. Sin embargo, esto sucede en nuestro detrimento, ya que son los aspectos más molestos de nuestra naturaleza los que tienden a iluminarnos más que los personajes que la gente se pone. Aquí nos adentraremos en los rasgos más oscuros de la psicología humana, los que contienen un rasgo general más destructivo que cualquier otro: la insensibilidad o la falta de empatía por los demás. Los que tienen estos rasgos son muy diversos, pero todos comparten el potencial de dañar a los demás debido a su incapacidad de empatizar.

El primero de estos rasgos, y quizás el más común, es el narcisismo. Todos mostramos este rasgo negativo en un momento u otro, por lo que suele ser mejor reservarse el juicio cuando los demás parecen narcisistas a primera vista. Los narcisistas suelen ignorar los pensamientos y sentimientos de los demás y se aprovechan de la gente para conseguir lo que quieren. Ser testigos de cómo otras personas reciben atención y admiración les frustra, ya que creen que tienen derecho a estas cosas por encima de los demás. Este rasgo, como cualquier otro, existe en un espectro dentro de las personas, con los más pretenciosos en la cima y los que tienen menos autoeficacia en la base.

Aunque todos experimentamos rasgos narcisistas en diversos grados, en alrededor del 1% de la población estos rasgos pueden adoptar una forma más grave y patológica en la que la persona adquiere una percepción irreal de sus propias capacidades y tiene una necesidad constante de atención y admiración. Esta forma patológica de narcisismo se denomina trastorno narcisista de la personalidad.

El suministro narcisista es una especie de admiración, sustento o apoyo interpersonal extraído por el narcisista de su entorno. Este suministro puede convertirse fácilmente en esencial para el mantenimiento de la autoestima del narcisista si nunca se le oculta. Por esta razón, los narcisistas tienden a buscar a aquellos que los admiren irracionalmente y hay muy poco que detenga a un narcisista una vez que haya encontrado algún tipo de relación en la que haya recursos injustificados asignados interpersonalmente. Esta necesidad de admiración o atención de los codependientes se considera patológica porque no tiene en cuenta los sentimientos, los pensamientos y o las necesidades de las otras personas implicadas. El narcisista sólo tiene en cuenta su oferta y nunca se centra en lo que realmente ocurre con esas otras personas implicadas.

La lesión narcisista es una amenaza percibida para la autoestima del narcisista. Otros términos intercambiables con este son golpe narcisista, cicatriz y herida narcisistas. Lo que todos estos tienen en común, sin embargo, es que se encuentran con la rabia narcisista. La rabia narcisista es una reacción común a cualquier forma de herida narcisista. Esta rabia (como cualquier otro tipo de rabia) existe dentro de un continuo, que va desde una leve lejanía a expresiones más duras de molestia y frustración, y finalmente a intensos estallidos emocionales, que a veces incluyen ataques violentos.

La rabia narcisista puede manifestarse también de muchas otras maneras. Estas incluyen episodios depresivos, delirios paranoicos y catatónicos. También se sostiene que la mayoría de los narcisistas tienen dos tipos principales de rabia. El primero de estos tipos es la rabia constantemente dirigida a una o más personas, mientras que el segundo tipo está constantemente dirigido a sí mismo. La rabia narcisista no es necesariamente problemática en su gravedad, ya que su gravedad existe en un espectro similar al de la rabia "normal", pero se vuelve más problemática cuando se considera que es inherentemente patológica.

Una defensa narcisista es cualquier proceso por el cual se preserva el retrato idealizado del yo del narcisista, mientras se niega cualquiera de sus limitaciones reales. En otras palabras, este tipo de defensa se encuentra cuando el narcisista trata de preservar su propia imagen del yo más que tratar de averiguar la verdad sobre el mismo. Estas defensas tienden a ser muy rígidas, ya que el narcisista se ancla lo más posible a las narrativas más halagadoras del yo imaginables. La mayoría de los narcisistas experimentan, de hecho, sentimientos de culpa o vergüenza (tanto conscientes como inconscientes) con bastante frecuencia, y uno de los métodos más comunes por los que alivian estos sentimientos negativos es el establecimiento de dichas defensas. El narcisismo patológico tiene que encontrar atajos psicológicos para sobrevivir a lo largo de una mayor realización personal, y la defensa narcisista es probablemente el más común de estos atajos.

La definición original de abuso narcisista se refería más al abuso cometido por los padres narcisistas sobre sus hijos. Normalmente, este tipo de abuso consiste en que los hijos de los narcisistas tienen que renunciar a parte de sus propios sentimientos y deseos para proteger la autoestima de sus padres. Los niños que crecen sometidos a este tipo de abuso suelen tener problemas de codependencia más adelante en su vida. Al no saber lo que constituye una relación normal, tienden a ser incapaces de reconocer con quién estarán mejor y a quién deben evitar. Es habitual que establezcan más relaciones con más narcisistas que tienen patologías similares a las de sus padres.

En los últimos años, este término se ha aplicado más ampliamente al abuso en las relaciones entre adultos. Los narcisistas adultos son tan propensos a abusar de otros adultos como de los niños. Estas relaciones abusivas no suelen durar tanto debido a que las víctimas adultas suelen tener mucha más movilidad para salir de las relaciones que las víctimas infantiles.

El siguiente rasgo oscuro es el maquiavelismo. Este término puede aplicarse tanto a la filosofía política de Nicolás Maquiavelo como a un rasgo de personalidad manipuladora. Aquí sólo se aplicará el último uso. Este rasgo se caracteriza comúnmente por un estilo de personalidad engañoso, un enfoque patológico en el beneficio personal y el interés propio, una deficiencia general de empatía y un desprecio flagrante por la moralidad.

Uno de los aspectos más preocupantes de los maquiavélicos es su falta general de emociones. Esto les lleva a menudo a dejarse influir muy poco por los modos "convencionales" de la moral y a manipular y engañar a los demás sin remordimientos para satisfacer sus propias necesidades personales. Los psicólogos miden este rasgo en unidades denominadas machs. Las personas con niveles más altos de machs han demostrado estar más de acuerdo con afirmaciones como "nunca cuentes a los demás tu razonamiento a menos que te beneficie hacerlo", y menos con afirmaciones como "la gente es generalmente buena", "nunca hay excusa para mentir a los demás" o "los más exitosos de entre nosotros llevan vidas morales". Por lo general, los hombres obtienen niveles más altos de machismo que las mujeres.

Los maquiavélicos suelen ser personas bastante frías y egoístas que ven a los demás sobre todo como instrumentos que pueden utilizar para servir a sus propios intereses. Los motivos que tienen en mente en un momento dado, ya sean sexuales, sociales, profesionales, etc., a menudo se persiguen de forma engañosa, sin pensar apenas en el bienestar de las otras partes implicadas. Las personas con niveles más altos de machs tienden a estar más motivadas por el poder, el dinero y la competencia que por cualquier otra cosa, mientras que las personas con niveles más bajos de machs tienden a centrarse más en cosas como el compromiso familiar, el amor propio y la construcción de la comunidad. Las personas con niveles más altos de machs quieren ganar a cualquier precio, por muy elevado que sea. Teniendo en cuenta estos puntos de vista, podríamos argumentar razonablemente que las personas que son más maquiavélicas que otras también tienen más tendencia a la avaricia. Estas personas suelen estar mucho menos motivadas por los sentimientos altruistas y cualquier forma de filantropía, y en cambio, pasan la mayor parte de su tiempo en la competencia sin rumbo y la industria malévola. Por estas razones, los maquiavélicos suelen ser mucho menos dignos de confianza y mucho más interesados que los demás.

Sólo sus extraordinarias habilidades para manipular a los demás dan a los maquiavélicos la reputación de ser un grupo de personas inteligentes. En realidad, no existe una correlación verificable entre los machos y las puntuaciones de coeficiente intelectual, pero, sin embargo, persiste el estereotipo del maquiavélico inteligente que se abre paso a través de vastas redes de acción y que sale con todo en mente. Sin embargo, la inteligencia emocional no es un punto fuerte de la mayoría de los maquiavélicos. Los niveles más altos de maquiavelismo suelen estar correlacionados con puntuaciones más bajas de Inteligencia Emocional. Tanto el reconocimiento emocional como la empatía emocional están correlacionados negativamente con el maquiavelismo. Tampoco se ha demostrado que este rasgo esté correlacionado con una teoría de la mente más avanzada. Esto sugiere que los maquiavélicos no son necesariamente más capaces de entender lo que piensan los demás en situaciones sociales, por lo que las habilidades de manipulación que puedan poseer no están relacionadas con su teoría de la mente.

En algunos círculos psicológicos, el maquiavelismo se considera simplemente una forma subclínica de la psicopatía. Aunque este rasgo de personalidad está estrechamente relacionado con la psicopatía y se solapa con ella en varios ámbitos del pensamiento, la mayoría de los psicólogos sostienen que es, de hecho, un constructo de personalidad totalmente independiente. Los psicópatas suelen ser mucho más impulsivos y tienen menos autocontrol que los maquiavélicos. Sin embargo, ambos rasgos comparten la deshonestidad. Los maquiavélicos también suelen ser mucho menos agradables y concienzudos que la población general, lo que a menudo les lleva a tener poco éxito en sus carreras y relaciones personales. Los maquiavélicos también tienen un alto grado de albedrío y un bajo grado de comunión, lo que significa que buscan individualizarse y tener éxito más que trabajar con otros en esfuerzos comunitarios. Esta no es necesariamente una mala combinación de rasgos en sí misma, pero lo que es preocupante en muchos maquiavelistas es que a menudo desean no sólo tener éxito ellos mismos, sino que buscan activamente hacerlo a expensas de los demás.

Lo que hace que muchos maquiavélicos sean tan eficaces en lo que hacen es su capacidad para pasar desapercibidos. Sin embargo, hay algunas formas fundamentales en las que podemos identificar claramente a estas personas peligrosas antes de que empiecen a causar estragos en nuestras vidas.

Uno de los mayores indicadores de que una persona es verdaderamente machista es su capacidad para funcionar especialmente bien en lugares de trabajo y otras situaciones sociales en las que las reglas son ambiguas. Al no haber límites claros, estas personas van a deambular inevitablemente en todas las direcciones que consideren oportunas, y estarán constantemente pensando en formas de promover sus propios intereses a costa de la compañía que mantienen. Los maquiavélicos prosperan más donde las líneas son borrosas y todos los comportamientos parecen inéditos, porque donde existen estos escenarios vulnerables ven oportunidades para realizar acciones de las que no serán responsables.

Otra bandera roja es el excesivo distanciamiento emocional, a veces unido a una visión cínica de las cosas que permite a la persona esperar pacientemente y sin pasión cualquier oportunidad que se le presente. Con este control de los impulsos, los maquiavélicos son más capaces que otros de planificar con antelación y determinar qué pueden hacer para manipular.

Los maquiavélicos también se caracterizan por el uso de la presión, la culpa, la autodeclaración, el encanto y la cortesía para conseguir sus fines. Estas tácticas les permiten maniobrar socialmente hacia sus objetivos malévolos sin ser detectados. Además de utilizar estas tácticas, también preparan planes de respaldo para salir del paso cuando son descubiertos. Suelen emplear un sinfín de excusas y desvíos cuando son descubiertos, cuya multiplicidad puede resultar abrumadora para quienes intentan desenmascararlos.

La verdadera potencia del maquiavelismo radica en su encubrimiento. Estas personas son capaces de manipular a los demás con tanta eficacia porque, en parte, nadie sospecha que albergan motivos ocultos en las cosas que hacen. Bajo la apariencia de personas normales y benévolas, a menudo son capaces de mezclarse sin problemas en el follaje de la ciudadanía sana.

La psicopatía es quizás el más conocido y perturbador de los rasgos oscuros. La psicopatía, como trastorno de la personalidad, se caracteriza por comportamientos antisociales continuos, una capacidad de empatía deteriorada y ciertos rasgos egoístas, desinhibidos y audaces.

Existen dos tipos principales de psicopatía, caracterizados por sus síntomas. El primer tipo (y menos problemático) se conoce como psicopatía cleckleyana, caracterizada por patrones de comportamiento desinhibidos y audaces. El segundo tipo es la psicopatía criminal, caracterizada por comportamientos más agresivos y desinhibidos, en este caso, delictivos. De estos dos tipos, obviamente se presta más atención a este último debido a que gran parte de los criminales más conocidos del mundo han padecido este tipo de psicopatía.

El primero de los rasgos psicopáticos suele ser el que permite que todos los demás se vuelvan ingobernables: la audacia. Este rasgo está constituido por un bajo nivel de miedo combinado con una alta tolerancia al estrés, una tolerancia general al peligro y a la incertidumbre, y niveles increíblemente altos de asertividad y confianza en sí mismo. Un exceso de este rasgo puede o no estar relacionado con variaciones individuales de la amígdala, el regulador más importante del miedo en el cerebro. Con esta audacia, los psicópatas suelen ser capaces de enfrentarse a personas y situaciones de las que las personas normales preferirían huir. Esto puede ser una ventaja para el psicópata, pero a menudo le mete en más problemas de los necesarios. Con este rasgo, los psicópatas suelen tener dificultades para distinguir las amenazas reales de los sucesos normales, porque sus circuitos neuronales simplemente no les indican que las cosas son de una manera u otra.

La desinhibición es el siguiente rasgo de los psicópatas. Este término se refiere a la falta de control de los impulsos, combinada con problemas de planificación, falta de control de los impulsos, necesidad constante de gratificación instantánea y, en general, escasa contención del comportamiento. Este rasgo en exceso suele corresponderse con deficiencias en las estructuras del lóbulo frontal que influyen en este tipo de sistemas de control del comportamiento. La desinhibición hace que muchos psicópatas actúen de forma impulsiva e incluso errática cuando siguen sus deseos inmediatos. Al vivir siempre para el momento, nunca tienen una visión clara de lo que podría ocurrir a continuación o de lo que deberían hacer para obtener una gratificación duradera. Esto les lleva a menudo a tomar peores decisiones que les perjudican más, porque muchas de las cosas que nos dan gratificación instantánea acaban perjudicándonos mucho a largo plazo.

Otro rasgo común de los psicópatas es el de la mezquindad o la crueldad. Los psicópatas suelen carecer de empatía y tienen poca o ninguna relación íntima con los demás, a veces incluso desprecian la compañía de los demás. Suelen utilizar la crueldad para obtener mayor poder, suelen ser mucho más explotadores que los demás, recalcitrantes con las figuras de autoridad y tienden a buscar la excitación de forma descuidada y peligrosa. Este rasgo es probablemente más destructivo para quienes entran en contacto con los psicópatas que cualquiera de los otros mencionados aquí. Los psicópatas no suelen disfrutar de la compañía de los demás, por lo que cuando están cerca de ellos es más probable que actúen de forma cruel e insensible porque perciben que no tienen nada que perder. Este punto de vista sobre los demás les hace actuar de forma desagradable y a veces peligrosa, ya sea con un propósito para hacerlo en mente o no.

Típicamente, los psicópatas son bastante altos en antagonismo, y muy bajos en conciencia y en ansiedad, no sintiendo casi nada de ansiedad, de hecho. Estas personas también son bajas en socialización y responsabilidad y altas en búsqueda de sensaciones, impulsividad y agresividad. La combinación de estos rasgos tiende a crear personas que no se llevan bien con los demás, que aportan poco producto a la sociedad en general y que siguen sus impulsos libremente y sin ansiedad.

De los otros rasgos oscuros de la personalidad, la psicopatía es probablemente la que más se relaciona con el narcisismo. Una perspectiva psicológica, de hecho, incluso considera este rasgo como una parte más del espectro del narcisismo patológico. Algunos psicólogos afirman que la personalidad narcisista existe en la parte inferior de este espectro, el narcisismo maligno en el medio y la psicopatía en su punto más alto.

Socialmente, los principales síntomas de la psicopatía son la insensibilidad, la manipulación y, en ocasiones, la delincuencia y la violencia. Mentalmente, la alteración de los procesos relacionados con la cognición y el afecto son los mayores indicadores de psicopatía. Estos síntomas suelen aparecer en torno a la adolescencia, aunque a veces se encuentran incluso en niños más pequeños y, en otras ocasiones, no se detectan hasta más tarde en la edad adulta.

Las puntuaciones de psicopatía son sorprendentemente reveladoras en cuanto a los registros de encarcelamiento. Las puntuaciones más altas de este rasgo suelen estar correlacionadas con un episodio repetido de encarcelamiento, con la permanencia en áreas de mayor seguridad de los centros de detención, con más infracciones disciplinarias y con mayores índices de abuso de sustancias.

Aunque la psicopatía no es totalmente sinónimo de violencia, hay muchas correlaciones bien conocidas entre este rasgo y los actos violentos. La psicopatía suele caracterizarse por una agresión "instrumental". Esta forma de agresión es más proactiva y/o depredadora que otras. La emoción tenue y los objetivos no dirigidos, sino facilitados en gran medida por el hecho de causar daño, son otras dos características de esta potente forma de agresión. La agresión instrumental se correlaciona a menudo con los delitos de homicidio debido a la naturaleza depredadora de esta forma de agresión.

La psicopatía también está relacionada con la violencia doméstica, ya que entre el 15 y el 30% de los agresores muestran tendencias psicopáticas. Es principalmente la insensibilidad, combinada con el desprecio de las conexiones interpersonales, lo que hace que muchos psicópatas cometan delitos de violencia doméstica. A pesar de todas estas conexiones que tiene la psicopatía con varios tipos de comportamiento criminal violento, las tendencias psicopáticas todavía no se tienen en cuenta de forma generalizada en la evaluación del riesgo.

Los delitos sexuales son otro tipo de actividad delictiva espantosa que suele asociarse con la psicopatía debido a la proclividad psicopática hacia el comportamiento sexual violento. La relación entre la psicopatía y el abuso sexual de menores se muestra en el número de delitos del autor, que tiende a aumentar en los individuos más psicopáticos. La tendencia a la violencia sádica y la falta de remordimientos suelen hacer que los psicópatas cometan delitos sexuales que las personas normales sencillamente nunca imaginarían. A pesar de esta desconcertante propensión a reincidir, los psicópatas tienen una media de 2,5 veces más probabilidades de obtener la libertad condicional que sus homólogos no psicópatas cuando son encarcelados por sus delitos.

La psicopatía también está correlacionada con el crimen organizado, los crímenes de guerra y los delitos económicos. Es la violencia antisocial, la visión del mundo que excluye el bienestar de los demás, la incesante externalización de la culpa, la falta de remordimientos y la impulsividad lo que tiende a conducir a los psicópatas hacia conductas delictivas de todo tipo en mayor proporción que a los no psicópatas. Aunque el terrorismo se asocia popularmente con la psicopatía, en realidad es menos probable que los psicópatas se involucren en actividades terroristas debido a la planificación, la organización y el frecuente trabajo en común que conlleva la realización de ataques terroristas. El terrorismo atrae menos a los psicópatas debido también a sus propias intuiciones egoístas.

En la infancia y la adolescencia, los precursores más comunes de la psicopatía son la falta de emoción o insensibilidad, la impulsividad o responsabilidad y el narcisismo. El rasgo y/o el trastorno de la personalidad pueden ser tan difíciles de discernir o diagnosticar en estas primeras etapas porque sus síntomas se encuentran en muchos niños y adolescentes no psicópatas. Estos rasgos, tanto si se encuentran en psicópatas como en individuos normales, suelen ser indicativos de un comportamiento violento o delictivo posterior. En los jóvenes, la psicopatía suele estar correlacionada con mayores índices de emociones negativas como la depresión, la ansiedad, la hostilidad y la ira. Aunque podemos tener ciertos indicadores de psicopatía en personas más jóvenes, estos indicadores no suelen manifestarse en psicopatía real más adelante en la vida y son típicamente cuestiones individuales.

El trastorno de conducta en los jóvenes se considera una vía para el posterior trastorno antisocial de la personalidad y la psicopatía. Este trastorno suele ser el resultado de una mezcla tóxica de problemas neurológicos preexistentes y una exposición prolongada a factores ambientales adversos. Las personas que padecen este trastorno no sólo muestran comportamientos antisociales prolongados a lo largo de la vida, sino que también se ha demostrado que tienen una peor salud general y suelen tener un estatus socioeconómico mucho más bajo. El inicio en la infancia comienza antes de los 10 años y suele dar lugar a un comportamiento antisocial más prolongado, mientras que el inicio en la adolescencia comienza después de los 10 años y suele dar lugar a un comportamiento antisocial limitado a corto plazo.

Es cuando el trastorno de conducta se mezcla con el TDAH cuando los comportamientos antisociales asociados a él se vuelven más problemáticos. Los jóvenes con esta combinación de trastornos tienden a mostrar la misma insensibilidad, agresividad e inhibición de la conducta que muestran los psicópatas de todas las edades. El estilo interpersonal despiadado e impasible de quienes padecen un trastorno de la conducta es uno de los paralelismos más notables de la psicología con la psicopatía.

En cuanto a la mentalidad, las disfunciones en la amígdala y el córtex prefrontal son las causas neurológicas más comunes de la psicopatía. Estas disfunciones son a menudo innatas, aunque en otras ocasiones son causadas por tumores, legañas y lesiones cerebrales traumáticas sufridas por estas regiones. Aunque los pacientes con estos problemas en estas regiones pueden parecerse en pensamiento y acción a los psicópatas, están divorciados de este último grupo. Ya sean psicópatas o no, las personas con daños en estas regiones del cerebro suelen tener muchas más dificultades para aprender el razonamiento social y moral que la mayoría de las personas. El aprendizaje reforzado por el estímulo también está deteriorado en los individuos con daños en estas regiones, lo que significa que, tanto si se les recompensa como si se les castiga, estas personas tienen dificultades para aprender en función de los efectos que se derivan de lo que están haciendo.

A pesar de estos defectos de aprendizaje, no existe un vínculo indiscutible entre la psicopatía y el coeficiente intelectual. En lo que respecta a la inteligencia, los psicópatas como grupo son realmente un reflejo bastante exacto de la población general, siendo algunos increíblemente brillantes y otros muy aburridos por contraste, mientras que la mayoría está en la media.

La psicopatía también está relacionada con respuestas inusuales a las señales de angustia. Las respuestas vocales y físicas al miedo y la tristeza suelen ser pasadas por alto o malinterpretadas por los psicópatas, normalmente debido a una disminución de la actividad en las regiones fusicore y extrastriada del cerebro. Esta inactividad hace que no se reconozcan todas las emociones en los rostros de otras personas, pero es la incapacidad de discernir el miedo y la tristeza lo que suele perjudicar más a los psicópatas.

La amoralidad es uno de los subproductos más problemáticos de la psicopatía. En este caso, este término se refiere a un desprecio, una indiferencia o simplemente una ausencia de sentimientos y prácticas morales. Hay dos áreas principales de preocupación dentro de la mayoría de los razonamientos morales: las transgresiones personales y el cumplimiento (o incumplimiento) de las normas convencionales. Sócrates señaló estas áreas como el cumplimiento de las leyes naturales y convencionales, respectivamente. Cuando se les pide que determinen qué tipo de estas leyes deben seguirse más de cerca, los psicópatas suelen afirmar que son las leyes convencionales, mientras que los no psicópatas suelen creer que las leyes naturales o personales deben cumplirse en primer lugar. Esta tendencia podría sugerir que los psicópatas no tienen leyes morales sólidas establecidas para sí mismos y se inclinan más por seguir sólo las de los sistemas en los que se encuentran.

Aunque no existe una preferencia notable entre los psicópatas para infligir daño personal o interpersonal, estas personas suelen ser mucho menos reacias a infligir daño interpersonal que los no psicópatas. Los psicópatas con los niveles más bajos de ansiedad suelen ser mucho más propensos a infligir daño personal.

Existen vínculos o causas genéticas moderadas de la psicopatía, pero no son tan importantes como las ambientales. Las causas ambientales más comunes de la psicopatía se derivan de las experiencias tempranas en la infancia y la adolescencia, que incluyen, entre otras cosas, el hecho de proceder de una familia desestructurada con una madre joven o deprimida, la escasa implicación del padre, la existencia de padres convictos, la negligencia física, los bajos ingresos o la situación social de la familia, la vivienda y/o la supervisión deficientes, el tamaño de la familia, la disciplina severa y los hermanos delincuentes.

Los traumatismos craneales también están muy relacionados con la violencia y la psicopatía. Las lesiones en las cortezas prefrontal y orbitofrontal son las que más perjudican a los afectados, siendo los trastornos del razonamiento social y moral los efectos más desconcertantes de estas lesiones. Los daños en la corteza ventromedial también son preocupantes, ya que suelen provocar una reducción de las respuestas autonómicas, incapacidad para realizar maniobras evasivas, deterioro de la toma de decisiones económicas y disminución de las expresiones de culpa, vergüenza y empatía.

La psicopatía es probablemente el más famoso de los rasgos oscuros debido a la destructividad de quienes la padecen. Muchos de los criminales más conocidos del mundo han sido o son psicópatas, pero esto no implica que todos los psicópatas sean criminales. Algunos de ellos, de hecho, llegan a llevar vidas normales y productivas en las que contribuyen en gran medida a la sociedad en su conjunto.

Ahora llegamos al sadismo. El sadomasoquismo (o SM, como lo llamaremos aquí) es el recibir o dar placer derivado de infligir dolor y/o humillación. A menudo, los sádicos reciben gratificación sexual de la imposición de este dolor, tanto si son ellos los que lo dan como los que lo reciben. Estas prácticas, sorprendentemente, suelen ser consentidas, por lo que se diferencian de los delitos sexuales no consentidos.

El origen del término sadismo se encuentra en el Marqués de Sade (1740-1814), que practicaba rituales sexuales sádicos y escribía sobre ellos. El término masoquismo procede de Leopold Von Sacher-Masoch, que escribió novelas sobre sus propias prácticas sexuales masoquistas.

Algunos psicólogos consideran que el dolor y la violencia son el centro de la práctica sadomasoquista, mientras que otros miran más hacia la dominación y la sumisión. En realidad, la mayoría de los sadomasoquistas están interesados en ambas cosas. Sigmund Freud consideraba que la primera "forma" de sadomasoquismo se centraba en la noción de cornudez (o la elección de rivales como pareja), y que la segunda forma no se preocupaba en absoluto por las relaciones y se interesaba en cambio por el espectáculo de las prácticas sexuales.

Cada sadomasoquista encuentra las prácticas asociadas al trastorno atractivas por sus propias razones. A menudo, los SM que prefieren adoptar roles más sumisos dentro de sus prácticas lo hacen por una necesidad de escapar de la culpa, la responsabilidad y el estrés de la vida. Estar en presencia de figuras fuertes y dominantes les infunde una sensación de seguridad y protección. Los sádicos, por otro lado, pueden disfrutar asumiendo roles más dominantes por el deseo de sentirse más empoderados. Ya sean sádicos o masoquistas, los SM simplemente intentan satisfacer las necesidades emocionales que tienen, que a menudo provienen de experiencias y relaciones de la infancia. Aunque estas necesidades se satisfacen de formas que algunos considerarían inusuales o inapropiadas, siempre que estas prácticas sean consensuadas, por lo general seremos prudentes y evitaremos juzgarlas.

Por último, la sociopatía (o trastorno antisocial de la personalidad) es un trastorno de la personalidad que se caracteriza por la falta de remordimientos o de culpabilidad en relación con las infracciones cometidas contra otros. Este trastorno es tan similar a la psicopatía que en el pasado muchos psicólogos lo consideraban un subtrastorno dentro de una clase más amplia de trastornos psicopáticos, pero hoy en día la mayoría sostiene que la sociopatía es un trastorno independiente en su totalidad. Las mismas tácticas de manipulación, la impulsividad, la falta de culpa y el exceso de agresividad que se encuentran en los psicópatas y maquiavélicos son compartidas por los sociópatas.

Aunque algunos sociópatas son muy funcionales y aportan grandes cosas a la sociedad, la mayoría tienen dificultades para seguir siendo responsables a lo largo de la vida debido a su impulsividad y suelen tener una vida más corta que la media como resultado de prácticas imprudentes como el abuso de sustancias y la actividad delictiva.

Si bien hay un notable componente genético en el desarrollo del trastorno antisocial de la personalidad, sigue habiendo también ciertos factores ambientales que pueden exponer a los jóvenes a un mayor riesgo de desarrollar este trastorno. Estos incluyen, entre otros, el hecho de que nunca se les haya enseñado a respetar los derechos de los demás, la falta de disciplina, la presencia de modelos negativos y el alcoholismo, así como otras formas de abuso de sustancias, tanto en los padres como en los hijos.

El trastorno de la conducta y el TDAH antes de los 10 años es otro indicador del desarrollo posterior del trastorno antisocial de la personalidad. Algunos estudios han indicado incluso que el 25% de las niñas y el 40% de los niños que desarrollan un trastorno de la conducta a lo largo del desarrollo pasan a desarrollar un trastorno antisocial de la personalidad más adelante, en la edad adulta.

Los síntomas más comunes de la sociopatía son los siguientes: la comisión repetida de actos ilícitos, la mentira o la manipulación para conseguir resultados, la impulsividad, las peleas o agresiones repetidas, el desprecio por la seguridad de uno mismo y de los demás, la falta de empatía y de remordimientos, y la irresponsabilidad personal y financiera. Para que se diagnostique formalmente una sociopatía, una persona debe presentar al menos tres de los síntomas enumerados anteriormente. Otros criterios que deben cumplirse para diagnosticar un trastorno antisocial de la personalidad son que la persona tenga al menos 18 años y que se le haya diagnosticado un trastorno de la conducta de inicio anterior o a los 15 años. Normalmente, antes de que una persona sea diagnosticada oficialmente con este trastorno, se produce algún episodio antisocial y una intervención posterior, ya que la mayoría no sospecha ni admite tener sociopatía. Sin embargo, estos episodios no son necesarios para un diagnóstico formal de este molesto trastorno.

Estos síntomas suelen alcanzar su punto álgido cuando la persona que los padece tiene veintitantos años. Sin embargo, al llegar a los 40, algunos descubren que estos síntomas se reducen y desaparecen por sí solos.

La terapia de conversación es la forma más común y eficaz de terapia para este trastorno y suele ser la misma para todos los demás rasgos oscuros de la personalidad. Esta forma de terapia es útil para estas personas porque, en parte, ofrece una manera de que el individuo desarrolle sus habilidades interpersonales. Sin embargo, el primer objetivo de estas terapias es siempre la reducción de los comportamientos impulsivos que pueden llevar a la comisión de daños criminales.

Sorprendentemente, hay muy pocos medicamentos que ayuden a mitigar los síntomas del trastorno antisocial de la personalidad. Además de la terapia de conversación, los clínicos también administran terapias de esquemas a muchos pacientes, cuyo objetivo es editar y organizar mejor los patrones de pensamiento desadaptativos que a menudo provienen de la infancia. Quien esto escribe sostiene que esta forma de terapia debería utilizarse más ampliamente entre todas las personas que padecen rasgos oscuros de personalidad, independientemente de cuáles sean esos rasgos, aunque esto no es más que una opinión.

Capítulo tres: Estudios de psicología oscura

No hay mejor afirmación de los oscuros sucesos psicológicos que los propios estudios realizados sobre el tema. A continuación, repasaremos algunos de los ejemplos más famosos de tales estudios, desgranando tanto las razones por las que se produjeron como su trascendencia a posteriori.

Los experimentos de Asch de la década de 1950 se llevaron a cabo para comprobar hasta qué punto las opiniones de un individuo pueden verse influidas por las de la mayoría del grupo en el que se encuentra. Solomon Asch, el líder de estos experimentos, los inició haciendo participar a jóvenes estudiantes universitarios en tareas de percepción. Dividió a los participantes en grupos, en los que todos los miembros de cada grupo, excepto uno, eran "confederados" o actores. El objetivo de estos experimentos era analizar cómo reaccionaría el único participante "genuino" a los pensamientos y acciones de todos los actores.

Con todos los demás participantes con respuestas preestablecidas a todas las preguntas formuladas, las respuestas del único participante real se convirtieron en las únicas variables independientes reales del estudio. Con diversos grados de presión de los compañeros aplicados al único participante real, los efectos de esta presión se vieron y estudiaron en sus diversos grados de severidad.

A cada participante se le hacía simplemente una serie de preguntas, como qué línea era la más corta o la más larga dentro de una serie. Al principio, todos los "confederados" dieron respuestas correctas a todas las preguntas formuladas para evitar que el único participante genuino sospechara. Sólo más tarde se empezaron a añadir algunas respuestas incorrectas.

Entre los grupos normales había un grupo de control cuando se realizaban estos experimentos, en el que no se aplicaba ninguna presión de grupo a los participantes. Dentro de este grupo de control, sólo una de cada 35 respuestas fue incorrecta, una estadística probablemente atribuible a un mero error experimental. En cambio, en los grupos normales, un tercio de los participantes auténticos dio una respuesta incorrecta cuando otros dentro del grupo también lo habían hecho. Esto implica que las personas son mucho más propensas a emitir juicios incorrectos cuando la mayoría de los que les rodean hacen lo mismo.

Al menos ¾ de los participantes dieron al menos una respuesta incorrecta a las preguntas que se les hicieron. Dentro de este experimento, las personas ocultaron sus propias opiniones, ya sea porque desconfiaban realmente de sus propias intuiciones o porque simplemente querían cumplir más con su empresa.

Aunque todos tendemos a enorgullecernos de ser individuos con mentalidad independiente y totalmente autónomos, estudios como éste indican que a veces nos comportamos como todo lo contrario. Esta cuestión del conformismo frente a la individualidad es una vieja lucha sobre la que algunas de las mentes más brillantes de la historia han reflexionado incansablemente. Por lo general, hay que mantener la moderación a la hora de determinar la relación entre nuestras propias opiniones y las del grupo o grupos en los que nos encontramos. Confiar por completo y sin cuestionar nuestras propias intuiciones sería arrogante, y podría sumirnos en la ignorancia de la realidad que nosotros mismos creamos, y que podría haberse evitado fácilmente con la receptividad a las opiniones de los demás. También debemos tener en cuenta que otras personas son tan susceptibles de equivocarse como nosotros, y que la fuerza no siempre hace el bien. Al seguir ciegamente a la manada, nos estamos sometiendo a lo que esa manada tenga pensado para nosotros. Que haya más gente que crea en algo no hace que ese algo sea más o menos cierto. Las banderas son estupendas porque nos hacen sentir que formamos parte de algo, pero son potencialmente destructivas cuando depositamos demasiada fe en ellas.

No es un ejemplo de oscuridad personal desviarse de los caminos trillados de nuestra empresa. Aunque los grupos más grandes pueden proporcionar orden a sus integrantes, este orden puede convertirse fácilmente en tiranía si no se controla. Cuando no hay nadie para verificar la validez de cualquiera de las opiniones del grupo, todo el sistema tiende a derrumbarse sobre sí mismo, dejando a los más dogmáticos en el fondo de los escombros. La historia nos ofrece innumerables ejemplos de personas que hacen cosas horribles por sumisión a su(s) tribu(s). Los experimentos de Asch no son más que un reflejo microcósmico de esta tendencia destructiva.

La Biblia cuenta la historia del buen samaritano, que se detiene a ayudar a un hombre necesitado mientras que otras personas, que se creen justas, simplemente pasan de largo. John Darley y C. Daniel Batson, inspirados por esta famosa historia, querían comprobar si existía alguna correlación entre la religiosidad y la capacidad de ayuda, por lo que realizaron el experimento del buen samaritano.

Los investigadores se plantearon tres hipótesis principales a la hora de llevar a cabo este experimento: que las personas con pensamientos religiosos de ayuda no estarían, en última instancia, más inclinadas a ayudar a los demás que cualquier otra persona, que las personas que tuvieran prisa serían menos propensas a ayudar a los demás, y que las personas que son religiosas simplemente para obtener beneficios serán mucho menos propensas a ayudar a los demás que las personas que son religiosas por el deseo de encontrar un sentido a la vida. Las personas de estilo samaritano serán más propensas a ayudar que las personas de estilo levita.

Después de reclutar a estudiantes de seminario para este experimento, la investigación realizó un cuestionario sobre religión a los participantes para luego comprobar la veracidad de la tercera hipótesis. A continuación, iniciaron el experimento en un edificio, pero pidieron a los participantes que se dirigieran a otro edificio para terminar el experimento. En el camino, los participantes encontraron a un hombre desplomado en un callejón y no sabían qué le pasaba ni por qué estaba allí.

Antes de que los participantes se marcharan, se comunicaron a los distintos grupos diferentes informaciones sobre la urgencia y lo que tendrían que hacer en los otros edificios. Una de las tareas estaba relacionada con los trabajos del seminario y la otra con la narración de la historia del buen samaritano. A uno de estos grupos se le dijo que era tarde y que debía dirigirse al otro edificio de inmediato, mientras que al otro grupo se le dijo que tenía unos minutos.

El hombre que se encontraba en el callejón tenía que gemir y toser dos veces mientras los participantes pasaban por allí. Los investigadores establecieron de antemano una escala de ayuda que se organizó de la siguiente manera 0= no se dieron cuenta de la víctima y de su necesidad, 1= se dieron cuenta de la necesidad pero no ofrecieron ayuda, 2= no se detuvieron pero sí decidieron ayudar indirectamente (avisando a su ayudante al llegar), 3= se detuvieron y preguntaron a la víctima si necesitaba ayuda, 4= se detuvieron y ayudaron a la víctima, dejándola de lado después, 5= se negaron a dejar a la víctima después de haberse detenido y ofrecido ayuda, o insistieron en llevarla a otro lugar.

Después de que los sujetos llegaran al segundo lugar, se les hizo responder a un segundo cuestionario, éste relativo a la ayuda. La sensación de urgencia influyó en la ayuda al hombre del callejón. En total, alrededor del 40% de los participantes optaron por ayudar a la víctima. Los que no tenían mucha prisa ayudaron el 63% de las veces, los que tenían algo de prisa ayudaron el 40% de las veces y los que tenían mucha prisa ayudaron sólo el 10% de las veces. En este caso, los samaritanos ayudaron el 53% de las veces, mientras que los levitas sólo ayudaron el 29%, confirmando así la tercera hipótesis. En definitiva, este estudio no pudo encontrar ninguna correlación entre la religiosidad y el comportamiento de ayuda. Los que estaban más interesados en la ayuda como un bien en sí mismo tendían a ser mucho más serviciales que los que veían la religión como un medio para conseguir las cosas que querían.

Incluso cuando va a dar un discurso sobre el buen samaritano, es mucho menos probable que una persona con prisa ayude a los demás a su alrededor. Esto demuestra que pensar en la ética no hace que actuemos necesariamente de forma más ética. También hay que tener en cuenta la relación entre la urgencia y la ayuda, ya que esto podría indicar que, a medida que nuestras vidas se vuelven más y más rápidas con cada año que pasa, estamos destinados a ser menos éticos, aunque esto es sólo una opinión que se podría tener sobre este fenómeno. Hay otra posible explicación a la falta de ayuda: el conflicto entre las necesidades del experimentador y las de la víctima podría haber afectado a la toma de decisiones de los participantes más que cualquier insensibilidad por su parte.

Este experimento sigue siendo controvertido en cuanto a que se enfrenta a la religión, pero sólo los irracionales negarían que la religión es mejor utilizada por quienes simplemente buscan un sentido a la vida que por quienes se mueven meramente por la avaricia. Sencillamente, no hay lugar para la moral cuando la gente está deseosa de más cosas. Cuando nos sentimos abrumados por los múltiples deseos que tenemos, siempre abrimos la caja de pandora para satisfacerlos, dejando que todas las cosas más malvadas que podamos imaginar vaguen por la tierra simplemente por codicia. La caridad es realmente un bien en sí misma. Desde un punto de vista utilitario, casi siempre es mejor ser más caritativo porque la felicidad derivada de hacerlo no sólo se siente en nuestros beneficiarios sino también en nosotros mismos.

Este estudio también nos muestra que para promover el bien y evitar el mal vamos a tener que sacar tiempo de nuestros días para hacerlo. La prisa en nuestras acciones nos hace mucho menos propensos a ayudar a los demás. Cuando estamos constantemente ocupados con nuestras propias actividades a veces no reconocemos las necesidades de los demás, pero detenernos a hacerlo de vez en cuando nos beneficiará mucho a largo plazo.

El experimento de apatía del espectador de 1968, realizado por John Darley y Bibb Latane, pretendía explorar uno de los fenómenos más interesantes, y quizá decepcionantes, del campo de la psicología social. En este tipo de experimento, se escenifica una emergencia con un participante entre varios confederados. Los investigadores estudian entonces el tiempo que tarda el participante en actuar, si es que decide hacerlo. Sorprendentemente, este estudio demostró que es mucho menos probable que ayudemos a los demás cuando estamos en compañía de una multitud. Alrededor del 70% de los participantes ayudaron cuando no había otras personas, mientras que sólo el 40% optó por hacerlo en compañía de grupos.

Esta reticencia a ayudar a los demás cuando hay multitudes puede derivar de la mera conciencia de sí mismo, o también podría deberse a la percepción de que ser el primero en ayudar es asumir algo así como un papel de liderazgo, un papel que la mayoría de la gente es reacia a asumir por sí misma. Sea cual sea el motivo, esta tendencia a desatender a los necesitados es problemática por razones obvias. Sea cual sea el problema, es más probable que lo evitemos cuando nos encontramos en grupos más grandes, como parece sugerir este experimento.

El experimento de la prisión de Stanford, quizá el más conocido de todos los que se mencionan aquí, fue realizado en 1971 por Philip Zimbardo con el objetivo de estudiar los efectos psicológicos que conlleva convertirse en un preso o en un guardia de la prisión. En este caso se tomaron 24 sujetos masculinos y se seleccionaron al azar para ser guardias o prisioneros dentro de una prisión simulada en el sótano del edificio de psicología de Stanford.

Al parecer, Zimbardo quedó impresionado por la rapidez con la que los sujetos se adaptaron a sus funciones, ya que los guardias no tardaron en asumir papeles cada vez más autoritarios y, finalmente, incluso recurrieron a la tortura psicológica de los presos. Los presos no sólo aceptaron el abuso psicológico de forma pasiva, sino que incluso llegaron a acosar a otros presos a petición de los guardias. No fue hasta que el propio Zimbardo empezó a consentir el maltrato que dos presos abandonaron el experimento antes de tiempo y todo se detuvo después de sólo seis días.

La impresionabilidad y la obediencia tienden a aumentar en gran medida cuando las personas tienen acceso a una ideología que les hace sentirse legitimadas y a un apoyo institucional y social, como sugiere este estudio. Este estudio también demuestra los efectos de la disonancia cognitiva y el poder de la autoridad. Cuando estamos bajo el control de un sistema que percibimos como una base de poder fuerte y centralizada, tendemos a estar muy dispuestos a seguir los deseos de ese sistema, sean cuales sean. También nos sentimos muy impresionados por ese sistema. Cuando surgen conflictos de intereses entre nosotros y la voluntad del sistema, se produce una disonancia cognitiva que se resuelve con más obediencia en la mayoría de las personas.

Este estudio también demuestra nuestra tendencia a dejar que las figuras de autoridad se salgan con la suya.

Este estudio se considera más bien como conductas situacionales que disposicionales, lo que significa que las conductas observadas aquí son más un resultado de la situación en cuestión que de las personalidades de los participantes. Si los guardias tenían una disposición a cometer abusos, o si los presos tenían una disposición a la pasividad, no es una cuestión de interés aquí. Lo único que se estudia aquí es el comportamiento situacional de los implicados.

Este estudio nos dice mucho sobre la vida en la cárcel. Sin embargo, reflexionar sobre lo que habría ocurrido si no se hubiera detenido a los guardias plantea algunas otras cuestiones. No está claro qué habría comprobado el poder de Zimbardo en este estudio. Tenía el poder de hacer esencialmente cualquier cosa a los sujetos, por lo que este estudio también puede analizarse como una investigación sobre la cuestión del poder sin control.

Los experimentos de Milgram de 1961, llevados a cabo por Stanley Milgram, es uno de los estudios más perspicaces sobre la autoridad en el campo de la psicología social. En él, el objetivo era registrar la disposición de los participantes a realizar tareas que iban en contra de su propia conciencia personal cuando estas tareas habían sido asignadas por una figura de autoridad.

Milgram realizó estos experimentos teniendo en cuenta los juicios a los criminales de guerra nazis, y se planteó una pregunta central: ¿tenían todos estos criminales de guerra un sentido compartido de la moral? Estos estudios, en general, confirmaron que las personas suelen realizar acciones que van en contra de sus creencias morales más firmes cuando son obligadas por las figuras de autoridad. Aunque estos estudios demostraron ser científicamente válidos y útiles, muchos consideraron y siguen considerando que no eran éticos, ya que suponían un abuso tanto físico como psicológico que asustaba a los participantes de por vida.

Milgram reclutó a 40 hombres para participar en estos experimentos. Se utilizó un generador de descargas, cuyas descargas empezaban a 30 voltios y aumentaban en incrementos de 15 voltios hasta llegar finalmente a 450, muchas de ellas con etiquetas como "descarga leve", "descarga moderada" y "peligro: descarga grave". Los dos últimos conmutados de este generador llevaban simplemente la etiqueta "xxx".

Los participantes de este experimento asumían el papel de "profesor", que administraba choques cuando los confederados daban respuestas incorrectas que se les daban. Aunque estos choques no se administraban realmente, los profesores creían que lo hacían y los confederados actuaban como si hubieran recibido choques cuando se los administraban.

Como el voltaje aumentaba continuamente a medida que avanzaba el experimento, el estudiante pedía que lo soltaran y algunos incluso se quejaban de afecciones cardíacas. Una vez superado el umbral de los 300 voltios, el alumno empezaba a golpear las paredes de la sala y a partir de entonces se negaba a responder a más preguntas. Este silencio, según las instrucciones de los profesores, debía tomarse como una respuesta incorrecta, por lo que se administraban más descargas cuando no se respondía a las preguntas.

La mayoría de los alumnos preguntaron a los profesores si debían o no continuar, a lo que se les dieron las respuestas habituales: "por favor, continúe", "el experimento requiere que continúe", "es absolutamente esencial que continúe" y "no tiene otra opción, debe continuar".

El nivel de choque que cada participante estaba dispuesto a administrar era el indicador de su obediencia. Inicialmente se preveía que sólo unos 3 de cada 100 participantes aceptarían administrar las descargas máximas. En realidad, un asombroso 65% de ellos se prestó a administrar estas descargas, y cada participante implicado administró las descargas de 300 voltios. Esto demuestra que las personas son aún más obedientes de lo que la mayoría espera y que podemos vernos fácilmente obligados a realizar acciones que consideramos objetables cuando estamos bajo la influencia de figuras de autoridad.

El experimento de Milgram nos muestra que, en muchos casos, estamos dispuestos a llegar a matar a otros si nos lo ordena una figura de autoridad que consideramos que tiene autoridad moral y/o legal. Esta obediencia se aprende desde muy temprano en nuestra vida y se adapta y refuerza de muchas maneras diferentes a lo largo de nuestras vidas. Todos sabemos que tendemos naturalmente a seguir los deseos de quienes tienen más poder que nosotros, pero los experimentos de Milgram nos enseñan hasta qué punto esta tendencia se traslada a nuestras acciones.

Según Milgram, entramos en uno de los dos estados de comportamiento dentro de las situaciones sociales: el estado autónomo (en el que las personas dirigen sus propias acciones) y el estado agéntico (en el que las personas dejan que otros dirijan sus acciones). Milgram afirma que es necesario que se cumplan los siguientes criterios para que entremos en el estado agéntico de comportamiento: que la persona que da las órdenes se perciba como cualificada, y que el que da las órdenes confíe en que el ordenado se responsabilice de cualquier cosa que vaya mal.

La teoría de la agencia sugiere que sólo cuando nos sentimos responsables de nuestros propios actos empezamos a actuar realmente con autonomía. Aunque poner la responsabilidad en manos de otros puede ser un alivio, tenemos que ser responsables de lo que hacemos si queremos seguir siendo actores autónomos.

Los estudios aquí mencionados, entre muchos otros, muestran el lado más oscuro de la psique humana. Aunque puede ser difícil aceptar que somos defectuosos en las formas en que estos estudios demuestran que lo somos, hacerlo siempre nos conducirá a una vida mejor y más honesta, plenamente conscientes tanto de nuestros inatacables éxitos como de nuestros catastróficos fracasos.

Capítulo cuatro: La lectura de la mente

La lectura de la mente es principalmente un juego de tres factores: la información sensorial, las señales corporales en persona y las señales sociales. Si no se presta atención a estos tres aspectos de la comunicación, cualquier intento de profundizar en los pensamientos y sentimientos de los demás resulta infructuoso. Hoy en día solemos comunicarnos más a través de mensajes de texto, mensajes instantáneos, correos electrónicos y llamadas telefónicas que a través de conversaciones interpersonales reales. Esto implica que tendemos a perder el aprendizaje de los puntos más finos de las comunicaciones reales, y por lo tanto somos mucho menos capaces de saber lo que otros están pensando. El tiempo que pasamos frente a una pantalla parece ser lo más destructivo para nosotros a la hora de saber lo que piensan los demás.

Para bien o para mal, normalmente podemos saber lo que piensan los demás con o sin la ayuda de lo que realmente dicen. Las palabras son a menudo sólo la punta del iceberg cuando se trata de lo que realmente está pasando dentro de la mente de otras personas. Cuando la mayoría escucha el término "lectura de la mente" tienden a pensar en psíquicos, brujas y otras personas de este tipo, pero cualquier persona puede dar grandes pasos para comprender mejor los pensamientos de los demás. Con un poco de orientación y mucha práctica, cualquier persona puede llegar a ser tan competente en el arte de decir lo que otros están pensando como las figuras más místicas entre nosotros.

Gran parte de la conexión humana interpersonal depende de nuestra capacidad para adivinar y responder adecuadamente a los pensamientos y acciones de los demás, por lo que a menudo tenemos dificultades para conciliar lo que realmente dicen los demás con las impresiones que recibimos de ellos. Para entender los pensamientos de los demás, primero debemos profundizar en los nuestros. Es demasiado fácil que un intento de comprender lo que piensa otra persona se convierta rápidamente en un juicio. Sacamos conclusiones precipitadas sobre las personas que conocemos y a menudo nos equivocamos.

Uno de los mayores obstáculos a los que nos enfrentamos cuando intentamos leer la mente es la falta de honestidad o de expresión en las palabras o en las señales no verbales de nuestros interlocutores. Cuando nos encontramos con personas con buena cara de póker o con personas deshonestas, nuestro lenguaje de calibración de tendencias y las señales no verbales nos sirven de poco. Sin embargo, hay muchas maneras de escarbar por debajo de los aspectos superficiales de la comunicación y echar un vistazo a lo que realmente ocurre en la mente de nuestro interlocutor.

Para leer la mente, primero debemos confiar en nuestra propia intuición. Sin embargo, esto implica desarrollar una intuición más confiable, lo cual es una tarea que siempre se está haciendo y nunca se está haciendo. Aquí debemos evitar parte del pensamiento mágico que a menudo conlleva el hábito de la lectura de la mente y utilizar únicamente nuestra razón. La disposición a mirar en los lugares que menos queremos y a desafiar nuestras propias creencias también es crucial aquí porque si entramos a tratar de leer la mente de otros ya anclados en nuestras propias creencias nuestros hallazgos siempre serán menos fructíferos. Por ejemplo, si estoy convencido de la pretenciosidad de una persona nada más conocerla y nunca se me ocurre cuestionar esta convicción, nunca obtendré una mayor comprensión de su carácter porque ya la he categorizado. No necesitamos tener poderes esotéricos para leer la mente, sólo necesitamos ser abiertos y razonables cuando nos comunicamos con los demás.

La atención plena es una de las mejores habilidades que podemos practicar para leer la mente con mayor eficacia. Esta práctica nos permite despejar nuestra mente de distracciones y preocupaciones innecesarias, lo que nos permite prestar más atención a nuestros interlocutores. Cuando tenemos la cabeza totalmente rallada en nuestras propias preocupaciones y problemas internos, nunca podemos profundizar en lo que les pasa a los demás. Cualquier habilidad que podamos tener para comprender los pensamientos de los demás se queda en el camino mientras intentamos recoger nuestros propios pedazos con la psique desordenada y llena de ansiedad. Aquí queda claro que si queremos determinar lo que ocurre en la vida interior de otras personas, primero tendremos que mirar la nuestra. Hacerlo nos dará la claridad y la energía necesarias para leer la mente de los demás.

El primer paso para leer mejor la mente de los demás es mantener siempre un espíritu abierto para hacerlo. Sin esta apertura, nunca recogeremos todos los frutos de lo que otras personas nos comunican. Sin embargo, esta apertura tiene que venir acompañada de un cierto grado de intolerancia, intolerancia dirigida a cualquier cosa que no sirva inmediatamente a los propósitos que tenemos en el momento presente. Cuando intentamos abarcar todo, incluso lo que no tiene nada que ver con nosotros, siempre nos sentimos abrumados y con la sensación de que no avanzamos hacia nuestros objetivos, porque probablemente no sea así. En cambio, cuando nos mantenemos abiertos sólo a las cosas que nos afectan directamente, solemos descubrir que tenemos mucha más energía para comprender a los demás y trabajar con lo que tenemos en consecuencia.

Una vez más, el entrenamiento de atención plena de algún tipo es la mejor práctica que tenemos para fomentar este sentido de apertura. El estrés y la distracción hacen que no sólo extraigamos menos información de los demás, sino que también malinterpretemos la poca que obtenemos. Las interpretaciones de los pensamientos de los demás que hacemos cuando estamos estresados están intrínsecamente mal concebidas y obstaculizadas por nuestros propios problemas. Como creía Kant, sólo hay que tener en cuenta los juicios de los desprejuiciados, por lo que la atención plena es una práctica necesaria para todos aquellos que quieran leer mejor las mentes.

A continuación, tenemos que determinar a quién queremos o necesitamos leerle la mente. Si salimos al ruedo, por así decirlo, tratando de decir lo que pasa en la vida interior de cada uno, entonces invariablemente vamos a experimentar una gran cantidad de rechazo y hacer más de unos pocos enemigos en el proceso. Deberíamos determinar estratégicamente a nuestra gente si la situación lo requiere. Si necesitamos un padrino para una boda, por ejemplo, no nos servirá de nada leer la mente de las mujeres que encontremos en el supermercado. Esto puede parecer un razonamiento maquiavélico, pero sólo podemos leer la mente de un número determinado de personas, así que debemos ser selectivos en cuanto a quiénes intentamos hacerlo y utilizar nuestros poderes para el bien.

Cuando tenemos a nuestra/s persona/s en mente, los primeros indicadores de su carácter y patrones de pensamiento que se nos conceden se encuentran en sus apariencias externas. Hay que prestar atención a detalles como su(s) rostro(s), su lenguaje corporal, su postura y su vestimenta. Normalmente, la apariencia externa de una persona es un fiel reflejo de su vida interior, aunque hay muchas excepciones a esta regla. Muchos filósofos modernos consideran que todos somos construcciones culturales, siempre influenciados e incluso moldeados en lo que somos por la cultura que nos rodea. Por eso, a menudo podemos saber mucho más de una persona por su aspecto exterior de lo que muchos tópicos de la cultura pop tienden a sugerir que podemos. Además, siempre hacemos declaraciones políticas con lo que llevamos, consumimos y nos asociamos, por lo que estos elementos también pueden ser grandes indicadores de cómo somos realmente.

Mientras que algunas de las personas cuyas mentes intentamos leer son figuras premeditadas (lo que significa que nos hemos decidido de antemano a analizarlas), otras personas simplemente parecen saltar hacia nosotros, pidiendo nuestra atención por su aspecto, su forma de actuar y su forma de pensar. Esta es una de las principales razones por las que la lectura de la mente siempre está siendo y nunca llega a ser, porque las "verdades" que sostenemos sobre las personas están siendo constantemente moldeadas por el conjunto de personas que conocemos, tanto dentro de las antiguas relaciones como de las nuevas. En última instancia, no podemos separar nuestra comprensión de una persona o grupo de las demás que conocemos. Todos ellos están inextricablemente vinculados entre sí por nuestra comprensión del conjunto.

Cuando vemos a otras personas, hay dos categorías principales en las que nuestra mente percibe la realidad externa: lo que es la persona y lo que no es la persona. Aunque el entorno en el que se encuentra la persona puede contener información sobre quién es realmente la persona, todavía tenemos que diferenciar entre la persona y el entorno que sea. Es imposible hacerlo por completo porque la percepción de los sentidos es, en última instancia, confusa y desorganizada, pero una vez que la percepción de los sentidos se aclara abstrayéndose de su individualidad y singularidad (en este caso, separando al individuo del entorno) se convierte en una cognición de orden superior. La cuestión aquí es no dejar que otras cosas en el fondo influyan en nuestras propias percepciones de las personas con las que nos comunicamos.

Con esta concentración láser en la persona con la que nos comunicamos, podemos eliminar toda la información de fondo que nos distrae, lo que nos permite comprender mejor lo que está pasando dentro de la cabeza de la persona. Cuando nuestras energías se diluyen por preocupaciones de fondo innecesarias, perdemos nuestra capacidad de ver con claridad lo que los demás están pensando.

Siempre debemos tomar estas decisiones sobre a quién leer con cuidado, porque estamos siendo constantemente moldeados por quienes nos rodean. Las personas con las que pasamos más tiempo y a las que prestamos más atención siempre van a moldear nuestro carácter mucho más que las demás. Las personas a las que leemos más de cerca no sólo deberían ser las que más nos ofrecen, sino también las que más nos animan a ser lo mejor de nosotros mismos. De este modo, podemos convertirnos en mucho mejores personas por el mero hecho de seguir a quienes más admiramos/nos llevamos bien.

Una vez que estamos en contacto con otro comunicador, tenemos que mantener nuestra atención en la persona. Esto incluye establecer contacto visual: una tarea que la mayoría no está dispuesta a llevar a cabo. Unos 15 segundos es el tiempo ideal para mantener el contacto visual con una persona al conocerla. Más tiempo tiende a incomodar a los demás, mientras que menos no fomenta una gran conexión con el otro.

Una vez establecido este contacto visual, debemos formular una imagen mental de la persona con la que hemos establecido contacto. Debemos tomar nota y recordar el rostro de la persona que hemos conocido, así como la energía que ha desprendido. Debemos dejar que los pensamientos y las emociones del rostro de la persona nos impresionen. Esto debe hacerse con el mismo sentido de apertura que todas las etapas de esta práctica, ya que tenemos que aceptar todas las impresiones que recibimos del otro, ya sean buenas o malas, y tampoco podemos pasar por alto ninguna de estas malas impresiones que recibimos sin ninguna autocrítica.

Una vez que hayamos establecido un primer contacto con la persona de esta manera más analítica, podremos empezar a leer realmente los pensamientos del otro. Hacer esto con toda justicia a la persona en cuestión implica mantener una cierta dosis de receptividad y cooperación. Se supone que conversar con el otro es una calle de doble sentido, en la que hay un diálogo negociado y equitativo entre las partes. Donde la mayoría de la gente tiene problemas es en su proclividad a valorar sus propios puntos por encima de los de los demás. Aquí es donde surge una gran parte de los conflictos interpersonales, en los que la gente sólo quiere centrarse en sus propias ideas y nunca piensa en escuchar las de los demás.

Por lo general, debemos confiar y seguir nuestra propia intuición cuando conversamos con los demás. Esto requiere honestidad y apertura, y también una buena dosis de seguridad, ya que nunca sabemos hasta qué punto los demás intentan leernos. Las conversaciones, como todos sabemos, tienden a funcionar mejor cuando todas las partes están en la misma página, pero sin transparencia, nunca se puede determinar si estamos o no de acuerdo con nuestros interlocutores. Somos actores racionales capaces de defendernos siempre que lo necesitemos, así que nunca deberíamos sentirnos amenazados al entablar nuevas conversaciones y relaciones, aunque las otras partes puedan estar trabajando con fines malévolos.

Permitir que nos lleguen los pensamientos de los demás es la única manera de asegurarse de que estamos obteniendo la máxima información de lo que se dice. Aquellos que se fijan en los pensamientos malos o desagradables aquí serán recompensados a largo plazo por hacerlo. Ignorar los pensamientos aterradores u oscuros de los demás es tan inadaptado como ignorar los buenos. Hay que evitar echarle en cara nada a la otra persona al conocerla, pero cualquier cosa mala que se presente debe ser analizada. También hay que tener en cuenta que, a menudo, cuando nos sentimos asustados o incómodos por algo, es un buen indicio de que estamos a punto de aprender algo que aún no sabemos. Las cosas desagradables con las que nos encontramos suelen enseñarnos mucho más que las cosas agradables, por lo que deberíamos investigar y sentir profundamente los peores pensamientos de los demás.

Es necesario fomentar nuestra propia inteligencia emocional si queremos hacer algún intento de leer los pensamientos de los demás. Cuando no podemos identificar nuestros propios pensamientos y aspiraciones, como suele ocurrir, no podemos identificar los de los demás. Si analizamos el razonamiento que hay detrás de nuestros pensamientos, podremos resolver nuestros propios problemas y averiguar lo que nos gustaría de los demás. Siempre estamos en un diálogo negociado con los demás, enviando señales sobre cómo esperamos que nos traten y recibiendo señales sobre cómo esperan los demás que les tratemos. Cuando no sabemos lo que pensamos y lo que queremos, la primera mitad de este diálogo nunca se cumple y, por consiguiente, sólo nos queda la información de lo que los demás quieren de nosotros, sin haber afirmado nunca nuestros propios apetitos y aversiones.

Demasiados oyentes escuchan sólo para responder y no para entender. Esto se remonta a nuestra tendencia a tener en cuenta sólo nuestras propias ideas cuando conversamos con los demás. La gente es capaz de distinguir una notable diferencia entre estos dos tipos de oyentes, y poner nuestras propias respuestas por encima de la comprensión es siempre una forma segura de alejar a la gente de nosotros, a menudo para siempre. Todo el mundo tiene interjecciones que hacer en todos los momentos de una conversación. Las personas menos seguras y más dependientes de la validación externa son mucho más propensas a prestar atención a sus propias interjecciones que a lo que realmente se está diciendo. Los que escuchan a los demás con auténtica recepción y curiosidad, sólo interesados en obtener una imagen clara del contenido de lo que se dice, son una raza rara en un mundo solipsista contaminado por opiniones y afirmaciones innecesarias, y que cada vez es más valorada y buscada por todos.

Escuchar más que hablar es otro paso que podemos dar en la misma línea que el anterior. Aunque los que limitan sus interjecciones en situaciones sociales no se ganan inmediatamente la misma reverencia que otros, estas personas suelen acabar absorbiendo más información que los demás. Hablar constantemente reduce el valor de nuestras propias palabras. La paradoja de la palabra se encuentra en que este deseo de ganar visibilidad a través de nuestro discurso al hablar en exceso hace que nos volvamos invisibles. Al entrar en una conversación debemos tener en cuenta que, a menos que estemos enseñando o instruyendo, nuestro principal trabajo suele ser escuchar. Aunque esto no parezca tan glamuroso como hablar constantemente, suele ofrecer mucha más recompensa, y aunque a corto plazo no ganemos la admiración por nuestra erudición, a largo plazo el silencio nos hará sabios, y normalmente lo pareceremos a los demás.

La mayoría de las personas eligen ser menos empáticas con el paso del tiempo. Se observa que es una elección porque, en realidad, cuesta muy poco esfuerzo identificarse con los demás. La empatía es recíproca, lo que significa que cuando empatizamos con los demás es mucho más probable que ellos hagan lo mismo con nosotros. Muchos problemas interpersonales se construyen simplemente a partir de las partes en conflicto que trabajan en pro de sus propios intereses sin dar un paso atrás por un segundo y considerar qué es lo que están pensando los demás. La lectura de la mente es, en gran medida, un juego de empatía, que premia la capacidad de identificarse con los reparos de los demás y trabajar con ellos hacia objetivos comunes. Sin embargo, para empatizar bien, tenemos que anteponer nuestros propios pensamientos; de lo contrario, estamos abocados a servir simplemente a los demás en nuestras relaciones.

Si queremos seguir avanzando en la lectura de los pensamientos de los demás vamos a tener que analizarlos de forma holística. Aquí es donde siempre surgirán algunos problemas porque no hay dos personas exactamente iguales. Las personas son complicadas, y justo cuando pensamos que hemos descubierto a otra en su totalidad, se desprende otra capa de la cebolla que es su personalidad, pidiéndonos que nos despojemos de preconceptos axiomáticos y de otras facetas de nuestra estructura de conocimiento integrado para adaptarnos a los cambios que nos encontramos.

Una de las mayores diferencias que pueden darse entre dos o más personas es la diferencia generacional o de edad. Todas las generaciones tienen estilos interpersonales (a veces dramáticamente) diferentes. Un miembro de la generación X, por ejemplo, suele preferir el contacto cara a cara, mientras que un millennial suele preferir el contacto a través de las redes sociales, los mensajes de texto, etc.

Tener en cuenta la generación de una persona nos ayudará a llevar mejor los asuntos con ella. Esto se extiende tanto a la forma en que debemos hablarles como a los temas que debemos tratar. Las personas tienden a la nostalgia, por lo que normalmente estaremos mejor hablando de los años 50 con un baby boomer que con un homelander. La mayor parte de la comunicación hoy en día se realiza a través de la tecnología, por lo que deberíamos esperar tener conversaciones con los más jóvenes a través de nuestros dispositivos más que con los mayores. En este sentido, debemos atender a los deseos de los demás, al tiempo que nos aseguramos de tener espacio para nuestros propios intereses y peculiaridades.

Los botones calientes son otra cosa que hay que tener en cuenta, ya que hay muy pocas cosas que cerrarán a una persona como conversador como aplastar sus opiniones con respecto a estos temas sobre los que tiene convicciones tan profundas. Si lo hacemos, corremos el riesgo de seguir conversando con la persona cuya opinión hemos aplastado, lo que nunca es una situación ideal. Deberíamos buscar lo que molesta y duele a los demás por el deseo de evitar esos temas o de prestar la ayuda que podamos reunir, no para echar sal en las heridas y añadir el insulto a la herida. Aquí también entra en juego la empatía, la capacidad de ver y comprender por qué la gente se siente así con respecto a estos temas.

Los temas que nos parecen más importantes reflejan increíblemente nuestro carácter. Cuando alguien adopta una postura firme sobre algo, debemos tomar en serio su opinión porque lo más probable es que haya reflexionado sobre el tema más que nosotros mismos. La mayoría de las personas son sorprendentemente perspicaces, sobre todo cuando se trata de cuestiones que consideran que requieren su atención. Es demasiado fácil dejarse llevar por el calor del momento e insultar a los demás por sus opiniones, pero este modo de conducta no ayuda a las conexiones interpersonales.

A continuación, debemos tomar nota de las personalidades individuales a las que nos enfrentamos. Este puede ser el paso más difícil, porque una personalidad es una construcción increíblemente compleja y multifacética que no puede ser simplemente ojeada una vez. Aunque las primeras impresiones suelen darnos indicios bastante fiables de cómo es realmente una persona, siempre tenemos que profundizar mucho más en una persona de lo que se ve a simple vista si queremos determinar cómo comportarnos con ella.

Tenemos que hacer un esfuerzo concertado para adaptar nuestro estilo de conversación al estilo de personalidad con el que estamos en contacto. Esto implica determinar cómo es una persona fundamentalmente y ajustar nuestra comunicación dirigida a ella en consecuencia. Para ello, podemos utilizar los tipos de personalidad del MBTI. Este sistema clasifica las personalidades en función de cuatro categorías: mundo favorito (introversión o extraversión), información (percepción o intuición), decisiones (pensamiento o sentimiento) y estructura (juicio o percepción).

Los extravertidos tienden a concentrar la mayor parte de sus energías en su mundo exterior, mientras que los introvertidos prefieren la introspección. Las personas que sienten suelen centrarse sólo en la información pura que se les da, mientras que las que intuyen suelen añadir sus propias interpretaciones y significados. Los pensadores tienden a considerar la coherencia y la lógica a la hora de tomar decisiones, mientras que los que sienten se fijan más en las personas implicadas y en las circunstancias especiales. Cuando observan el mundo exterior, los jueces tienden a querer tener las cosas decididas, mientras que los que perciben prefieren estar abiertos a nueva información. Todas estas dimensiones de la personalidad deben tenerse en cuenta a la hora de conversar con los demás, ya que pueden crear grandes abismos entre las personas que habrá que cruzar.

Observar la verborrea que utiliza una persona, así como su tono de voz, es una gran manera de conocer la personalidad de nuestro interlocutor. Utilizando estas herramientas podemos profundizar cada vez más en el trasfondo de la otra persona, así como en la relación que mantenemos con ella. Sin utilizar estas herramientas nos quedamos a ciegas en nuestra búsqueda de cómo tratar mejor a la persona.

La comunicación no verbal también debe abordarse continuamente. Esta forma de comunicación siempre se tiene en cuenta cuando se conoce a una nueva persona, pero demasiados de nosotros dejamos que este aviso caiga en el olvido a medida que se desarrollan las relaciones. Prestar una atención continua a esta forma de comunicación siempre dará grandes recompensas a quienes decidan hacerlo. Los principales aspectos a tener en cuenta al observar la comunicación no verbal son el uso del contacto visual, el uso del tiempo, del tacto, de la voz, el uso de la apariencia física/del entorno, la distancia y el lenguaje corporal.

La codificación y la descodificación son los dos procesos utilizados para transmitir y descifrar el lenguaje no verbal, respectivamente. Estos procesos pueden tener lugar de forma consciente o inconsciente. Las señales que se emiten durante la codificación suelen ser las que percibimos como universales, mientras que las que se registran durante la descodificación dependen de la disposición del codificador. La comunicación no verbal también está muy influenciada por la cultura. Aprendemos ciertas señales no verbales, tanto en la codificación como en la decodificación, desde una edad temprana y seguimos utilizando la mayoría de estas señales a lo largo de nuestra vida. Cada sociedad tiene su propio conjunto de señales no verbales, pero hay ciertos reguladores universales de este tipo de comunicación aplicables a todas las personas.

Una sorprendente proporción de dos tercios de toda la comunicación se realiza a través de medios no verbales. Esto significa que esta forma de comunicación supuestamente subordinada es, en realidad, más importante que la comunicación verbal. La mayoría de las veces las señales no verbales coinciden con el contenido del discurso, aunque a menudo hay divergencias en las señales producidas por estas dos formas de comunicación. Esta divergencia puede ser el resultado de un engaño, de una capacidad comunicativa deficiente o simplemente de una falta de comunicación general por parte del codificador. En estos casos suelen ser las señales no verbales las más precisas de seguir, ya que el 83% de lo que percibimos nos viene dado por la vista, el 11% por el oído, el 3% por el olfato, el 2% por el tacto y el 1% por el gusto.

Sólo hace falta una décima de segundo para que alguien juzgue a otro al conocerlo y cause su primera impresión. Las primeras impresiones suelen producirse de forma no verbal y suelen durar mucho tiempo en su eficacia. Hay primeras impresiones positivas y negativas, y ambas suelen producirse a través de la presentación de la otra persona en términos de apariencia y de lo que dice, y a través de los prejuicios personales del individuo al que se impresiona. Aunque estas impresiones suelen ser engañosas, especialmente cuando se dan a los prejuicios, la mayoría de las veces son representaciones bastante exactas de las personas que las emiten.

Cuando la mayoría piensa en la comunicación no verbal, el primer aspecto que le viene a la mente es la postura. La postura del cuerpo a menudo puede decir más sobre lo que está pasando dentro de la mente de una persona que las palabras que dice. Estas posturas suelen incluir cosas como agacharse, cruzar los brazos, adelantar los hombros, confiar en la mandíbula, separar las piernas y encumbrarse. Antes de analizar el lenguaje corporal de los demás, deberíamos repasar algunos consejos para mejorar nuestro propio lenguaje corporal.

Las expresiones faciales son uno de los factores más importantes a la hora de causar una primera impresión. Al empezar una relación con una sonrisa, se está asociando con la positividad. El 48% de los estadounidenses afirman que la sonrisa de una persona se convierte en su rasgo más memorable después de conocerla. A veces, una sonrisa excesiva puede parecer poco auténtica o incluso arrogante, pero sonreír con autenticidad siempre tiende a encantar.

La sonrisa no sólo hace más accesible una buena primera impresión, sino que también se ha demostrado que disminuye los niveles de hormonas del estrés, como el cortisol y la adrenalina. Sonreír no solo es amable, sino que también es una de las principales claves de la longevidad.

Un buen apretón de manos sigue siendo uno de los principios de cortesía en todo el mundo. Dar un buen apretón de manos, sin embargo, depende de mantener ese importante equilibrio entre ser demasiado firme y suave. Si se establece un término medio saludable, la primera impresión será mucho mejor.

Las presentaciones verbales son la parte más importante de los primeros siete segundos que pasamos con alguien. Hay muchas presentaciones comunes en nuestra lengua, como "hola", "encantado de conocerte", etc. Sea cual sea la que utilices, una presentación verbal puede ayudar mucho a romper el silencio y la tensión que supone conocer a alguien nuevo.

Un problema común al que se enfrentan muchas personas al conocer a otras es la falta de confianza para hablar con claridad. Hablar con timidez no sólo es una forma fácil de pasar desapercibido, sino que también suele llevar a que le tomen menos en serio. Se ha demostrado que los que hablan con una voz más grave y calmada suelen ser tomados más en serio, así que encuentre un equilibrio entre el susurro y el grito y tenderá a crear mejores relaciones.

El contacto visual muestra a los demás que no sólo está interesado en lo que dicen, sino que también tiene confianza en sí mismo. El contacto visual es también un gran indicador de respeto entre las personas. Sin embargo, hay que utilizarlo con moderación. Demasiado contacto visual puede intimidar a una persona o hacerla sentir incómoda, mientras que apartar la mirada puede interpretarse como una distracción.

El lenguaje corporal se refleja, en la mayoría de los casos, cuando dos personas hablan entre sí. Su sonrisa, por ejemplo, es reflejada por quienes le rodean mediante una neurona especializada responsable de reflejar las expresiones faciales. Esto establece entre los dos la comprensión mutua, la conexión y la confianza. Otros usos del lenguaje corporal positivo también son útiles, especialmente cuando se llevan a cabo en los primeros siete segundos de conocer a una nueva persona.

Su vestimenta puede ser un gran indicador de cómo es para una persona nueva. Si se viste con ropa que le hace sentir cómodo y seguro, es más probable que la gente le perciba así. Pero lo contrario también es cierto. Vestir bien no sólo le ayudará a causar una mejor primera impresión, sino que también mejorará su estado de ánimo y su confianza.

En palabras de Dale Carnegie, "Debemos ser conscientes de la magia que contiene un nombre y darnos cuenta de que ese único elemento es total y completamente propiedad de la persona con la que estamos tratando y de nadie más". Las personas disfrutan mucho escuchando sus propios nombres, incluso más de lo que suelen creer. Oír el propio nombre puede resultar especialmente llamativo para la gente en la era moderna, que es tan abrumadora en su exceso de nombres e información. Una vez que recuerda el nombre de alguien, siempre es una buena idea seguir llamando a esa persona por su nombre, ya que esto le hace parecer más agradable.

Este es un aspecto de la vida que la gente tiende a descuidar. Pregúntese cuáles son sus propios objetivos al conocer a una persona nueva. Una visión clara de cuáles pueden ser esos objetivos le dará una idea más clara de cómo establecer su tono y comportarse con esa persona. Esto también facilitará la comunicación con los demás, ya que tendrá una mejor idea de lo que está comunicando.

Nadie quiere hablar con una persona que no está interesada en lo que tiene que decir o que no piensa antes de hablar. Por eso es importante pecar de ver a los demás como posibles maestros y también ser preciso en lo que tiene que decir. Los demás estarán más dispuestos a hablar con usted si muestra empatía por ellos y trata de darles sólo lo mejor de lo que tiene que decir. Mostrar consideración en sus palabras o acciones es una de las mejores maneras de causar una impresión duradera en los demás.

El mal humor puede causar una impresión inesperada en las personas. Si va a conocer a una persona nueva pero está de mal humor por el motivo que sea, esfuércese por dejar atrás su negatividad. Siempre es sorprendente la facilidad con la que las actitudes negativas pueden contagiar a los demás.

Capítulo cinco: La psicología cognitiva

El enfoque cognitivo de la psicología se centra en el estudio de los procesos mentales, incluidos, entre otros, el pensamiento, la creatividad, la resolución de problemas, la percepción, la memoria, el uso del lenguaje y la atención. La atención a los procesos mentales de los seres humanos se remonta a la antigua Grecia con Platón, el primer filósofo del que se tiene constancia que afirmó que el cerebro es la sede de los procesos mentales humanos. Más tarde, René Descartes contribuiría a nuestra comprensión de la mente con su convicción de que todos los seres humanos nacen con ideas innatas, así como con su noción de un dualismo mente-cuerpo de los seres humanos. Después de estos dos pensadores, uno de los debates más populares en filosofía sería el de las nociones de pensamiento experiencial (empirismo) frente al de las ideas innatas (nativismo). En el siglo XIX, George Berkeley y John Locke argumentarían del lado de los empiristas, mientras que Immanuel Kant sería el principal defensor de la visión nativista.

El siguiente gran paso que se dio en el campo de la psicología cognitiva fue el descubrimiento por parte de Paul Broca de una determinada zona del cerebro responsable de la producción del lenguaje. A este salto le siguió rápidamente otro similar en el que Carl Wernicke descubrió otra área responsable en gran medida de la comprensión del lenguaje. Ambas áreas recibieron el nombre de sus fundadores y, hasta la fecha, la inadaptación y el traumatismo de estas áreas que provocan trastornos en la producción o comprensión del lenguaje de un individuo se denominan afasia de Broca o afasia de Wernicke.

Desde la década de 1920 hasta la de 1950 se produjo un aumento de la popularidad del conductismo. Los primeros partidarios de esta escuela de pensamiento consideraban que cosas como la conciencia, la atención, las ideas y los pensamientos eran inobservables y estaban fuera del ámbito del estudio psicológico. Aunque el punto de vista conductista tenía sus puntos fuertes, también contenía sus deméritos y Jean Piaget fue la primera figura notable de la época en ir a contracorriente de la escuela y estudiar la inteligencia, el lenguaje y los pensamientos de niños y adultos individuales.

En la Segunda Guerra Mundial se fundó la teoría de la información, el estudio de la comunicación, el almacenamiento y la cuantificación de la información dentro del cerebro. Esto resultó ser más útil para seguir el rendimiento de los soldados que luchaban en los frentes que el conductismo, que no tenía ninguna explicación sobre el rendimiento de las tropas en el combate. El desarrollo de la IA tendría más tarde una profunda influencia en el pensamiento psicológico, ya que muchos psicólogos empezaron a ver enseguida paralelismos entre los "cerebros" computarizados y los de los humanos en las áreas de almacenamiento y recuperación de la memoria. La revolución cognitiva de los años 50, iniciada por Noam Chomsky, creó el campo de la ciencia cognitiva al analizar la producción de los procesos de pensamiento a través de una lente multidisciplinar que incluía máximas dentro de los campos de la antropología, la lingüística y la psicología.

El término "cognición" es un término general que se utiliza para referirse a todos los procesos en los que se utiliza, recupera, almacena, elabora, transforma y reduce la información sensorial. Incluso cuando estos procesos están desprovistos de información sensorial, permanecen activos, manifestando a menudo imágenes y a veces alucinaciones. Con esta amplia definición, queda claro que la cognición está implicada en todo lo que hace una persona. Sin embargo, aún existen diferentes formas de analizar los procesos de pensamiento que se apartan de este enfoque cognitivo, como el enfoque dinámico, que analizaría los instintos, las necesidades o los objetivos de un sujeto en lugar de sus creencias, recuerdos o visiones a la hora de tener en cuenta las acciones o las experiencias.

La psicología cognitiva analiza los procesos mentales con el objetivo principal de indagar en el comportamiento. El primer proceso mental que los psicólogos cognitivos tienen en cuenta es el de la atención, en el que la conciencia se centra intensamente en un mero subconjunto de la información perceptiva de que dispone una persona. En este caso, la información irrelevante se filtra de las cosas más importantes que suceden, lo que da al individuo mayor poder para analizar una entrada sensorial específica. El cerebro humano puede conocer información táctil, gustativa, olfativa, visual y sonora a la vez, pero sólo cuando se concentra una cantidad selectiva de esta información podemos aclararla.

Existen dos sistemas atencionales principales en nuestra mente: el control exógeno y el endógeno. El control exógeno se centra más en los efectos emergentes y el reflejo de orientación, mientras que el control endógeno se centra más en el procesamiento consciente y la atención dividida.

La atención dividida es uno de los puntos centrales de la psicología cognitiva. Aunque la atención dividida dificulta el procesamiento de la información, conservamos la capacidad de realizar tareas cuando tenemos mucho que hacer, por así decirlo. El efecto cóctel da fe de esta noción, afirmando que somos capaces de mantener conversaciones y prestar atención a su contenido en entornos en los que se producen muchas más conversaciones. Sin embargo, la información que se ensombrece se queda en el camino, abandonando nuestra memoria tan pronto como la conocemos.

El siguiente proceso que estudian los psicólogos cognitivos es el de la memoria. Hay dos tipos principales de memoria: la memoria a largo plazo y la memoria a corto plazo, ambas con sus propios subtipos. La memoria a corto plazo se denominará aquí memoria de trabajo, ya que es la terminología más utilizada en la actualidad.

La memoria de trabajo, aunque suele utilizarse indistintamente con el término memoria a corto plazo, se refiere a nuestra capacidad de asimilar información cuando hay distracciones. Esta forma de memoria consiste en un burgo ejecutivo central de memoria que está interconectado inextricablemente con un bucle fonológico del lenguaje, un cuaderno de dibujo visoespacial de la semántica visual y un buffer episódico de los recuerdos episódicos a corto plazo. El principal problema de la memoria es el olvido. La psicología cognitiva nos ofrece dos soluciones contrapuestas a este problema: la teoría de la decadencia, que afirma que los recuerdos nos abandonan al cabo de un tiempo debido simplemente al paso del tiempo, y la teoría de la interferencia, que afirma que los recuerdos nos abandonan debido a que son interferidos por otras piezas de información que se aportan a medida que pasa el tiempo.

A continuación, tenemos la memoria a largo plazo, de la que existen tres subclases principales. La memoria procedimental es la que se utiliza para la realización de tareas que se llevan a cabo de forma inconsciente o que requieren un esfuerzo consciente mínimo. Este tipo de memoria contiene información de respuesta a estímulos que se utiliza para realizar determinadas tareas o rutinas. Este tipo de memoria hace posible la realización aparentemente automatizada de tareas y rutinas. Conducir un coche y montar en bicicleta son dos grandes ejemplos de acciones realizadas con este tipo de memoria.

A continuación, llegamos a la memoria semántica. Es el tipo de memoria en el que se encuentran nuestros conocimientos más enciclopédicos. Las piezas de información que recogemos a lo largo de los años a través de diversas fuentes se incorporan a nuestros almacenes de este tipo de memoria. Por ejemplo, nuestros conocimientos sobre los tipos de tortugas de nuestra zona o el aspecto de la Torre de Pisa se almacenan en nuestra memoria semántica. El acceso que se nos concede a estas piezas de información dentro de este sistema de memoria depende de una serie de factores, entre los que se encuentran la fecha de obtención de la pieza de información, el nivel de su significado, su frecuencia de acceso y el número de asociaciones que pueda tener con otras piezas de información. Por lo general, recordamos los recuerdos más recientes y destacados, y prestamos más atención a las piezas de información que nos afectan directa y profundamente en el momento presente.

Por último, la memoria episódica se utiliza para almacenar y recordar esbozos autobiográficos que pueden ser declarados explícitamente por el individuo. Este tipo de memoria contiene únicamente recuerdos temporales, como la última vez que una persona se cepilló los dientes y cuando compró su primer coche. Recuperar los recuerdos de este tipo de memoria requiere un esfuerzo más consciente que hacer lo mismo con los recuerdos de otros tipos, ya que es necesario combinar tanto la información temporal como los recuerdos semánticos para pintar las imágenes de lo que estamos tratando de encontrar. Sin embargo, podría decirse que es el tipo de memoria a largo plazo más importante, ya que contiene la información temporal y la memoria semántica mencionadas anteriormente.

Ahora llegamos al proceso de percepción. Este proceso implica la interpretación, identificación y organización de la entrada sensorial (tacto, vista, olfato, oído y gusto) y la conciliación de los procesos cognitivos individuales que entran en esos canales sensoriales. Los primeros estudios sobre este proceso fueron realizados por estructuralistas como Edward Titchener, que intentó reducir todo el pensamiento humano a sus componentes más básicos observando cómo los individuos responden a los estímulos sensoriales.

La metacognición es, a grandes rasgos, los pensamientos que un individuo tiene sobre sus propios pensamientos. Por ejemplo, la metacognición se utilizaría en las siguientes circunstancias: la eficacia de una persona para determinar sus propias capacidades de realización de determinadas tareas, la comprensión introspectiva de una persona o sus propios puntos fuertes y débiles en la realización de determinadas tareas mentales, y la capacidad de una persona para emplear estrategias cognitivas para resolver problemas.

Donde el estudio de la metacognición resulta más útil es en el campo de la educación. La capacidad de un estudiante para conocer objetivamente sus propios patrones de pensamiento se ha relacionado repetidamente con mejores hábitos de estudio y aprendizaje. Una de las principales razones de esta existencia correlativa reside en la capacidad añadida del estudiante para establecer y cumplir objetivos mediante la autorregulación. Las tareas metacognitivas son una excelente manera de garantizar que los estudiantes evalúen con precisión el grado de sus propios conocimientos y adquieran destrezas en su capacidad para establecer objetivos.

Algunos de los fenómenos más comunes relacionados con la metacognición son el Deja Vu (la sensación de repetir la experiencia), la criptomnesia (el plagio inconsciente de pensamientos pasados combinado con la creencia de su novedad y singularidad), el efecto de la falsa fama (hacer que nombres no famosos sean de hecho famosos), el efecto de validez (en el que la exposición repetida a las afirmaciones parece darles más validez) y la inflación de la imaginación (la imaginación de un evento que nunca ocurrió de hecho con la confianza de que sí ocurrió aumentando con el tiempo).

La teoría del proceso dual afirma que los pensamientos pueden provenir de dos procesos diferentes. El primero de estos procesos es implícito e inconsciente y se produce de forma automática, mientras que el segundo es explícito y consciente y se produce en condiciones controladas.

La psicología social moderna debe gran parte de sus conocimientos a estudios anteriores realizados por psicólogos cognitivos. El subconjunto de la psicología social que está más inextricablemente vinculado con el campo de la psicología cognitiva es el de la cognición social, que estudia las formas en que las personas almacenan, procesan y aplican la información relativa a determinadas personas y situaciones sociales. Este subconjunto nos ayuda a comprender las interacciones humanas sobre una base que nunca habría sido posible de otro modo.

La teoría de la mente, en términos generales, trata de la capacidad de un individuo para atribuir y comprender la cognición de quienes le rodean. Esta teoría es especialmente útil en el campo de la psicología del desarrollo, donde el análisis de esta capacidad en los niños y adolescentes en desarrollo es esencial para predecir y determinar los patrones de comportamiento que se aplican en las situaciones sociales. La psicología cognitiva se entremezcla con la psicología del desarrollo sin esfuerzo porque nuestra capacidad de cognición se afirma desde el principio de nuestras vidas. La teoría de la mente, por otra parte, sólo comienza a producirse alrededor de los cuatro a los seis años, debido a que suele ser cuando el niño empieza a reconocer que tiene sus propios pensamientos y que, por tanto, los demás deben tener los suyos propios. La teoría de la mente es esencialmente una forma de metacognición, ya que requiere que analicemos nuestros propios pensamientos y los de los demás.

Jean Piaget fue el primer psicólogo del desarrollo que pronosticó la teoría del desarrollo cognitivo. Esta teoría analiza el desarrollo de la inteligencia humana a medida que la persona se convierte en adulto.

La psicología educativa también se ha visto profundamente influenciada por el campo de la psicología cognitiva. La metacognición se analiza en la psicología de la educación en términos de autocontrol, que lleva a cabo un seguimiento de la precisión con la que los estudiantes controlan su propio rendimiento cuando aprenden y desarrollan nuevas habilidades. Esto también implica el análisis de lo bien que aplican el conocimiento de sus propias deficiencias para mejorar este rendimiento.

El conocimiento declarativo y procedimental también se analiza en la psicología educativa. El conocimiento declarativo es más bien el conocimiento enciclopédico acumulado que adquirimos a lo largo de los años, mientras que el conocimiento procedimental se refiere más bien al conocimiento de cómo realizar ciertas tareas y o piezas de información relacionadas con estas tareas. Una de las tareas más arduas a las que se enfrentan muchos psicólogos educativos a lo largo de su carrera es conseguir que los niños y adolescentes integren el conocimiento declarativo en sus sistemas de conocimiento procedimental.

La organización del conocimiento es otro de los temas actuales en el campo de la psicología de la educación. El conocimiento de cómo se organiza y ordena el conocimiento en el cerebro obtenido por los psicólogos cognitivos ha beneficiado enormemente al campo de la psicología educativa. Esta organización tiene lugar en una serie de jerarquías que resultan muy útiles para que los psicólogos de la educación tengan en cuenta en su trabajo.

La psicología cognitiva, como su nombre indica, se ocupa mucho más de los conceptos de la psicología aplicada que la ciencia cognitiva. También se diferencia de este campo de la ciencia en que intenta analizar los fenómenos psicológicos. Los psicólogos cognitivos suelen dedicarse al estudio de cómo el cerebro humano absorbe, procesa y basa la toma de decisiones en la información que le llega. La información que obtienen dentro de este estudio se suele guardar y aplicar dentro del campo de la psicología clínica. Este campo de estudio psicológico es único, ya que está fuertemente vinculado a los campos de la lingüística, la filosofía, la inteligencia artificial, la neurociencia y la antropología.

Podríamos argumentar que el papel de la ciencia cognitiva está subordinado al de la psicología cognitiva. Esto estaría justificado porque gran parte (si no la mayoría) de los hallazgos de los científicos cognitivos sólo se utilizan dentro del campo de la psicología cognitiva. Los trabajos realizados en este campo pueden ser a veces más útiles que los realizados en la psicología cognitiva debido a que los científicos cognitivos suelen realizar experimentos en otros animales que se considerarían poco éticos para realizarlos en humanos.

Las primeras críticas a la psicología cognitiva vinieron de los conductistas, que en general no estaban de acuerdo con el empirismo del campo, por considerarlo incompatible con la existencia de estados mentales. La respuesta a esta crítica se expresó más tarde de forma más aguda en el subcampo de la neurociencia cognitiva, que encontró pruebas de correlaciones directas entre la actividad cerebral real y fisiológica y los estados mentales determinantes.

Otra importante área de investigación dentro de la psicología cognitiva es el proceso de categorización. Este proceso implica el reconocimiento, la diferenciación y la comprensión del sustrato de los objetos y de nosotros mismos como sujetos. Este proceso es necesario para establecer diferencias y similitudes entre las cosas de nuestra realidad observable. Sin embargo, donde algunos empezamos a ver problemas es cuando esta categorización de objetos y sujetos empieza a hacer indistinguibles dos hechos dentro de un continuo, provocando paradojas en las afirmaciones contradictorias donde quiera que se presenten.

Dentro de nuestro poder de juicio se encuentra la capacidad de inducción y adquisición, que nos permite inclinar los conceptos discerniendo los ejemplares de los no ejemplares. La capacidad de distinguir similitudes y diferencias entre objetos y de representar, clasificar y estructurar lo que extraemos de la experiencia sensorial también se encuentra dentro de nuestro poder de juicio. Sin embargo, este poder está subordinado al poder de comprensión, lo que significa que ninguna de estas habilidades es posible sin la comprensión.

La psicología cognitiva también investiga el área de la representación del conocimiento y el razonamiento. Esta área de pensamiento nos da la capacidad de representar la información que nos llega del mundo exterior y de utilizar esta información para razonar hacia nuestros propios fines. Los temas subordinados que se tratan en la representación del conocimiento y el razonamiento son la codificación proposicional, la cognición numérica, las imágenes mentales, la psicología de los medios de comunicación y las teorías de la codificación dual.

El lenguaje es otra de las áreas investigadas habitualmente por los psicólogos cognitivos. La adquisición del lenguaje, así como las cuestiones del procesamiento del lenguaje, la gramática, la lingüística, la fonología y la fonética, son las principales áreas de interés en relación con el lenguaje dentro del campo de la psicología cognitiva. Estos estudios a menudo se solapan con los de la lingüística, pero los psicólogos cognitivos suelen profundizar más en las áreas de adquisición y procesamiento del lenguaje que sus homólogos.

La memoria es probablemente el área de la cognición más investigada dentro del campo de la psicología cognitiva. En términos generales, la memoria es la función del cerebro por la que se almacenan, codifican y recuperan piezas de información cuando se necesitan.

La pérdida de memoria relacionada con la edad es el problema más común en lo que respecta a la memoria, ya que la mayoría de nosotros tenemos capacidades justas en lo que respecta a la memoria que disminuyen a medida que envejecemos. La memoria autobiográfica almacena los recuerdos de nuestras propias experiencias pasadas, como su nombre indica. La memoria infantil se ocupa de las experiencias de la infancia. La memoria constructiva es una memoria que construye erróneamente recuerdos falsos de acontecimientos pasados. También existe un fuerte vínculo entre la emoción y la memoria de todo tipo que investigan los psicólogos cognitivos.

La memoria episódica se refiere a acontecimientos autobiográficos pasados que pueden recordarse con claridad, mientras que la memoria de los testigos oculares es sólo la memoria episódica que se refiere a crímenes u otros acontecimientos dramáticos del pasado de una persona. Un recuerdo falso es simplemente uno erróneo, como su nombre indica. Los recuerdos flash son recuerdos breves e increíblemente detallados de acontecimientos pasados. También existen los recuerdos a largo y corto plazo y la memoria semántica, que ya hemos repasado anteriormente. El error de seguimiento de la fuente se produce cuando el origen de un recuerdo se atribuye erróneamente a alguna experiencia distinta de la que le dio origen. El efecto de espaciamiento psicológico puede utilizarse en nuestro beneficio cuando espaciamos la repetición de nuestros repasos del material aprendido para recordar mejor dicho material. También hay muchos tipos diferentes de sesgos de la memoria que dificultan nuestra facultad de recordar y que no vamos a repasar aquí en aras de la brevedad.

La percepción es otra área de gran interés dentro de la psicología cognitiva. La atención, el reconocimiento de objetos y el reconocimiento de patrones son las tres principales áreas de interés. La percepción de la forma es la forma de percepción más estudiada dentro de la psicología cognitiva. La psicofísica, un área de estudio relativamente nueva, analiza la relación entre los estímulos físicos con los que nos encontramos y nuestras percepciones y sensaciones relacionadas con ellos. Por último, la sensación temporal estudia cómo percibimos y nos afecta el tiempo.

El pensamiento es probablemente el área de investigación más amplia dentro de la psicología cognitiva. El término "pensamiento" se refiere al flujo de asociaciones e ideas orientado a un objetivo que puede conducir a conclusiones orientadas a la realidad. Una elección es una forma de pensamiento que sigue una finalidad presupuesta por el que elige. Esta forma de pensamiento implica discernir los méritos y deméritos de las opciones que se nos presentan y elegir una o varias de ellas en consecuencia. Las facultades de inducción y adquisición utilizadas en la formación de conceptos también son formas de pensamiento.

La toma de decisiones es el proceso cognitivo que consiste en elegir una o varias opciones que se le presentan a uno mismo y, a continuación, iniciar un curso de acción basado en la elección. La lógica es la inferencia estudiada sistemáticamente. Para que una inferencia sea válida debe existir una relación concisa de apoyo lógico entre los presupuestos realizados en la inferencia y la conclusión real. La psicología del razonamiento es el estudio científico de cómo las personas sacan conclusiones de la información y toman decisiones basadas en esas conclusiones. La solución de problemas es simplemente la resolución de los problemas a los que nos enfrentamos.

El principal objetivo que persiguen los psicólogos cognitivos es completar los modelos del procesamiento de la información que tiene lugar dentro del cerebro de una persona. La conciencia, la memoria, el pensamiento, la percepción, la atención y el lenguaje son las principales áreas de interés en este campo. Al completar estos modelos, según la idea general, podemos trabajar con planos preestablecidos para determinar cómo se producen estos procesos en otros individuos. Las tres principales subcategorías anidadas dentro de este campo son la psicología experimental humana (que se ocupa principalmente de cuestiones relativas a la memoria, la atención, el lenguaje y la resolución de problemas), el enfoque del procesamiento análogo de la información por ordenador (que incluye la IA y las simulaciones informáticas) y la neurociencia cognitiva (que suele estudiar los efectos de los daños cerebrales en la cognición).

Alrededor de la década de 1950, algunos avances en las ciencias psicológicas hicieron necesario el crecimiento de la psicología cognitiva. Estos incluyen, pero no se limitan, a la disidencia de la psicología conductista, que ponía mucho énfasis en los comportamientos externos pero ninguno en los procesos internos que iniciaban estos comportamientos, el desarrollo de métodos experimentales más nuevos y a menudo más eficaces, y las nuevas comparaciones que se establecían entre la mente humana y el procesamiento informático de la información. Independientemente de que la psicología cognitiva respondiera o no a las preguntas de la época en torno a estas cuestiones, el conductismo se estaba convirtiendo en un enfoque extinto, expulsado por su propia metodología anticuada.

El auge de la psicología cognitiva fue inversamente proporcional a la caída de algunos de los enfoques más erróneos de la psicología de la época. Este campo se sacudió la paja del comportamiento condicionado y muchos enfoques psicoanalíticos de la época.

Los conductistas solían ser reacios al estudio de los procesos internos de la mente porque creían que estos procesos no podían observarse ni medirse objetivamente. Los psicólogos cognitivos respondieron a esta reticencia observando y estudiando los procesos mentales de los organismos, considerando que hacerlo era una parte esencial para aprender más sobre ellos. Los procesos de mediación entre el estímulo y la respuesta dentro de los organismos fueron los primeros objetos de estudio específicos de los psicólogos cognitivos, y siguen siendo objetos de estudio primordiales dentro del campo hasta el día de hoy.

Los psicólogos cognitivos eran paralelos a los conductistas en el sentido de que empleaban métodos controlados, objetivos y científicos para perseguir sus fines. La única diferencia entre ambos grupos es que los psicólogos cognitivos utilizaban estos métodos para analizar los procesos mentales de los organismos, mientras que los conductistas no lo hacían.

Nuestros cerebros se asemejan a los ordenadores en su forma de transformar, almacenar y recuperar la información (lo que no debería sorprender si se tiene en cuenta que los humanos programan los ordenadores). La mayoría de los modelos de procesamiento de la información muestran una secuencia clara. Los procesos cognitivos de la atención y la memoria suelen tener las secuencias más claras.

El análisis de los estímulos suele encontrarse en los procesos de entrada. Los procesos de almacenamiento dentro del cerebro pueden codificar y a veces manipular la percepción de los estímulos. Por último, los procesos de salida legislan nuestras respuestas a los estímulos.

A finales de los años 50 y principios de los 60, el enfoque cognitivo se convirtió en el más aceptado en el campo de la psicología, revolucionando la forma de percibir los procesos cognitivos internos. Los trabajos de Piaget y Tolman son la principal razón de esta realidad.

Hoy en día, Tolman es considerado por la mayoría como un conductista blando. Sin embargo, su estudio de las conductas intencionadas en los organismos se apartó del paradigma conductista que afirmaba que el aprendizaje era el producto de la relación entre los estímulos y las respuestas. Tolman afirmaba, por el contrario, que el aprendizaje se derivaba de las relaciones entre los estímulos entre sí. El término que acuñó para referirse a estas relaciones fue "mapas cognitivos".

No fue hasta la llegada del ordenador que la psicología cognitiva adquirió la metáfora y la terminología que necesitaba para investigar adecuadamente la mente. Esta llegada dio a los psicólogos la oportunidad de establecer analogías entre la mente humana y los procesos de un ordenador, siendo estos últimos, en general, mucho más simples y fáciles de entender. Esta analogía se remonta a la establecida por Platón en su República entre los componentes individuales de un estado y la mente humana. Además, esta analogía se convirtió en el punto central del argumento Leibnitz-Searle. Esencialmente, un ordenador codifica la información, la modifica, la almacena, la utiliza y, finalmente, produce algún tipo de resultado.

Este modelo informático de procesamiento de la información fue observado por los psicólogos cognitivos, que creían que el cerebro humano utilizaba el mismo modelo o uno similar. Sin embargo, este enfoque se basa en algunos supuestos clave: que la información de nuestro entorno externo se procesa mediante una serie de procesos (entre ellos, la percepción, la atención, la memoria, etc.), que la transformación y la alteración de estos procesos se producen de forma sistemática, que se supone que la investigación tiene como objetivo especificar estos procesos y sistemas, y que el procesamiento de la información por ordenador se asemeja al de los humanos.

El enfoque conductista nos ofrece que podemos observar y estudiar los procesos externos (estímulo y respuesta) con los que nos encontramos, pero nuestras observaciones bajo este enfoque se limitan sólo a estos procesos externos. El enfoque cognitivo, por el contrario, afirma que podemos observar y estudiar los procesos internos que ocurren dentro de la mente. Este enfoque estudia las relaciones de mediación entre el estímulo/la entrada y la respuesta/la salida.

El enfoque conductista trabaja en una progresión lineal dentro del siguiente marco: estímulo del entorno, una "caja negra" que no se puede estudiar, y conducta de respuesta. El enfoque cognitivo sigue una progresión similar: entrada del entorno, un proceso de mediación en el evento mental, y conducta de salida. Como podemos ver, aparte de las diferencias de verborrea, la principal diferencia entre estas dos progresiones se encuentra en sus pasos transitorios: mientras que el enfoque conductista sólo nos ofrece una caja negra de ignorancia en cuanto a los procesos mentales internos, el enfoque cognitivo investiga los procesos mediacionales que ocurren dentro de los eventos mentales.

Estos procesos mediacionales se denominan así porque están destinados a interponerse entre el estímulo y la respuesta del evento mental. Esta respuesta podría incluir procesos como la resolución de problemas, la atención, la memoria, la percepción, etc. Sean cuales sean, estos procesos se producen después de que se haya producido el estímulo y antes de que se produzca la respuesta conductual.

Las relaciones causales entre todos estos procesos mentales en algunos casos piden juicios teleológicos sobre sus partes. Aquí vemos caminos claros y lineales de comportamientos intencionales que siguen a los estímulos y a los procesos de mediación subsiguientes. Donde se dice que el modelo conductista carece aquí es en el conocimiento de estos procesos intermedios de mediación que ocurren dentro de la mente. Hoy tenemos claro que para entender la psicología conductista debemos entender primero estos procesos mediacionales. Hacer lo contrario sería, en muchos sentidos, poner el carro delante de los bueyes.

Fue el libro de Kohler de 1925, *La mentalidad de los simios*, el que inició la ruptura popular con el modelo conductista dentro de las ciencias psicológicas. En este libro, Kohler investigó los comportamientos más perspicaces de los animales, fundando en el proceso un campo poco conocido con el nombre de psicología de la Gestalt. Los términos "input" y "output", tan utilizados en la psicología cognitiva, se introdujeron por primera vez en este campo en el libro de

Norbert Wiener de 1948 *Cybernetics: or control and communication in the animal and the machine.* Las observaciones de Tolman en 1948 sobre los mapas cognitivos realizados con ratas en laberintos fueron el primer estudio que demostró que los animales tienen representaciones internas de los comportamientos.

Fue *El número mágico 7 más o menos 2* de 1958, de George Miller, el que acabó viendo nacer la psicología cognitiva. El solucionador general de problemas desarrollado por Newell y Simon fue el siguiente gran descubrimiento dentro del campo. En 1960, Miller y el desarrollista cognitivo Jerome Bruner fundaron finalmente el Centro de Estudios Cognitivos. La publicación de Ulric Neisser en 1967 de *"Psicología cognitiva"* marca el nacimiento definitivo del enfoque cognitivo. El modelo de almacenes múltiples de Shiffrin y Atkinson de 1968 se convirtió en el primer modelo de procesamiento de la memoria. Hoy, por fin, la psicología cognitiva se considera un campo muy influyente en todas las áreas de estudio psicológico (biológico, conductista, social, del desarrollo, etc.).

Un psicólogo cognitivo sería útil para hablar con cualquier persona que pueda estar experimentando los siguientes problemas: un problema psicológico que pueda necesitar métodos de terapia cognitiva para mitigar o exterminar, un trauma cerebral que pueda necesitar tratamiento, problemas sensoriales y/o perceptivos, un trastorno del habla o del lenguaje (en este caso se necesitarían más tipos de terapia, siendo los métodos cognitivos complementarios), problemas relacionados con la memoria como la enfermedad de Alzheimer, la demencia o la pérdida de memoria, o problemas de aprendizaje.

En esencia, casi cualquier persona que tenga o experimente problemas relacionados con los procesos mentales se beneficiará necesariamente de la terapia psicológica cognitiva. Muchos piensan que la psicología cognitiva es un campo de estudio erudito y poco práctico que tiene mucha más utilidad dentro de las aulas que fuera de ellas, pero todo el mundo tiene procesos mentales, así que todo el mundo puede beneficiarse de esta área de investigación. Contar con un psicólogo cognitivo que trabaje para y con nosotros nos dará una perspectiva más objetiva y científica sobre los procesos mentales que tenemos y de los que quizá no seamos conscientes o estemos interpretando de forma poco científica.

Uno de los adversarios más sigilosos de nuestro propio bienestar son los patrones de pensamiento negativos. Estos patrones de pensamiento son tan destructivos porque normalmente no podemos saber lo distorsionados que están, lo que les permite legislar nuestros procesos de pensamiento sin que seamos conscientes de ello. Tener otra perspectiva de nuestros propios procesos mentales internos es posiblemente la única forma segura de evitar que estos patrones negativos controlen el resto de nuestra mente. Las cavilaciones negativas suelen conducir a un aumento del estrés, al autosabotaje, al pesimismo e incluso a la impotencia aprendida después de un tiempo si no tenemos cuidado.

Una vez que estos patrones de pensamiento negativo se han apoderado de nuestra psique, no necesariamente pueden eliminarse. Nuestra mejor opción es sustituir estos esquemas por otros mejores, más optimistas y racionales. Por ejemplo, un esquema que le dice a una persona repetidamente cosas como "no eres digno" o "nunca cumplirás los estándares" debe ser respondido con uno que le diga cosas como "tienes un valor intrínseco" o "estos estándares son tuyos". Los patrones de pensamiento negativo, así como las respuestas racionales a sus interjecciones, son indeterminados y dependen del individuo. De todos modos, el objetivo básico es sustituir los pensamientos que no nos ayudan o no nos hacen avanzar como personas por otros que sí lo hacen. En este caso se podría utilizar algo de autoterapia. Siempre que tengamos un pensamiento o una serie de pensamientos con los que nuestra mente ejecutiva no esté de acuerdo, deberíamos grabar y analizar estos pensamientos, editándolos y sustituyéndolos por otros más sanos y racionales. Hacerlo cambiará nuestros modos de pensar y nos permitirá convertirnos en personas más racionales y motivadas intrínsecamente.

La psicología cognitiva podría considerarse la finalidad última de la psicología, aquella a la que se subordinan todos los demás subcampos. Todo lo que conocemos, lo conocemos gracias a nuestra capacidad de cognición. Si no analizamos nuestros procesos mentales, nos quedamos sin saber lo que realmente ocurre dentro y fuera de nosotros.

Capítulo seis: Modos de persuasión

Llegamos por fin a lo que probablemente sea la parte más útil de nuestro libro. Los modos de persuasión, también conocidos como apelaciones retóricas o estrategias éticas, son dispositivos retóricos utilizados para clasificar la apelación de un orador a su audiencia. Estos modos se denominan Eros, pathos, logos y Kairos. Aristóteles consideraba que la persuasión no era más que una forma de demostración, ya que nos persuaden más las cosas que percibimos como demostradas. De ello se desprende lógicamente que cuanto más o menos demostremos algo, más o menos se persuadirá a los demás de ello dentro de la proporción.

Hay tres tipos principales de persuasión oral: la persuasión debida a la credibilidad percibida del orador en el momento del discurso, la persuasión de los oyentes debida a sus propias emociones y la persuasión lograda a través del discurso cuando se llega a la verdad o a la verdad aparente mediante argumentos adecuados al caso en cuestión.

El ethos se define en términos generales como la apelación a la autoridad o a la credibilidad del orador. Para reforzar el ethos, el orador debe convencer a la audiencia de su propia credibilidad, a menudo apelando a otras fuentes de autoridad en el proceso. Para ello, se emplean diversos medios, como ser o convertirse en una figura notable en el campo en cuestión, como un profesor, un médico o un experto, aprender y demostrar un dominio de la lengua vernácula del campo en cuestión, y presentar o producir expertos probados en el campo.

Si no se cumplen estos criterios generales, un orador tendrá generalmente problemas para ganar y fomentar un sentido de credibilidad o ethos. Sin ser un experto en el campo en el que habla, o sin el vocabulario necesario y o la apelación a otras fuentes de autoridad, un orador perderá típicamente cualquier sentido de credibilidad a los ojos de su audiencia, lo que suele provocar que el individuo pierda su sentido de credibilidad intrínseca, iniciando así un bucle causal de la pérdida de credibilidad y potencia general como orador.

El ethos puede considerarse la persuasión por el carácter o la credibilidad. La fiabilidad suele ser el rasgo más importante que una persona puede mostrar para fomentar el ethos. Tendemos a ver a los que son más dignos de confianza como más creíbles, ya que aunque no sepamos lo que nos van a decir, tenemos más seguridad de que va a ser la verdad. De aquí se desprende necesariamente que, para que alguien gane en ethos, debe ser más digno de confianza. Aristóteles nos ofrece tres cualidades explícitas que una persona debe mostrar para convertirse en un individuo más confiable: buen sentido, buen carácter moral y buena voluntad.

El sentido común sólo se encuentra en los pensadores racionales y responsables. Tendemos a confiar en los que tienen sentido común mucho más que en los demás. Las personas con sentido común casi siempre están tranquilas, frías y serenas en momentos de estrés y confusión. Esas personas suelen ser vistas como profesionales de confianza y fiables en sus campos de trabajo. El sentido común se asocia a la fiabilidad porque quienes lo tienen se dejan llevar más por la lógica y la racionalidad que otros que no lo tienen. Con el sentido común, un orador también es capaz de leer mejor a la multitud y de transmitir mensajes más basados en la realidad.

El buen juicio moral es otro aspecto en el que Aristóteles hace mucho hincapié. Se suele decir que el carácter es lo que hacemos cuando nadie nos mira. Lo mismo ocurre con la moral. Aristóteles pensaba que tener este sentido del juicio moral era crucial para desarrollar el arte de la persuasión.

Por último, la buena voluntad es el estado en el que una persona tiene realmente en cuenta su propio interés. Sin esta voluntad, no hay una dirección clara en la mente de una persona en cuanto a dónde deben ir las cosas o incluso cómo deberían ser idealmente. Si un orador no muestra conocimiento o consideración por los intereses del conjunto al que se dirige, nunca se creará una relación. Aunque el ethos de una persona probablemente se vea menos afectado por la falta de buena voluntad que por la falta de cualquiera de los otros dos bienes, la gente sigue sintiéndose desanimada por esta ausencia porque no estará segura de si el orador está realmente de su lado. Sólo, como afirma Aristóteles, con estas tres cualidades una persona puede ser más digna de confianza y ganar ethos.

El pathos puede ser un modo de persuasión más poderoso porque depende de la capacidad del orador para apelar a las emociones del público. De esta palabra raíz se forman las palabras empatía, patético y simpatía. Utilizando las tácticas comunes de la metáfora, el símil y la entrega apasionada en general, el orador puede ganar patetismo. A menudo, incluso las simples afirmaciones de que las cosas son injustas son suficientes para apelar a las emociones de los oradores. Este modo de persuasión es increíblemente eficaz cuando se utiliza con otros, pero suele fracasar cuando se emplea de forma aislada. Sin embargo, hay un criterio principal que un orador debe cumplir para obtener el patetismo: tiene que transmitir un mensaje que esté de acuerdo con algunos valores subyacentes de los lectores u oyentes.

Para conseguir el patetismo, el orador puede centrarse en cualquier emoción que considere útil aprovechar. Entre ellas se encuentran la felicidad y el optimismo, pero también emociones más negativas como el miedo y la ansiedad. Sean cuales sean las emociones, un orador sensible a las emociones de la audiencia consigue fácilmente la simpatía de la gente al hablarles de lo que más les llama la atención.

Nuestra adopción de creencias y puntos de vista depende en gran medida de nuestras emociones inmediatas. Un buen orador no sólo sabe cómo exaltar ciertas emociones, sino también cómo eliminar otras. Para conseguir que la gente se enfade por una causa, un buen orador explicará los reparos que hay detrás de esa causa. Del mismo modo, si una multitud de personas está enfadada por los precios de la gasolina, un buen orador las calmará y les dará la seguridad de que podrán seguir desplazándose. Una persona persuasiva tiene en cuenta lo que preocupa a los demás y les ofrece soluciones a sus problemas.

Cuando se utiliza en discursos y escritos, el patetismo suele jugar con la imaginación y las aspiraciones del público en relación con los acontecimientos futuros. Los pensadores persuasivos no sólo son capaces de predecir y hablar a las emociones presentes, sino que también son capaces de transmitir algún tipo de imagen de cómo podría ser el futuro bajo su visión. Sin este énfasis en la finalidad teleológica de lo que piensa el persuasor, el persuadido se queda sin un curso de acción determinante que seguir y, por tanto, está destinado a no ser persuadido.

Si bien es cierto que hay que asegurar una cierta cantidad de ethos para que se escuche a un orador, este ethos a menudo se minimiza y se pone en un papel subordinado al pathos. Cuando el pathos es el modo principal utilizado, a menudo empezamos a ver menos control en el discurso y la escritura y más apelación a las emociones básicas y a menudo irracionales. William Cullen Bryant veía esto como un hecho correcto, afirmando que cualquiera que hable con rectitud dará al mundo una ofrenda que superará cualquier cantidad de errores que traiga consigo.

Aristóteles nos ofrece algunas de las dualidades básicas de la emoción en el libro 2 de su *retórica:*

La ira frente a la calma

Las personas tienden a enfadarse cuando mostramos desprecio hacia ellas, las avergonzamos o actuamos con rencor. El desprecio se define aquí como el tratamiento de las cosas o personas que los demás valoran como poco importantes. Actuar con rencor es impedir que los demás consigan lo que quieren sólo para perjudicarlos. La vergüenza se da cuando desacreditamos a los demás de alguna manera. Hacer lo contrario de estas cosas, como dejar las cosas y las personas en su propio valor, tener a los demás en estima y dejar que los demás tengan lo que quieren, mantendrá a la gente tranquila.

Amistad vs. odio

Elegimos como amigos a aquellos que actúan sin egoísmo para conseguir lo mejor para nosotros. Mostramos odio hacia aquellos que son egoístas o que trabajan con fines perjudiciales. Los contingentes sólo se forman entre personas que tienen intereses comunes. Dividimos nuestro mundo en los que trabajan con nosotros (amigos) y los que no (enemigos).

Miedo vs. confianza

Sólo tenemos miedo de las cosas que percibimos que pueden causarnos daño o sufrimiento. Cuando no percibimos que esos peligros existen, o tenemos medios para combatirlos, nos sentimos confiados. La confianza derivada de nuestra capacidad percibida para combatir el peligro es la más fiable de las dos, porque cualquier confianza derivada de la falta de peligro insinúa un peligro en el futuro.

Vergüenza vs. desvergüenza

Sentimos vergüenza cuando hemos sido desacreditados por mostrar lo que Aristóteles llamaba maldad moral, como ser cobardes, arrogantes, avaros o mezquinos. Sentimos vergüenza cuando nos resulta indiferente o despreciable la percepción que tienen los demás de nuestra maldad moral. La vergüenza es el concepto de maldad moral (real o percibida) unido al concepto de autoconciencia. La desvergüenza es este concepto divorciado de la autoconciencia.

Amabilidad frente a antipatía

Se nos percibe como bondadosos cuando ayudamos a los demás por su propio bien. Se nos percibe como poco amables cuando no ayudamos a los demás o lo hacemos sólo por nuestro propio bien. La bondad se encuentra en aquellos que tienen en cuenta los intereses de aquellos a los que ayudan. La falta de bondad se encuentra en aquellos que no ayudan a los demás o que lo hacen para su propio beneficio.

Lástima vs. indignación

Sentimos compasión por quienes sufren en formas y calibres que percibimos como desproporcionados a la aptitud. Por otro lado, sentimos indignación cuando vemos que a otros les va bien y sentimos que no se lo merecen. La lástima se siente cuando vemos que alguien sufre más de lo necesario, mientras que la indignación se siente cuando vemos que alguien obtiene más de lo que su carácter merece, o eso creemos.

Envidia vs. emulación

La envidia se siente cuando vemos que otra persona a la que consideramos nuestro igual tiene una buena fortuna. Se siente con más intensidad cuando sentimos que tenemos derecho a la misma buena fortuna o cuando ya no nos vemos como iguales a esa persona como resultado de las circunstancias afortunadas. La envidia proviene del egoísmo, ya que no ofrece que podamos vivir a través del otro individuo. Sentimos más envidia de los que percibimos como más afortunados que nosotros porque toda persona quiere creer que es igual a los demás.

La emulación se siente cuando vemos a otro que tiene buena fortuna y sentimos que podemos alcanzar una fortuna similar. Aquí tenemos el mismo estímulo que provoca la envidia, pero nuestra respuesta mediacional es más constructiva y positiva. Aristóteles consideraba, como lo haría la mayoría, que la emulación era el mejor de estos dos sentimientos, porque mientras las personas envidiosas suelen desear que la persona más afortunada tenga menos, las personas emuladoras se limitan a esforzarse por conseguir más. La envidia es la percepción de la desigualdad con el concepto de aversión hacia los que tienen más, mientras que la emulación es la misma percepción con el concepto de autoeficacia.

El concepto de ser humano incluye necesariamente el de emoción. Las emociones nunca son buenas o malas, sólo son racionales o irracionales. A veces, por ejemplo, el miedo y la ira son las únicas respuestas racionales a las realidades externas, mientras que en otras ocasiones se pide serenidad y felicidad. Un buen persuasor conoce los entresijos de las emociones de los demás, ya sean racionales o irracionales. Con este conocimiento, un persuasor puede exaltar las emociones que desea en otros individuos y restringir todas las demás.

El logos es, a grandes rasgos, una apelación a la lógica. De hecho, el término lógica deriva de éste. Por lo general, hay algún tipo de tesis que un orador intenta comunicar al hablar. La lógica, en parte, se refiere a los hechos y cifras que apoyan estas tesis, en este caso. Tener un logos tiende a engendrar un mayor ethos para un orador, ya que la información hace que el orador parezca más informado ante su(s) oyente(s). Aunque el logos puede ser increíblemente útil, también puede ser perjudicial y engañoso, según el contenido de la información y su relación con el tema que se trate. A menudo, la información mal contextualizada, falsificada o inexacta lleva a los oyentes por el mal camino, haciéndoles abandonar al orador y haciendo que éste pierda el ethos.

Aristóteles nos habla de tres métodos principales de persuasión lógica:

Argumento deductivo

En su etapa inicial, un argumento lógico sólido planteará una serie de premisas axiomáticas. Estas afirmaciones se perciben como verdaderas o falsas. A partir de estas premisas, podemos llegar a las conclusiones. Si se dijera que una conclusión es verdadera dado que todas sus premisas axiomáticas también son verdaderas, el argumento se consideraría válido. Si todas estas premisas son verdaderas y se dice que el argumento es válido, entonces también es, por definición, sólido. Estos argumentos son lo que se conoce como argumentos deductivos. Dentro de estos argumentos, las nociones de validez y solidez se definen y observan desde las premisas hasta las conclusiones. Son buenos argumentos porque utilizan una lógica fácilmente inteligible a lo largo de sus cursos.

Argumento inductivo

Si a partir de nuestras premisas iniciales, en cambio, encontramos conclusiones que no son necesariamente pero sí probables, entonces estamos haciendo argumentos inductivos. Estos argumentos existen con el concepto de incertidumbre y cierta cantidad de conjeturas. La fuerza o la debilidad de un argumento inductivo se encuentra sólo en la probabilidad de que sus conclusiones sigan a sus premisas. Un argumento inductivo convincente es aquel en el que todas sus premisas son, de hecho, verdaderas.

Argumento abductivo

Se llega a un argumento abductivo cuando recogemos un conjunto de datos y luego procedemos a formular una conclusión basada en esos datos. Esta conclusión debe explicar siempre el conjunto de datos en cuestión. Al igual que los argumentos deductivos, la validez y la solidez de estos argumentos dependen de la verdad de las conclusiones.

Por último, Kairos se refiere al tiempo y al lugar. Este modo se utiliza a menudo para infundir un sentido de urgencia en las mentes de los oyentes, instándoles a actuar sobre los acontecimientos a medida que se producen.

Además de los modos aristotélicos de persuasión, también existen numerosos métodos contemporáneos que pueden utilizarse en nuestro beneficio. Aunque los modos aristotélicos son siempre aplicables, la gente siempre inventa nuevas formas de persuadir a los demás, formas que suelen estar pensadas para atraer más a la gente de la época.

El mimetismo es uno de los métodos más eficaces de persuasión. Tendemos a ser mucho más receptivos a los mensajes cuando los emiten personas que hablan, piensan y actúan como nosotros. El uso de la mímica casi siempre aumenta la compenetración, hace que los demás nos quieran más y nos hace parecer más agradables en general. Cuando tratemos de persuadir a los demás, debemos fijarnos siempre en cómo actúan y hablan, y reflejar estas características en la medida de lo posible para fomentar en sus mentes una sensación de parentesco con nosotros. Esto nos pondrá en el mismo terreno que ellos, por así decirlo, asegurándoles que compartimos intereses comunes con ellos y que estamos dispuestos a trabajar con ellos para perseguir estos intereses.

La paradoja de Ellsberg se descubrió en 1961 en una serie de experimentos realizados por Daniel Ellsberg. En estos experimentos, se dijo a los participantes que debían elegir entre dos urnas de las que sacar una bola, la primera contenía 100 bolas rojas y negras sin una proporción determinada entre los dos colores, y la segunda tenía exactamente 50 bolas rojas y 50 negras. La recompensa era de 100 dólares si elegían el color correcto, y de 0 dólares si no lo hacían. La gran mayoría de los sujetos sacaron de la segunda urna con la proporción determinada de colores.

Estos experimentos demuestran que somos naturalmente propensos a evitar el riesgo y la incertidumbre siempre que sea posible. Aunque a veces nos beneficia más apostar por lo incierto, sigue siendo nuestra proclividad natural a ceñirnos a probabilidades ciertas y concisas siempre que las encontremos, incluso cuando se demuestra que nuestras ganancias son menores por hacerlo.

La influencia social, o prueba social, se refiere a que nos afectan los pensamientos, las emociones y los comportamientos de los demás. Este tipo de influencia nos impresiona en gran medida de forma inconsciente, por lo que a menudo es difícil discernir lo que hacemos por nuestro propio interés de lo que hacemos como resultado de esta influencia. Aquí se impone la pregunta: ¿hasta qué punto somos simplemente el producto de quienes nos rodean? La mayoría de las personas pueden analizarse como un conjunto de sus influencias sociales inmediatas.

Por muy independientes que seamos, anhelamos la validación externa para que nuestros patrones de pensamiento nos parezcan "normales". Las personas que más admiramos acaban siendo las máximas autoridades en cuanto a cómo debemos pensar, sentir y comportarnos, nos guste o nos demos cuenta o no.

La reciprocidad es otro asistente de la persuasión. Cuando recibimos cosas de los demás, sean las que sean, solemos sentir el impulso de corresponder. Cuando sentimos este impulso, nos obliga a apaciguar al otro, lo que nos hace mucho más propensos a ser persuadidos por el individuo. Cuando damos cosas a los demás, no sólo les obligamos a corresponder, sino que también les hacemos mucho más propensos a trabajar con nosotros en el futuro. La gente necesita un incentivo de algún tipo para colaborar con nuestros fines. Tiene que haber alguna manera de que una persona pueda ganar trabajando con nosotros. Al hacer favores y dar cosas a los demás, les damos ese incentivo y les instamos a que nos correspondan y hagan lo mismo con nosotros. Sin embargo, las experiencias nos afectan de forma inversamente proporcional a su distancia temporal con respecto a nosotros, por lo que cuando hacemos cosas por otras personas, éstas suelen sentirse más obligadas a corresponder justo después, y esta compulsión sólo disminuirá con el paso del tiempo.

La falacia de la mano caliente es otro fenómeno que podemos utilizar en nuestro beneficio. Se trata de una falacia por la que la gente se hace creer que, como resulta que están encontrando éxitos inmediatos, seguirán haciéndolo indefinidamente. Aunque el éxito a menudo engendra éxito, la vida es en última instancia caótica y aleatoria y las vicisitudes tienden a presentarse cuando menos lo esperamos. El modus operandi de la falacia se encuentra en la percepción (presuntamente falsa) de control que nos da.

Es muy probable que las personas estén convencidas de sus éxitos futuros cuando están experimentando éxitos. De nuevo, cuanto más cercana es una experiencia a nosotros temporalmente, más nos afecta. Este afecto se extiende a nuestras percepciones, lo que en este caso implica que los éxitos más recientes nos harán creer que tendremos mejores futuros. Para persuadir a alguien aprovechando esta falacia, debemos hacerle creer que actualmente está experimentando el éxito, y seguir insistiendo en que las cosas sólo van a mejorar para él.

El sentido del compromiso y de la coherencia nos llevará a mantener las cosas que elegimos, sean cuales sean. Cualquiera que sea la elección que hagamos en la vida, está en nuestra naturaleza mantenerla hasta que demuestre que es defectuosa, si es que lo hace. A lo largo de estas vetas que nos hemos tallado, viajaremos hasta que el cambio sea necesario.

Si intentamos persuadir a los demás, podemos utilizar su sentido del compromiso en nuestro beneficio, consiguiendo primero que acepten cosas más pequeñas y, con el tiempo, que se comprometan más y más. A la gente le desanima que se le conceda demasiada responsabilidad de golpe. En cambio, preferimos facilitar las cosas tomándonos el tiempo necesario para la transición. La persuasión es, en parte, un juego de pequeñas peticiones, cada una de las cuales se va construyendo sobre la anterior, lo que lleva a un compromiso cada vez mayor entre las partes.

Cuando tomamos una decisión, tendemos a confiar demasiado en los primeros datos que encontramos. Esta tendencia se denomina anclaje y se considera falaz porque hace que pasemos por encima de otras informaciones útiles que podrían ayudarnos en la toma de decisiones.

Una vez que se ha establecido un anclaje, también se establece un sesgo hacia su idea. De esto se deduce necesariamente que es mucho más probable que la gente se deje convencer de algo cuando se ha hecho un anclaje inicial hacia ello. Si intentamos convencer a alguien de que tome una determinada decisión, tendremos que darle una información inicial en la que pueda basar sus decisiones posteriores.

Además, el simple hecho de que nos guste otra persona nos hace mucho más receptivos a ella. Uno de los mayores defensores de la persuasión es la simple simpatía. Nunca nos influyen positivamente las personas que no nos gustan, independientemente de su carácter. Buscamos aplastar las opiniones de estas personas cada vez que nos cruzamos con ellas y, como resultado, nunca nos persuaden las cosas que dicen. Para poner a una persona de nuestro lado, tenemos que tratarla de manera que le caigamos bien, porque sin que lo haga no se puede fomentar ningún sentimiento de camaradería, y sin ningún sentimiento de camaradería nunca podremos persuadirla de nada.

Ser amable con los demás es probablemente la mejor manera de caerles bien. Recordar que hay que sonreír y permanecer con el corazón ligero alrededor de los demás hará que la gente se sienta más cómoda con nosotros, abriendo la puerta a conversaciones más amistosas y cordiales.

Siempre hay que tener en cuenta las palabras sensoriales cuando se trata de convencer a los demás. Estas palabras son algunas de las más poderosas que utilizamos, y es probable que las personas se vean más afectadas por estas palabras que por cualquier otra. Las palabras con connotaciones de estímulos sensoriales que la gente encuentra agradables pueden utilizarse para convencer a la gente a menudo sin que lo sepan. Estas palabras son algo más que simples palabras para quienes las escuchan, son experiencias reales y tangibles asociadas a experiencias sensoriales, por lo que utilizar estas palabras sabiamente puede tener un efecto sorprendentemente poderoso en los procesos de toma de decisiones de quienes las escuchan.

También tenemos un sesgo hacia la autoridad. Los pensamientos y opiniones de las figuras de autoridad suelen considerarse mucho más valiosos de lo que realmente son. Desde pequeños se nos socializa para que respetemos a las figuras de autoridad y nos tomemos en serio lo que dicen. Por eso se escucha más lo que dicen estas personas que lo que dicen otras. Aquí es donde el ethos sigue siendo importante. Para que se nos escuche, por no hablar de que seamos persuasivos, tenemos que convencer a nuestro público de que somos una especie de autoridad en lo que hablamos.

El efecto Ikea es un fenómeno por el que la gente tiende a valorar más las cosas que ha armado que las que le han llegado pre armadas. Nos enorgullecemos de lo que producimos y consideramos que estos productos son mejores y más valiosos que los de cualquier otro. Dar a la gente una sensación de participación en lo que les proponemos hará que sean mucho más receptivos a nuestras ideas porque se sentirán parte de algo que les da la palabra.

A la gente le gusta tener opciones y sentir que controla las opciones que sigue. Cuando hacemos que nuestras premisas y argumentos parezcan más personalizables para los demás, se identificarán más con lo que decimos porque estamos fomentando una especie de diálogo negociado entre nosotros y ellos. Esta sensación de unidad puede hacer que la gente sea mucho más proclive a seguirnos allá donde decidamos ir intelectualmente.

Capítulo siete: El control de las emociones

El lugar de trabajo suele ser uno de los sitios más difíciles para controlar las emociones. Por mucho que lo intentes, siempre surgen esos días difíciles. En su vida personal, sus reacciones ante situaciones estresantes son mucho más libres, pero en el lugar de trabajo, sus reacciones están sujetas al escrutinio de sus compañeros. Cualquier arrebato emocional mientras trabaja no sólo puede dañar su reputación profesional y su productividad, sino que incluso puede hacer que le despidan.

En circunstancias normales, suele ser fácil mantener la compostura en el lugar de trabajo, pero en circunstancias más estresantes, como despidos de personal, recortes presupuestarios y cambios de departamento, mantener la calma puede resultar difícil, si no imposible. En estas circunstancias, sin embargo, es aún más importante mantener la calma, ya que los jefes suelen tener en cuenta el comportamiento de sus empleados a la hora de decidir quién es despedido. Uno tiene total libertad para reaccionar ante determinadas situaciones, pero esa libertad conlleva una responsabilidad, especialmente en el lugar de trabajo.

Puede parecer fácil decidir cómo va a reaccionar en determinadas situaciones a posteriori, pero siempre es recomendable explorar técnicas para afrontar estas situaciones y emociones. Aquí hablaremos de muchas emociones negativas asociadas al empleo, así como de muchos métodos para afrontarlas.

Las emociones negativas más frecuentes entre los trabajadores son las siguientes:

Preocupación/nerviosismo, frustración/irritación, desagrado, ira/agresión, decepción/infelicidad

Y ahora nos adentraremos en algunas estrategias para lidiar con estas emociones insanas.

Preocupación/nerviosismo

Se trata de dos de las emociones más desagradables y malsanas del espectro y, por desgracia para los trabajadores, estas dos plagan prácticamente todos los lugares de trabajo. Esta ansiedad puede provenir de varias fuentes: el miedo a ser despedido, los problemas sociales, los bajos salarios, la gran carga de trabajo, etc., y agravarse con problemas en casa, o con la familia o los amigos de muchos. Una pequeña cantidad de estrés puede ser algo productivo, pero una vez que se convierte en ansiedad crónica, empiezan a surgir problemas de salud. He aquí algunos consejos para evitar la ansiedad excesiva:

Romper los ciclos de preocupación

No se rodee de ansiedad. Si puede prever que una situación o una conversación le producirá una ansiedad innecesaria, evite esa ansiedad. Intente minimizar el número de cosas que le provocan ansiedad.

Pruebe los ejercicios de respiración profunda

Estos ayudan principalmente a reducir la respiración y el ritmo cardíaco. Hay todo tipo de ejercicios de respiración profunda que puede conocer en Internet. Por ejemplo, la respiración cíclica, que consiste en inspirar durante 4 segundos y mantener la respiración durante 4 segundos, y luego espirar durante 4 segundos y mantener la respiración durante 4 segundos. Al hacer estos ejercicios, es importante concentrarse en la respiración y en nada más. Además de estos ejercicios, existen otros ejercicios de relajación física que ayudan a reducir el estrés en el trabajo, como la relajación muscular progresiva.

Centrarse en mejorar la situación

Sea lo que sea lo que le preocupa en relación con el trabajo, pensar en soluciones y hacer intentos para conseguirlas le ayudará a reducir su ansiedad en gran medida. Hacer estas cosas también le convertirá en un activo más valioso para su empresa.

Anote sus preocupaciones en un diario

El simple hecho de escribir las cosas que le molestan hará mucho por aliviar la ansiedad que las rodea. Esta técnica también ayuda a reducir los problemas de sueño y las pesadillas, ya que las preocupaciones que anotamos durante el día no suelen molestarnos por la noche. Una vez anotadas, puede programar momentos para tratar estos temas. Antes de que llegue ese momento, deje que esos problemas le abandonen y siga con su día. Cuando llegue ese momento, asegúrese de realizar un análisis de riesgos adecuado antes de poner en marcha cualquier plan.

La preocupación y el nerviosismo pueden disminuir la confianza en uno mismo y provocar complicaciones en la salud. siempre es importante alejar estas emociones negativas y mantenerse confiado y seguro.

Frustración/irritación

La frustración suele estar causada por la sensación de estar atrapado o atascado en un punto del que se quiere salir, pero no se puede. Este sentimiento puede estar causado por varias cosas, especialmente en el trabajo. Un compañero que bloquea un proyecto tuyo, un jefe demasiado desorganizado para llegar a tiempo a una reunión o una llamada telefónica que se retrasa más de lo necesario son sólo algunos ejemplos que me vienen a la mente. La frustración, sean cuales sean sus causas, debe tratarse siempre con rapidez, porque cuando no se hace puede acumularse en ira y otras emociones aún más negativas.

Sin embargo, hay muchas maneras de lidiar con esta horrible emoción, algunas de las cuales se enumeran a continuación:

Parada para evaluar

Lo mejor que se puede hacer cuando surgen sentimientos de frustración es dejar lo que se está haciendo y tomarse un tiempo para evaluarlos. Escribir las frustraciones en esta fase puede ser de gran ayuda. Una vez hecho esto, piense en algunos aspectos positivos de su situación actual. Esto mejorará su estado de ánimo y reducirá la frustración.

Busque cosas positivas

Una vez más, encontrar el lado bueno de una situación frustrante le hará ver los acontecimientos bajo una nueva luz. Este cambio en su forma de pensar mejorará su estado de ánimo, entre otras cosas. Si es una persona la que le está causando frustración, tenga en cuenta que probablemente no sea algo personal, y si se trata de un acontecimiento o una situación, probablemente pueda resolverse. Intente pasar de este paso en la medida de lo posible.

Recuerde la última vez que se sintió frustrado

Si puede recordar la última cosa por la que se sintió frustrado, probablemente pueda recordar cómo se resolvió finalmente. Mirando las cosas en retrospectiva, siempre se resuelven bien. También es probable que pueda recordar que sus sentimientos de frustración no le ayudaron mucho en esa última situación, así que asumir que le están ayudando esta vez no sería muy prudente. La perspectiva lo es todo, y muchas cuestiones pierden mucho de su importancia cuando se ven desde distintos ángulos.

No me gusta

La antipatía por ciertos compañeros de trabajo es inevitable, y cuando aparece, rara vez desaparece. Todos tenemos que trabajar con personas que nos caen mal en un momento u otro, así que cuando estas personas llegan, es importante tomar medidas para tratarlas con responsabilidad. Algunas de las mejores cosas que puede hacer en estas situaciones son

Mostrar respeto

Nunca está obligado a llevarte bien con todas las personas con las que trabajas, pero sí, en muchos sentidos, a mostrarles todo el respeto. Cuando surgen estas situaciones, el orgullo y el ego son dos cosas que debe dejar de lado, aunque la otra parte o partes no estén dispuestas a hacerlo.

Esto le permitirá salir de la experiencia con su dignidad intacta, sean cuales sean los resultados.

Sea asertivo

Si un compañero de trabajo es grosero o poco profesional con usted, no tenga miedo de decírselo. Si lo hace con seguridad y equidad, puede que se sientan inclinados a cambiar algunas de sus actitudes y comportamientos en el futuro.

Ira/agresión

La ira es posiblemente la emoción más destructiva que contiene el ser humano. Esto es especialmente cierto cuando la ira está fuera de control en el lugar de trabajo. También es una emoción que la mayoría de nosotros no manejamos muy bien. En lo que respecta al trabajo, suele haber muy poco espacio para la ira, lo cual es problemático porque gran parte de ella se lleva a casa. Controlar esta emoción es uno de los pasos más importantes para mantener cualquier trabajo, especialmente para aquellos que tienen dificultades con esto. A continuación se enumeran algunos consejos para controlar esta emoción:

Esté atento a los primeros signos de ira

Nadie más puede detectar cuando su ira se está acumulando como usted, así que detectarla a tiempo es su propia responsabilidad. Como se ha mencionado antes, usted decide cómo reaccionar ante las situaciones, así que si reacciona con ira, nadie es responsable de que eso ocurra.

Cuando surja la ira, tómese un descanso de lo que está haciendo.

Cuando empiece a enfadarse, cerrar los ojos y probar los ejercicios de respiración profunda antes mencionados puede ayudarle enormemente. Estas acciones harán mucho por interrumpir sus pensamientos de enfado y le ayudarán a poner su mente de nuevo en una vía más positiva y relajada, reduciendo las declaraciones y decisiones irracionales que se toman.

Imagínese a sí mismo cuando se enfade.

Imaginar cómo se ve y se comporta suele darle la perspectiva necesaria sobre la situación en cuestión. Por ejemplo, si tiene ganas de gritar a un compañero de trabajo, piense en cómo se veía haciéndolo: nervioso, mezquino y exigente. Con esa imagen en mente, es fácil ver que no sería un buen compañero de trabajo al tomar esa decisión.

Decepción/infelicidad

La decepción y la infelicidad son dos de las emociones más jaleadas en los lugares de trabajo modernos. Estas dos son casi iguales a la ira en cuanto a su insalubridad, de hecho, la infelicidad puede ser más insalubre. También pueden tener un impacto perjudicial en su productividad, ya que pueden dejarle exhausto y agotado, y también menos inclinado a tomar riesgos en el futuro. He aquí algunas medidas que pueden tomarse para reducir los efectos de estas horribles emociones.

Considere su mentalidad

Intente tener siempre presente que las cosas no siempre van a salir como usted quiere. Si lo hicieran, la vida se volvería prosaica y sin sentido. A veces, son la adversidad y el sufrimiento los que dan carne a la vida. No trates de evitar estas cosas, la respuesta a estos problemas está en la voluntad de afrontarlos.

Establezca y ajuste sus objetivos

La decepción puede surgir a menudo por no alcanzar un objetivo. Sin embargo, esto no suele significar que el objetivo ya no sea alcanzable. Es natural sentirse decepcionado en estas situaciones, pero siempre hay que encontrar la fuerza de voluntad para volver a levantarse. Puede, por ejemplo, mantener su objetivo, pero haciendo un pequeño cambio. Cualquier cosa que le ayude a superar las decepciones a las que se enfrenta.

Registre sus pensamientos

Un método para afrontar las emociones negativas es escribirlas. Cuando se sienta infeliz o decepcionado, intente escribir lo que le molesta, y sea específico sobre sus preocupaciones. ¿Es su trabajo lo que le molesta? ¿Un compañero de trabajo? ¿Tiene demasiada carga de trabajo? Escribir estas preocupaciones le ayudará a identificar qué es exactamente lo que le molesta y cómo puede mejorar esas áreas de preocupación. Recuerde que siempre tiene más poderes de los que cree para mejorar una situación.

Recuerde sonreír

Forzar una sonrisa en su rostro puede hacerle sentir más feliz y aliviar el estrés. Además, esta actividad también libera los neurotransmisores dopamina, endorfinas y serotonina, que reducen el ritmo cardíaco y la presión arterial. Las endorfinas liberadas también actúan como analgésicos naturales y la serotonina actúa como antidepresivo natural. Sonreír también le hará parecer más atractivo a los que le rodean, mejorando aún más las relaciones que tiene con sus compañeros de trabajo.

Ahora que se han cubierto las principales emociones que tienen efectos adversos en la mayoría de los trabajadores, veamos algunas estrategias más para lidiar con ellas:

Compartimente sus factores de estrés

Intente mantener el estrés y el equipaje del trabajo y del hogar en esos lugares respectivos. Puede utilizar técnicas mentales, como imaginar los factores de estrés encerrados en una caja por el momento. Si no intente compartimentar estos asuntos, las aguas se enturbiarán mucho en su vida personal y las cosas se complicarán mucho.

Identifique su propio discurso

Reproduzca lo que se dice a sí mismo. Al hacer esto, puede encontrarse repitiendo pensamientos y frases para sí mismo que no son necesariamente verdaderas o útiles. Intente identificar sus propios pensamientos que pueden ser engañosos o estar basados en errores de pensamiento. Hacer esto le ayudará a pasar de algunos de sus peores puntos y actitudes a una mentalidad más productiva y expansiva.

Identifique y acepte su emoción

No hay prácticamente nada que pueda hacer para controlar una emoción que ni siquiera está dispuesto a aceptar. Es como negar la existencia de una araña justo delante de sus ojos, la araña se hará cada vez más grande hasta que sea todo lo que pueda ver. Al identificar las emociones que tiene y aceptar que son una parte natural de la vida, les quita mucho poder. Al hacer esto, también se está convirtiendo en un mayor solucionador de sus propios problemas.

Afirme sus derechos

Hay muchos lugares en la vida, sobre todo en el trabajo, en los que seguramente sentirá que no tiene derechos ni control sobre lo que le ocurre. Al identificar sus derechos y sus poderes, se da una cierta perspectiva sobre las cosas que están dentro y fuera de su control. Después de tomarse un tiempo para hacerlo, puede que descubra que es mucho más poderoso de lo que cree. Esto mejorará su estado de ánimo y su confianza en sí mismo al afirmar estos derechos que tiene.

Comunicar estratégicamente

Cualquiera puede hablar de las cosas que no le gustan, pero se necesita habilidad y agallas para conseguir que se hagan las cosas para solucionar todos sus problemas. Cuando intentas comunicarte con los demás, especialmente en caso de desacuerdo, siempre es importante ser preciso en su lenguaje. Esto le permitirá comunicar sus reparos con mayor eficacia, y también disminuirá la posibilidad de tener malentendidos y discusiones acaloradas. Cuando intente transmitir un punto, intente llegar a la situación con alguna idea de lo que quiere conseguir y su probabilidad de tener una conversación productiva aumentará drásticamente. Si los demás responden emocionalmente, deje que se desahoguen y sea comprensivo. Puede que aprenda más de ellos que ellos de usted. Pídales también más detalles y probablemente los dos se acercarán a un entendimiento gracias a ello.

Sea objetivo

Intente examinar lo que le preocupa desde un enfoque analítico y otro sintético. Un enfoque analítico le ayudará a entender el problema con más profundidad y claridad, mientras que un enfoque sintético le ayudará a entender el problema dentro de la clase de todos sus posibles problemas. Es importante analizar las cosas con profundidad y enfoque, pero ver las cosas como parte de su comprensión total le ayudará a hacer conexiones y a descubrir por qué le molestan esas cosas mediante asociaciones libres.

Las emociones nunca están bien o mal, sólo se sienten. No hay que avergonzarse de sentir emociones, a menos que, por supuesto, la emoción sea una vergüenza. Las emociones siempre van y vienen y siempre son más sabias que el ego. Sin embargo, cada uno de nosotros tiene libre albedrío en cuanto a cómo reaccionar ante las vicisitudes de la vida. Controlar las emociones no siempre es fácil, de hecho, a veces resulta casi imposible. Pero esta habilidad es como cualquier otra, ya que puede mejorarse con la práctica y la diligencia.

Capítulo ocho: Ingeniería social y liderazgo

Los pensadores contemporáneos suelen subestimar la importancia de la ingeniería social y el liderazgo. La mayoría de la gente está tan absorta en manipular y derribar las estructuras jerárquicas que se olvida de averiguar cómo manifestarse dentro de estas estructuras. Tanto si se tiene una inclinación hacia el liderazgo como si no, sigue siendo importante tener un conocimiento práctico del liderazgo y de cómo funciona entre grupos de personas.

Los líderes, por encima de todo, se ayudan a sí mismos y a los demás a dar pasos para hacer lo correcto. Al hacerlo, construyen una visión inspiradora, establecen la dirección y crean nuevas posibilidades. El liderazgo consiste, en parte, en trazar la ruta hacia el futuro exitoso de su equipo. Es un reto, pero también es emocionante, dinámico e inspirador. Sin embargo, establecer la dirección del grupo no es la única responsabilidad de un líder. También tiene la obligación de guiar a su gente en esas direcciones de forma fluida y eficiente. Esta puede ser la habilidad más desafiante y que requiere más tiempo para desarrollarse.

Este capítulo y sus consejos sobre el proceso de liderazgo se basarán en el "modelo transformacional" de liderazgo propuesto por James MacGregor Burns y desarrollado por Bernard Bass. Este modelo se centra más en provocar el cambio a través de un liderazgo visionario que en los procesos directivos normativos diseñados para mantener el rendimiento actual de determinados grupos.

Una visión general del liderazgo

Los siguientes son algunos rasgos de un líder eficaz:

1. Consigue crear una visión inspiradora del futuro
2. Inspira y motiva a las personas para que se comprometan con esa visión
3. Gestiona la realización de la visión
4. Construye y entrena a un equipo, para que sea más eficaz en el cumplimiento de la visión

Un liderazgo eficaz requiere que todos estos rasgos trabajen juntos. A continuación, sería útil explorar cada uno de estos elementos con mayor detalle.

Consigue crear una visión inspiradora del futuro

En el ámbito laboral, la visión que pronostica un jefe debe ser una representación convincente, realista y atractiva de la situación en la que se quiere estar en el futuro. Esta visión debe establecer prioridades, proporcionar una dirección y un marcador a las personas para asegurar que todos sean capaces de ver si los objetivos establecidos se han alcanzado o no.

Para crear una visión fiable, los líderes deben primero evaluar y analizar su situación actual para tener una idea de hacia dónde ir. Algunos pasos que conviene dar en esta etapa son considerar la evolución de su industria en el futuro, considerar los comportamientos de sus competidores y cómo innovar con éxito para dar forma a su negocio para competir en el mercado futuro. El siguiente paso es someterse a un análisis de escenarios para evaluar la validez de su visión.

El liderazgo es, por tanto, proactivo en lugar de reactivo; mirar hacia delante, resolver problemas y evolucionar constantemente.

Una vez desarrollada la visión del líder, es necesario venderla. Para ello, tiene que hacer que la visión sea convincente. Una visión convincente permite que la gente la entienda, la adopte, la vea y la sienta. Los líderes eficaces son capaces de comunicar su visión con eficacia y claridad. Son capaces de hablar de sus visiones de forma que la gente se sienta identificada e informan a la gente de forma inspirada. Esto hace que la gente sea más receptiva a sus ideas y esté más dispuesta a seguir lo que tienen que decir.

Los valores compartidos y la creación de una visión son dos componentes principales del liderazgo. Aquellos que pueden desarrollar habilidades en estas dos áreas tienen más probabilidades de tener éxito en funciones de liderazgo.

Inspira y motiva a las personas para que se comprometan con esa visión

La base del liderazgo es una visión convincente. Sin embargo, esta visión sólo se alcanza con la capacidad del líder para inspirar y motivar a sus seguidores. Al principio de la mayoría de los proyectos, es más fácil mantener el entusiasmo, lo que a su vez facilita la obtención de apoyos que en otras fases del proyecto. Una vez que el entusiasmo inicial se desvanece es cuando resulta más difícil mantener una visión inspiradora para avanzar. Las personas cambian junto con sus actitudes y métodos de trabajo, así como sus objetivos. Un buen liderazgo requiere reconocer este fenómeno y esforzarse a lo largo de un proyecto determinado para conocer las necesidades, las esperanzas y los deseos de los demás y, al mismo tiempo, cumplir con la visión en cuestión. Es un acto de malabarismo de altruismo y pragmatismo que ayuda allí donde va.

Una forma de vincular el esfuerzo, la motivación y el resultado se conoce como teoría de las expectativas. En ella se hace hincapié en que los líderes vinculan dos expectativas principales que tienen sus seguidores. Éstas se enumeran a continuación:

La expectativa de que el trabajo duro conduzca a buenos resultados.

Y

La expectativa de buenos resultados que lleva a incentivos o recompensas.

Las personas con estas expectativas prevén recompensas tanto intrínsecas como extrínsecas y, por lo tanto, se esfuerzan más por alcanzar el éxito.

Otro enfoque consiste en reafirmar repetidamente la visión con mayor énfasis en sus recompensas y en comunicar la visión de una manera más eficaz y atractiva.

El poder de los expertos es una de las cosas más útiles que puede tener un líder. La gente está más inclinada a admirar y creer en los líderes que lo tienen porque se les considera expertos en lo que hacen. La experiencia conlleva credibilidad, respeto y prestigio. Esto también da potencialmente a las personas el derecho e incluso la obligación de liderar a otros. Tener y mostrar competencia hace que los líderes tengan más facilidad para motivar e inspirar a sus seguidores.

El carisma natural y el atractivo también pueden servir como conductos para la motivación de un líder y su influencia sobre las personas, así como otras fuentes de poder. Estas otras fuentes de poder incluyen la capacidad de asignar tareas a las personas y de pagar bonificaciones.

Gestionar el cumplimiento de la visión

Esta área de liderazgo se aplica más a la gestión que cualquiera de estos otros consejos.

Los líderes siempre tienen que asegurarse de que gestionan adecuadamente el trabajo necesario para hacer realidad su visión. Esto puede hacerlo él mismo, un gestor o un equipo de gestores delegados por el líder para que cumplan la visión del líder.

Para lograrlo, los miembros del equipo deben cumplir sus objetivos de rendimiento vinculados a la visión de la empresa. Algunos medios para garantizarlo son los KPI (indicadores clave de rendimiento), la gestión del rendimiento y la gestión de proyectos. Otra forma de garantizar el cumplimiento de la visión es un estilo de gestión denominado gestión por desplazamiento (MBWA). Este estilo garantiza que se den todos los pasos necesarios para alcanzar los objetivos.

Otro rasgo de un líder eficaz es la capacidad de gestionar bien el cambio. El liderazgo es, al fin y al cabo, una evolución constante y un ajuste a las vicisitudes del trabajo. Gestionar los cambios de forma fluida y eficaz garantiza que se alcancen todos los objetivos y se superen los obstáculos en el transcurso de la realización de la visión del líder. Sin embargo, esto sólo puede hacerse con el respaldo y el apoyo de las personas que respaldan al líder.

Construir y entrenar un equipo para lograr la visión

Algunas de las actividades más cruciales que llevan a cabo los líderes transformacionales son el desarrollo individual y del equipo. Sin ellas, el líder no tendría nada que dirigir. El primer paso en el desarrollo de un equipo que debe dar un líder es llegar a comprender la dinámica del equipo. Hay varios modelos populares y bien establecidos que pueden describirlas a los líderes, como el enfoque de los roles de equipo de Belbin y la teoría de formación, tormenta, norma, actuación y aplazamiento de Bruce Tuckman. A continuación se presenta un análisis más profundo de esta teoría:

Formando

La etapa de formación implica que un equipo se reúna al principio de una empresa para determinar los objetivos del grupo y cómo llevarlos a cabo. Los miembros tienden a ser impersonales y educados durante este periodo, ya que todos se están orientando dentro del equipo.

Asaltando

La fase de asalto es un poco más selectiva y crítica. En esta fase, el liderazgo puede ser cuestionado junto con las ideas de los miembros del grupo. Se trata de una fase muy selectiva del proceso, ya que muchos de los miembros del grupo se sentirán abrumados y desconcertados por las turbulencias y las críticas. Algunos de ellos, que no se marchan después de esta fase, también renuncian al objetivo que tienen entre manos. Y algunos simplemente no quieren hacer lo que se les pide.

Normativa

La normalización es la etapa en la que el grupo se reúne para acordar un plan singular para alcanzar el objetivo común. En esta etapa, se anima a los miembros del grupo a ceder sus ideas para la mejora del grupo y también llegan a conocerse y entenderse mejor, construyendo relaciones más fuertes. Es el trabajo hacia un objetivo común lo que une a los miembros del equipo.

Realizando

En la fase de ejecución del proceso, los miembros del grupo son capaces de trabajar para lograr el objetivo sin mucha supervisión o aportación externa. También llegan a comprender mejor las necesidades de los demás y cómo trabajar juntos para lograr el objetivo.

Aplazamiento

En la etapa de clausura, se presenta la oportunidad de reflexionar sobre los resultados exitosos y no exitosos. Los miembros del grupo pueden utilizar estos resultados para saber qué deben hacer cuando trabajen en futuras tareas. Esto ayudará a suavizar el proceso de cumplimiento de un objetivo en el futuro.

La próxima vez que se encuentre trabajando en un grupo en una determinada tarea, supervise el progreso del grupo a través de estas etapas. Los miembros del grupo tienden a pasar por estas etapas en todo tipo de órdenes diferentes. En realidad, rara vez ocurren en el orden indicado. Sin embargo, si los miembros del equipo son conscientes de las etapas por las que están pasando -lo que normalmente no es así-, entonces pueden trabajar a través de estas etapas de manera mucho más eficiente y eficaz. Si usted mismo recorre estos pasos enumerados anteriormente, le ayudará a navegar mejor por los acontecimientos de su lugar de trabajo en el futuro.

Un líder competente siempre hace todo lo posible para asegurarse de que los miembros del equipo están equipados con todas las capacidades y habilidades necesarias para hacer su trabajo y lograr la visión general. Para ello, es necesario dar y recibir retroalimentación en el día a día, así como formar y entrenar a los miembros del equipo de forma regular. Estos pasos mejorarán el rendimiento individual y del equipo de forma espectacular.

Los buenos líderes dirigen, pero los grandes líderes dirigen y encuentran el potencial de liderazgo. Al dirigir un equipo, siempre es útil encontrar capacidades de liderazgo en los demás, sea cual sea su posición actual. Esto allana el camino no sólo para la diferenciación en el estatus jerárquico, sino también para un mayor desarrollo más allá de la influencia o incluso la permanencia del líder. También puede dar al líder un ejemplo sorprendentemente útil en otros trabajadores competentes.

Los términos "líder" y "liderazgo" se utilizan a menudo de forma errónea para describir a las personas que ocupan puestos de dirección. Estas personas suelen estar muy capacitadas y tener una gran ética de trabajo, pero eso no las convierte necesariamente en grandes líderes.

En los lugares de trabajo, con demasiada frecuencia, se encumbra a personas que los demás consideran líderes, pero que en realidad son gerentes. Estos directivos no suelen ofrecer ninguna aspiración ni siquiera objetivos a largo plazo a los miembros de su equipo, lo cual está bien a corto plazo, pero acaba provocando sentimientos de falta de sentido e incluso resentimiento.

Los siguientes puntos de debate en los que habría que profundizar son la dinámica de grupo y la ingeniería social. Son ámbitos importantes que hay que conocer cuando se entra en un nuevo lugar de trabajo, o en cualquier entorno social. Aquí veremos qué son las dinámicas de grupo y qué hay que saber sobre ellas para dominarlas.

La dinámica de grupo, ignorada o no por los participantes, desempeña un papel importante en cualquier cultura, organización o unidad. Los grupos están formados por personas con ideas y perspectivas diferentes. Es muy raro que todas las personas y sus ideologías sean homogéneas dentro de un grupo determinado. De hecho, también es peligroso. En estos grupos se busca que los líderes mantengan la unidad de propósito y la cohesión de la unidad. Los lazos culturales dentro de estas unidades deben desarrollarse más en ciertos momentos que en otros. Una vez desarrollados estos lazos, hay que esforzarse más por alimentarlos.

La disfunción dentro de estos grupos se produce con la alienación entre determinados miembros. Cuando un miembro se siente condenado al ostracismo, es muy poco lo que le impide actuar de forma imprevisible. Esto es algo que se produce a veces y, cuando lo hace, el líder puede tener dificultades para mantener la objetividad, ya que la estructura de la unidad cohesionada empieza a desmoronarse. Estos suelen ser los peores períodos de caos en la historia de los grupos. Sin embargo, son estos períodos los que separan a los buenos líderes de los malos.

En todo momento, si son comprensibles o apropiados, el líder o gerente debe seguir reconociendo al miembro del equipo que causa la perturbación como parte integrante del grupo. Un mayor distanciamiento normalmente sólo conduce a una mayor perturbación. En estos momentos, sería beneficioso que el líder considerara al empleado que causa la perturbación como un empleado especial, uno que podría utilizar la ayuda o las habilidades del líder, uno que sigue siendo parte del grupo, e incluso uno que puede estar ahí para enseñar algo al líder. Una revisión de la naturaleza de la comunicación, el poder y el clima corporativo de la unidad también sería beneficiosa en estas circunstancias para comprender mejor el punto de vista del miembro del equipo y evitar más disturbios en el futuro.

Un líder también debe tener habilidades de introspección objetiva. No es aconsejable, ni siquiera posible, guiar o ayudar a otros si no se desarrollan estas habilidades. Es poner el carro delante del caballo. Un líder que reconozca sus propias inseguridades podrá percibir y reconocer más fácilmente las disfunciones del personal como síntoma de disfunciones sistemáticas. El ego estará más abierto a la racionalidad una vez que se aborden los problemas personales de forma más específica. Se necesita una persona segura y madura para decidir que el personal es, en última instancia, más importante que sus propias ideas para avanzar.

Una vez que se dan nuevos pasos después de las disfunciones, se puede progresar mucho y la empresa puede quedar a menudo mejor que antes gracias a ello. El personal puede encontrar nuevos medios de comunicación y formas de relacionarse entre sí, puede encontrar también nuevos modos de comportamiento en conjunto que podrían incluso aumentar su autoestima o bienestar general.

Afortunadamente para el líder, todos los miembros de la empresa pueden presumir de tener un jefe con una plétora de ideas y actitudes nuevas. Todos estos entresijos y normas suelen hacer que trabajar en grupo sea muy complicado a veces, pero si se cumplen todos estos pasos y cada uno pone de su parte, los beneficios del trabajo en equipo pueden ser innumerables.

Conclusión:

Gracias por llegar hasta el final de Psicología Oscura. Esperemos que este libro haya sido tan informativo y útil como sea posible. Todos tenemos un lado oscuro de nuestra psique, lo admitamos o no. Sólo aquellos que aceptan y estudian este lado oscuro pueden incurrir en los beneficios de hacerlo, y estos beneficios son algunos de los más grandes que podemos encontrar en la vida, por lo que este libro y otros como él son algunos de los mayores recursos que podemos darnos a nosotros mismos.

La psicología oscura podría describirse mejor como un estudio de la condición humana en el que se convierte en norma que las personas orillen a otras por deseos criminales y/o desviados. A menudo estos deseos carecen de un propósito específico y se basan principalmente en deseos instintivos básicos. Cada ser humano tiene el potencial y la capacidad de victimizar a otros seres humanos, así como a otras criaturas vivas, pero la mayoría de nosotros mantenemos estos deseos reprimidos para poder funcionar con éxito en la sociedad. Los que no sublimamos estas tendencias oscuras solemos ser representantes de la "tríada oscura": psicopatía, sociopatía y maquiavelismo, u otros trastornos mentales/perturbaciones psicológicas. De este modo, la psicología oscura se centra principalmente en las bases (es decir, los pensamientos, los sistemas de procesamiento, los sentimientos y los comportamientos) que se encuentran por debajo de los aspectos más depredadores de nuestra naturaleza, los mismos que van más enérgicamente a contracorriente del pensamiento moderno sobre el comportamiento humano. En este campo, tendemos a suponer que estos comportamientos más abusivos, criminales y desviados son intencionados la mayoría de las veces, aunque hay casos en los que parecen no tener fundamentos teleológicos.

La **psicología oscura** estudia las partes de nosotros mismos que ninguno quiere reconocer. En este campo, se profundiza en nuestros demonios más íntimos y se ilumina lo que preferimos no ver pero necesitamos ver. La psicología oscura acepta y abraza el lado más oscuro de la experiencia humana. En este sentido, hace lo mismo que cualquier área de estudio antropocéntrico, la única diferencia radica en la especialidad de la psicología oscura de esta realidad oscura dentro del animal humano. Sin embargo, la psicología oscura no pretende ser un desfile de villanos. Los especialistas en este campo hacen su trabajo para comprender mejor **por qué y cómo** las personas malévolas trabajan para conseguir sus fines, no por un intento de ganar fama para sí mismos o para idolatrar a los más monstruosos de entre nosotros. También es importante tener en cuenta que todos y cada uno de nosotros tenemos un lado oscuro o "malvado" de nuestra propia psicología. Si bien hay algunos otros conductos por los que podemos llegar a la realización de los contenidos de este lado, es la psicología oscura la que nos proporciona la ruta más clara en nuestro camino hacia nuestra iluminación respecto a lo oscuros que somos realmente y por qué.

En este libro se cubren las siguientes áreas con el objetivo de iluminar sus significados en nuestra vida cotidiana: los principios de la psicología oscura, los rasgos de **la "personalidad oscura"**, los estudios de la psicología oscura, la **lectura de la mente, la psicología cognitiva, los modos de persuasión, el**

control de las emociones y la ingeniería social y el liderazgo.

Cuando la mayoría de la gente piensa en el término "psicología oscura", repasa en su mente los temas del maquiavelismo, la psicopatía y la sociopatía. Son lo que se conoce como rasgos oscuros de la personalidad y son un mero microcosmos del alcance general del campo. Estos rasgos son importantes de estudiar, ya que es probable que todos conozcamos a personas que los muestran, y que algunos de nosotros los mostremos nosotros mismos. Esta es sólo un área de la psicología oscura que se cubre en profundidad dentro de este libro.

La **lectura de la mente** y los modos de persuasión son otras dos áreas en las que se profundiza aquí. Prácticamente cualquier persona puede beneficiarse enormemente del estudio de estas dos áreas, por lo que aquí se incluyen también algunos consejos y técnicas útiles sobre cómo leer lo que piensan los demás y cómo persuadirlos para que colaboren con nuestros fines, entre otras muchas cosas.

Gracias

Muchas gracias por leer mi libro.

Espero que esta colección te haya ayudado a comprender mejor la manipulación.

Así que GRACIAS por recibir este libro y por llegar hasta el final.

Antes de irte, quería pedirte un pequeño favor.

¿Podría considerar publicar una reseña en Amazon o si decide obtener la versión Audible GRATIS (instrucciones en otra página)?

Publicar una reseña es la mejor y más fácil manera de apoyar el trabajo de autores independientes como yo.

Tus comentarios me ayudarán a seguir escribiendo el tipo de libros que te gustan.

>> **Deja una reseña en Amazon US** <<

Técnicas Secretas de Manipulació:

Las 7 técnicas más poderosas para influir en la gente, persuasión, control mental, lectura de personas, PNL. Cómo analizar a las personas y el lenguaje corporal.

Índice de contenidos

Este libro se ofrece con el único propósito de proporcionar información relevante sobre un tema específico para el que se han hecho todos los esfuerzos razonables para garantizar que sea preciso y razonable. No obstante, al comprar este libro, usted acepta que el autor y el editor no son en absoluto expertos en los temas que contiene, independientemente de las afirmaciones que puedan hacerse al respecto. Por lo tanto, cualquier sugerencia o recomendación que se haga en este libro se hace con fines de entretenimiento. Se recomienda consultar siempre a un profesional antes de poner en práctica cualquiera de los consejos o técnicas que se exponen.

Se trata de una declaración jurídicamente vinculante que es considerada válida y justa tanto por el Comité de la Asociación de Editores como por el Colegio de Abogados de Estados Unidos y que debe considerarse jurídicamente vinculante dentro de este país.

La reproducción, transmisión y duplicación de cualquiera de los contenidos aquí encontrados, incluyendo cualquier información específica o ampliada, se realizará como un acto ilegal independientemente de la forma final que adopte la información. Esto incluye las versiones copiadas de la obra, tanto físicas como digitales y de audio, a menos que se cuente con el consentimiento expreso de la Editorial. Quedan reservados todos los derechos adicionales.

Además, la información que se encuentra en las páginas que se describen a continuación se considerará exacta y veraz a la hora de relatar los hechos. Por lo tanto, cualquier uso, correcto o incorrecto, de la información proporcionada dejará al editor libre de responsabilidad en cuanto a las acciones realizadas fuera de su ámbito directo. En cualquier caso, no hay ninguna situación en la que el autor original o la editorial puedan ser considerados responsables de ninguna manera por cualquier daño o dificultad que pueda resultar de cualquier información discutida aquí.

Además, la información contenida en las páginas siguientes tiene únicamente fines informativos, por lo que debe considerarse universal. Como corresponde a su naturaleza, se presenta sin garantía de su validez prolongada ni de su calidad provisional. Las marcas comerciales que se mencionan se hacen sin el consentimiento por escrito y no pueden considerarse en ningún caso un respaldo del titular de la marca.

Introducción

Alguna vez se ha preguntado cómo algunas personas pueden conseguir que otras hagan lo que ellas quieren, independientemente de que la otra persona quiera hacerlo o no. Existe una cualidad tácita casi hipnótica que hace que las personas realicen la acción deseada. Pueden ser sus palabras, su lenguaje corporal, su voz, sus estrategias furtivas o una combinación de todas ellas. El resultado final es que siempre tienen a la gente comiendo de sus manos y haciendo lo que quieren. Aunque todos hemos manipulado a la gente de una forma u otra en distintos grados a lo largo de nuestra vida, algunas personas dominan el arte de manipular, influir y persuadir a la gente para que realice la acción deseada.

Aunque las cosas parezcan de color de rosa y bonitas por fuera, incluso con una crianza ideal, una gran educación y una carrera estelar, todos hemos sido víctimas de tácticas desagradables utilizadas por personas para salirse con la suya aprovechándose de nuestros sentimientos, nuestra autoestima y nuestras emociones. Todos hemos formado parte de relaciones manipuladoras en las que los hilos de nuestros sentimientos y emociones eran controlados hábilmente por otra persona para satisfacer sus necesidades.

Aunque los seres humanos en general prosperan con el amor, la bondad y la gratitud, no se puede negar que es una especie egocéntrica. Sí, somos egoístas por naturaleza. Aunque no creas que ser egoísta o servicial es un rasgo negativo. ¿Por qué no habríamos de pensar en nosotros mismos? Sin embargo, algunas personas llevan este egocentrismo demasiado lejos. En su intento de satisfacer sus necesidades, pisotean los sentimientos y las emociones de los demás.

Cuando la gente empieza a recurrir a técnicas intencionadas, calculadas y astutas para salirse con la suya es lo que la convierte en malvada. La intensidad de esto puede variar de una persona a otra dependiendo de su crianza, entorno, personalidad, experiencias, educación y varios otros factores.

Todos somos culpables de utilizar la manipulación en algún momento, a menudo sin darnos cuenta. Del mismo modo, a menudo somos manipulados por personas cercanas a nosotros sin darnos cuenta de que estamos siendo víctimas de la manipulación. Y esto es precisamente lo que la hace tan siniestra e insidiosa. Nos hacen pensar, sentir y actuar de una manera determinada para satisfacer la necesidad de otra persona sin tener en cuenta nuestras emociones.

Por ejemplo, puede que le hagan sentir culpable por trabajar duro o por dedicar muchas horas al trabajo, aunque lo haga para construir un futuro para sus seres queridos. O le harán sentir que es una persona irresponsable por tomarse un descanso de las tareas domésticas y soltarse la melena con los amigos.

La cruda realidad de la manipulación es que se origina en personas que están lidiando con problemas relacionados con la seguridad, la autoconfianza y la comodidad. Intentan forzar su suerte en un intento de sujetar a otras personas por miedo a perderlas. Los manipuladores actúan desde un profundo sentimiento de inseguridad. Irónicamente, no se dan cuenta de que, en su intento de controlar a las personas por miedo a perderlas, acaban haciendo precisamente eso. Perder a la gente.

Otras veces, los manipuladores simplemente se aprovechan de la gente para servir a sus propósitos egoístas y degolladores. Son fríos, calculadores y despiadados en sus actos. No tienen en cuenta los sentimientos y las emociones de sus víctimas. Según ellos, el mundo es un "perro come perro", y para sobrevivir creen que tienen que utilizar a otras personas.

Los manipuladores operan con el punto de vista de que tienen que alcanzar su fin por cualquier medio que sea, y si eso acaba perjudicando a algunas personas en el camino, que así sea. Son personas a las que hay que vigilar activamente y evitar.

El propósito de este libro es que conozcas los trucos furtivos que la gente utiliza para manipular a los demás. Pretende descubrir cómo la gente utiliza la manipulación emocional, el control mental y la persuasión para satisfacer sus propias necesidades.

Cuando es capaz de identificar las técnicas manipuladoras inteligentes, le resulta más fácil protegerse de ellas. Aprenderá a leer las señales de advertencia de la manipulación y a utilizar técnicas prácticas para salvaguardar sus emociones y su confianza en sí mismo, logrando así una completa inmunidad contra las tácticas astutas de la gente.

La manipulación es muy diferente de la persuasión. Mientras que la persuasión otorga a la otra persona el derecho a elegir su respuesta a una situación concreta, la manipulación sí da a la víctima el derecho a elegir. La manipulación sólo tiene un camino: el que el manipulador quiere que tomes.

Sólo hay una "elección correcta": la elección del manipulador. No hay ninguna consideración o preocupación por sus deseos, elecciones y emociones. Pagarás con el infierno si no eliges la opción que ellos quieren que elijas.

Las tácticas típicas de manipulación incluyen

-Complaining

-Víctima del juego

-Inducción de la culpa

-Comparando

-Ofrecer excusas y racionalizar

-Soberbia ignorancia

-Chantaje emocional

-Evasión

-Demostrar una falsa preocupación

-Subir a la gente

-Culpar a los demás y utilizar defensas del tipo "¿quién soy yo?

-Mentira

-Negando

-Falsos halagos

-Intimidación

-Dar la ilusión del desinterés

-Vergüenza

- Utilizar las técnicas de entrada en la puerta

y más

¿Se ha preguntado alguna vez cómo algunas personas pueden conseguir que otras hagan exactamente lo que quieren? ¿O cómo consiguen un gran número de seguidores que están más que dispuestos a estar de acuerdo con ellos o a seguir sus instrucciones? ¿Cuáles son las habilidades vitales secretas que estas personas utilizan en el mundo real para influir en la gente y conseguir que acepten cosas?

Dominar el fino arte de ganar e influir en la gente es una ventaja para la vida. Le permite sacar lo mejor de los demás, los anima a ver las cosas desde su perspectiva y, en última instancia, les ayuda a hacer exactamente lo que usted quiere.

Es importante entender que ninguna de las técnicas descritas en el libro entra dentro de las estrategias del arte oscuro de persuadir a la gente. Influir en la gente no consiste en destruir su autoestima para sentirse bien consigo mismo.

Al contrario, se trata de construirlos animándolos e inspirándolos. Existen múltiples estrategias psicológicas para influir en las personas sin que se sientan mal consigo mismas. Adoptamos un enfoque enormemente positivo y constructivo cuando se trata de ser un increíble influenciador y de influir en las personas en la dirección correcta.

¿Se pregunta por qué algunos influencers inspiran a un grupo de seguidores que se desviven por complacerles mientras que otros apenas consiguen que la gente reconozca sus instrucciones? Se trata de crear una conexión que impulse a la gente en la dirección correcta. Por mucho que los escritores de psicología pop no quieran que lo creas, influir en la gente es más que un montón de trucos psicológicos. Se trata de profundizar en las emociones de las personas, en su subconsciente y en sus motivaciones más imperiosas.

Según una leyenda que circula, Benjamín Franklin quiso una vez complacer a un hombre que no le gustaba mucho. Se adelantó y le pidió al hombre que le prestara (a Franklin) una rara publicación. Cuando Franklin la recibió, le dio las gracias amablemente. El resultado: los dos se hicieron grandes amigos.

En palabras de Franklin, "Aquel que ha hecho una vez una amabilidad estará más dispuesto a hacer otra que aquel a quien tú mismo has obligado". Actos aparentemente pequeños como (dar las gracias o ser amable) llegan muy lejos a la hora de forjar lazos en los que la gente le quiera de verdad y le escuche.

¿Ha oído hablar de la hipnosis conversacional? El término ha cobrado mucha fuerza recientemente y no es más que una serie de técnicas utilizadas para influir inconscientemente en el comportamiento de un individuo o grupo de tal manera que crean que su opinión ha cambiado con su propia voluntad.

Por supuesto, esta área de persuasión/influencia en las personas cae en la zona gris. Influir en las personas haciéndoles creer que es por su voluntad puede ser engañoso. Cada persona debe determinar si quiere utilizar estos trucos de forma ética o no. Sin embargo, hay un montón de técnicas probadas de sombrero blanco para empezar a hablar y comportarse de una manera que haga que la gente se siente y tome nota.

La comunicación eficaz es la base de sus encuentros personales y profesionales. Las palabras, las acciones y los gestos que utiliza para conectar con la gente les ayudan a entenderle y le facilitan influir en sus acciones a su favor.

Influir sutilmente en la gente consiste en ser un comunicador poderoso, un influenciador carismático y un individuo persuasivo. Hay montones de maneras de conseguir que la gente esté de acuerdo contigo sin ser argumentativo o negativo. Este libro le dice cómo hacerlo. Le ayuda a entender cómo reaccionan las personas ante diferentes estímulos, qué los lleva a hacer lo que hacen y cómo animarles/inspirarles de forma positiva. Empecemos ahora mismo.

Ahora que eres bastante competente en la identificación de tácticas de manipulación emocional y encubierta, vamos a entender qué lleva a las personas a manipular a los demás. Esto puede ayudarle a tratar con ellos de forma más eficiente.

Todos hemos sido víctimas de todo tipo de cosas, desde la mentira patológica, pasando por hacernos sentir inadecuados, hasta sufrir horribles campañas de desprestigio. Están más allá de las normas razonables de comportamiento humano. ¿Qué hace que las personas se conviertan en siniestros manipuladores? ¿Qué lleva a los manipuladores a utilizar las tácticas que utilizan? ¿Qué los lleva a desafiar las normas de comportamiento humano y a recurrir a técnicas turbias para salirse con la suya?

La manipulación es un arma de doble filo con connotaciones en gran medida negativas. Sin embargo, en determinadas circunstancias, también puede utilizarse para cumplir un propósito final positivo cuando ninguna otra táctica directa resulta eficaz. Este manual de manipulación no sólo le proporcionará un tesoro de consejos de manipulación y persuasión, sino también consejos para tratar con los manipuladores en la vida diaria y, especialmente, en las relaciones interpersonales. He adoptado una visión global de la manipulación como un martillo que puede usarse para destruir cosas o para golpear un clavo en la pared. Piense en ella como una herramienta poderosa: puede utilizarla para construir algo o para destruirlo. La forma de utilizar la manipulación está en sus manos. Mientras que, por un lado, se le ofrecen un montón de técnicas de manipulación para influir en la gente, por otro, hay consejos para salvaguardarle de la manipulación siniestra o negativa.

Siga leyendo para conocer más a fondo lo que hace que las personas manipulen a los demás de una forma que nunca imaginaría.

¿Por qué la gente manipula?

Los manipuladores viven constantemente bajo el miedo y la inseguridad. ¿Y si esto no sucede? ¿Y si mi pareja me deja por otra persona? ¿Y si alguien se impone sobre mí? Quieren ganar y controlar todo el tiempo para combatir una sensación inherente de miedo.

¿De dónde surge este miedo? Tiene su origen en un profundo sentimiento de indignidad. Esto se traduce simplemente en que ciertamente no soy digno de las cosas y personas buenas de la vida, por lo que estas cosas y personas me abandonarán. Para evitar que me abandonen, debo recurrir a algunas técnicas solapadas que me den el control absoluto sobre las personas y las cosas que creo que no merezco. En resumen, el mensaje subyacente es: ¡no me merezco o no soy digno de las personas y las cosas!

Miedo

¿Por qué una persona utiliza la manipulación para cumplir con su propia agenda? Simple, ¡miedo!

Es obvio que los manipuladores temen que nunca podrán obtener el resultado deseado con sus propias habilidades. Que si actúan con ética, la gente y la vida no les recompensarán positivamente. Operan desde el punto de vista de que la gente es la vida y la gente está posicionada en su contra. Los manipuladores temen a todo el mundo como su enemigo y creen que la vida no les será necesariamente favorable si actúan favorablemente.

Tienen miedo de que los recursos sean limitados y de que, si no ganan algo, lo hagan otros. Piensan que es un universo de "perro come perro" en el que hay que controlar a la gente para que les ayude a conseguir el resultado deseado. Este control puede ser de cualquier forma: emocional, psicológico, financiero o práctico. Quieren controlar a la gente para poder lograr su agenda deseada y dejar de lado su miedo.

Baja o nula conciencia

La falta de conciencia es otra razón fundamental para la manipulación. Cuando una persona no se da cuenta de que es responsable de su propia realidad, hay una mayor tendencia a operar sin conciencia. Los manipuladores no creen que exista un sistema justo. Además, han dejado de evolucionar. No aprenden de las experiencias anteriores ni tratan de lograr un estado de congruencia entre las emociones internas y la vida externa.

Consideran la manipulación como un mundo seguro para obtener el resultado deseado, a pesar de que estos resultados no les han aportado satisfacción en el pasado. Emocional y psicológicamente siguen volviendo al punto de partida de vez en cuando, sin aprender nunca la lección. Para evitar esta lección, crearán otra razón para manipular. Así, quedan atrapados en un círculo vicioso de indignidad o insatisfacción y luego crean otra necesidad de manipulación.

La manipulación no es rentable más allá del breve arreglo inicial, ya que la acción manipuladora no es auténtica, equilibrada ni eficaz. Es una reacción de defensa ante la percepción de dolor, indignidad, miedo o inseguridad. Al ser manipuladora, la persona intenta compensar estas emociones.

La manipulación es un acto deliberado que no está alineado con la conciencia de la persona ni con el bien mayor. La persona no opera con un entendimiento de "somos uno", lo que significa que busca ganar a través de la manipulación mediante la autenticidad en lugar de la no autenticidad. Todo lo que se gana a través de la no autenticidad sólo conduce a victorias estrechas, problemas continuos, vacío o miedo, e indignidad. Esto crea una sensación de indignidad aún mayor. De nuevo, la indignidad es el miedo a no ser digno del amor y la aceptación de los demás.

Las personas manipuladoras no aprenden, evolucionan ni se dan cuenta del poder de la autenticidad. La falta de comprensión del poder real de la autenticidad y la valía proviene de saber que uno es apreciado y aceptado por lo que realmente es. En esencia, un sentimiento de indignidad es a menudo el núcleo de la manipulación.

No quieren pagar el precio que conlleva alcanzar sus objetivos

Las personas suelen manipular para satisfacer sus necesidades porque no quieren pagar el precio que conlleva su objetivo. A menudo se esfuerzan por lograr el objetivo o servir a su propósito sin querer devolver o pagar el precio a cambio.

Por ejemplo, si no quiere que su pareja le deje, la relación requerirá trabajo. Tendrá que dar a su pareja amor, compasión, comprensión, tiempo, lealtad, ánimo, inspiración, un futuro seguro y mucho más.

Un manipulador puede no querer que su pareja le deje, pero no quiere pagar el precio de mantener una relación feliz, segura y sana, en la que la pareja nunca le deje. Puede que no quieran ser leales o pasar mucho tiempo con su pareja, y sin embargo esperan que se quede. Cuando las personas no están dispuestas a pagar el precio de conseguir lo que quieren, pueden recurrir a la manipulación o a técnicas turbias para conseguir esos objetivos sin pagar el precio que conllevan.

Del mismo modo, si una persona manipuladora quiere ser ascendida en su lugar de trabajo, en lugar de trabajar duro, quedarse más allá de las horas de trabajo, mejorar sus habilidades o conseguir un título, simplemente manipulará su camino hacia el puesto. La persona no está dispuesta a pagar el precio o a hacer lo necesario para ser promovida.

A veces, está muy arraigado en la psique de una persona que los deseos son malos o que no debería tener ningún deseo, ya que le hace parecer egoísta. La manipulación se convierte entonces en una forma de conseguir lo que desean o necesitan sin siquiera pedirlo.

Los manipuladores saben que todo tiene un precio. Una persona no les hará un favor sin esperar un favor a cambio. No seguirán recibiendo cosas si no demuestran amabilidad y gratitud. Una persona no los amará o tendrá sexo con ellos sin obtener compromiso, lealtad y amor a cambio. Los manipuladores tratan de tentar la suerte intentando conseguir algo sin pagar el precio que conlleva. A menudo es una salida fácil.

Piensan que no les van a pillar

Otra razón por la que las personas manipulan es que creen que pueden salirse con la suya con sus actos furtivos y que las víctimas no se darán cuenta de que están siendo manipuladas. También confían en que la víctima no puede hacer nada aunque se descubra su tapadera de manipulación.

¿Qué es lo que hace que los manipuladores sientan que no van a ser descubiertos? Algunas personas parecen intrínsecamente despistadas, vulnerables, inseguras e ingenuas. Este es el tipo de personas de las que se aprovechan los manipuladores. Creen que una persona que tiene poca confianza en sí misma, un bajo sentido de la autoestima o que no tiene ni idea de cómo funciona el mundo es menos probable que se dé cuenta de que está siendo manipulada.

Además, los manipuladores saben que en caso de que se descubra su tapadera de manipulación, la víctima no podrá hacer mucho. Eligen astutamente objetivos con poca confianza en sí mismos, autoaceptación, imagen corporal o sentido de la autoestima. Es más fácil jugar con las vulnerabilidades de estas personas que con las personas asertivas y seguras de sí mismas que no permiten que se aprovechen de ellas.

Por ejemplo, digamos que una persona tiene poca conciencia de la dinámica social, no entiende las bromas con facilidad, no identifica una broma a tiempo, no es capaz de diferenciar entre la cortesía genuina y las insinuaciones sexuales, no puede distinguir cuando alguien se siente realmente atraído por él o simplemente quiere irse a la cama con él y otras dinámicas sociales e interpersonales similares son más propensas a ser manipuladas.

Los manipuladores son muy conscientes de que sus víctimas no pueden hacer nada si ni siquiera se dan cuenta de que se está abusando de sus debilidades. A menudo se aprovechan de la falta de conocimiento de sus víctimas diciendo que se están imaginando cosas o inventando algo. Una persona ya despistada e insegura es menos probable que cuestione esta idea. Cuando uno ya se tambalea bajo los sentimientos de inseguridad, despiste y vulnerabilidad, ¿qué tan difícil es para el manipulador aprovecharse de estos sentimientos reforzándolos aún más? Manipuladores

Los manipuladores manipulan porque creen que pueden herir o molestar a sus víctimas más de lo que las víctimas pueden herir o molestar a ellos. Casi siempre se dirigen a personas que parecen agradables y vulnerables. Cuando las personas son ajenas a la deshonestidad que existe en las relaciones sociales, no están realmente acostumbradas a las lealtades deshonestas. Esto no les proporciona los medios para enfrentarse o contrarrestar la deshonestidad, lo que les hace menos conscientes de que están siendo manipulados.

No son capaces de aceptar sus defectos

Cuando las personas son incapaces de asumir sus defectos o no aceptan la responsabilidad o la rendición de cuentas por las faltas, existe una necesidad inherente de hacer que los demás se sientan menos que ellos.

Si los manipuladores no son lo suficientemente buenos o se sienten miserables sobre sí mismos, existe el deseo de hacer que otros se sientan igualmente indignos o miserables sobre sí mismos. Cuando una persona cree que es indigna de alguien, manipulará a la persona para que se sienta indigna también, de modo que pueda obtener el control sobre su percepción de que necesita al manipulador en su vida para sentirse digno. Al menospreciar a los demás o ganar control sobre ellos, experimentan una forma de pseudo superioridad. Si no pueden ser lo suficientemente buenos para los demás, hagamos que los demás sientan que no son lo suficientemente buenos también para mantener el control sobre ellos.

En efecto, los manipuladores no quieren que sus víctimas se den cuenta de que ellos (los manipuladores) no son lo suficientemente buenos o no son dignos de ellos (las víctimas). Por lo tanto, el manipulador cultivará cuidadosamente un sentimiento de impotencia e indignidad dentro de la víctima para mantenerla enganchada a él/ella. Si una persona se da cuenta de que es más atractiva, inteligente, rica, capaz, eficiente, autosuficiente, etc., mayores serán sus posibilidades de dejar al manipulador. Por otro lado, si el manipulador les inyecta la sensación de no estar "completos", necesitarán a alguien que los "complete".

Los manipuladores no son capaces de aceptar sus defectos ni de enfrentarse a las críticas. A menudo se enfrentan a problemas psicológicos profundos o a inseguridades. Al manipular a los demás, no tienen que enfrentarse a sus propias inseguridades para sentirse superiores a los demás. Para alguien que opera con una perspectiva tan estrecha, incluso una pequeña corrección, retroalimentación o crítica puede parecer una gran derrota.

Las personas que manipulan no saben cómo afrontar la derrota. Si duda en dar su opinión porque la persona se pone a la defensiva o saca las cosas de quicio o no se toma las cosas con el espíritu adecuado, puede ser una señal de que está tratando con alguien que no puede aceptar las críticas.

Observe que los manipuladores rara vez expresan sentimientos de gratitud o agradecimiento. Les resulta difícil ser agradecidos con los demás porque, en su opinión, al hacerlo están aumentando su sensación de estar obligados con otra persona, lo que no les da ventaja en ninguna relación.

Por ejemplo, si le hace a alguien un gran favor, se siente obligado a devolverlo, lo que le sitúa por encima de él en la dinámica de la relación hasta que le devuelva el favor. Los manipuladores no quieren darle ventaja sintiéndose obligados. Por lo tanto, demostrarán un mínimo de agradecimiento para que no crea que ha hecho algo enorme por ellos o que están obligados a usted. La idea es estar siempre por encima de usted y esta sensación de estar en deuda no les hace sentirse superiores.

Evitar la aceptación de sus defectos

Cuando las personas son incapaces de asumir sus defectos o no aceptan la responsabilidad o la rendición de cuentas por las faltas, existe una necesidad inherente de hacer que los demás se sientan menos que ellos.

Si los manipuladores no son lo suficientemente buenos o se sienten miserables sobre sí mismos, existe el deseo de hacer que otros se sientan igualmente indignos o miserables sobre sí mismos. Cuando una persona cree que es indigna de alguien, manipulará a la persona para que se sienta indigna también, de modo que pueda obtener el control sobre su percepción de que necesita al manipulador en su vida para sentirse digno. Al menospreciar a los demás o ganar control sobre ellos, experimentan una forma de pseudo superioridad. Si no pueden ser lo suficientemente buenos para los demás, hagamos que los demás sientan que no son lo suficientemente buenos también para mantener el control sobre ellos.

En efecto, los manipuladores no quieren que sus víctimas se den cuenta de que ellos (los manipuladores) no son lo suficientemente buenos o no son dignos de ellos (las víctimas). Por lo tanto, el manipulador cultivará cuidadosamente un sentimiento de impotencia e indignidad dentro de la víctima para mantenerla enganchada a él/ella. Si una persona se da cuenta de que es más atractiva, inteligente, rica, capaz, eficiente, autosuficiente, etc., mayores serán sus posibilidades de dejar al manipulador. Por otro lado, si el manipulador les inyecta la sensación de no estar "completos", necesitarán a alguien que los "complete".

Los manipuladores no son capaces de aceptar sus defectos ni de enfrentarse a las críticas. A menudo se enfrentan a problemas psicológicos profundos o a inseguridades. Al manipular a los demás, no tienen que enfrentarse a sus propias inseguridades para sentirse superiores a los demás. Para alguien que opera con una perspectiva tan estrecha, incluso una pequeña corrección, retroalimentación o crítica puede parecer una gran derrota.

Las personas que manipulan no saben cómo afrontar la derrota. Si duda en dar su opinión porque la persona se pone a la defensiva o saca las cosas de contexto o no se toma las cosas con el espíritu adecuado, puede ser una señal de que está tratando con alguien que no puede aceptar las críticas.

 Observe que los manipuladores rara vez expresan sentimientos de gratitud o agradecimiento. Les resulta difícil ser agradecidos con los demás porque, en su opinión, al hacerlo están aumentando su sensación de estar obligados con otra persona, lo que no les da ventaja en ninguna relación.

Por ejemplo, si le hace a alguien un gran favor, se siente obligado a devolverlo, lo que le sitúa por encima de él en la dinámica de la relación hasta que le devuelva el favor. Los manipuladores no quieren darle ventaja sintiéndose obligados. Por lo tanto, demostrarán un mínimo de agradecimiento para que no crea que ha hecho algo enorme por ellos o que están obligados a usted. La idea es estar siempre por encima de usted y esta sensación de estar en deuda con su persona no les hace sentirse superiores.

Capítulo uno: Manipulación emocional

Aunque todo el mundo es culpable de utilizar la manipulación (a sabiendas o sin saberlo) en algún momento, lo que diferencia a los manipuladores emocionales es que habitualmente pisotean las emociones y los sentimientos de las personas para servir a sus propias necesidades egoístas. Para algunas personas es una forma de vida utilizar los sentimientos de los demás en un intento de aumentar su control psicológico o su superioridad sobre la persona.

1. Jugar con los miedos de la gente. Los manipuladores emocionales tienden a exagerar los hechos y a resaltar sólo puntos específicos en un intento de infundirte miedo. Por ejemplo, un hombre que no quiere que su mujer siga una carrera a tiempo completo fuera de casa puede decirle algo como "las investigaciones revelan que el 60% de los divorcios se producen cuando ambos cónyuges tienen una carrera a tiempo completo", ocultando disimuladamente que puede haber otras razones que no sean la carrera o el trabajo de la mujer. Esto

está inteligentemente construido para aprovecharse del miedo de la mujer a perder la relación si cede a sus ambiciones.

2. Las acciones y las palabras no deben coincidir. Los manipuladores emocionales le dicen exactamente lo que creen que quiere oír, pero rara vez lo acompañan con acciones. Prometen compromiso y apoyo. Sin embargo, cuando llegue el momento de cumplir su compromiso, le harán sentir culpable por plantear exigencias poco razonables.

En un momento dado, le dirán lo afortunados que son por conocer a una persona como tú, y al siguiente le criticarán por ser una carga. Esta es una táctica inteligente para socavar la creencia de una persona sobre su cordura. Los manipuladores emocionales seguirán diciendo cosas que se ajusten a su propósito y, de repente, moldearán una percepción contraria haciendo lo contrario de lo que dijeron para desequilibrar la cordura.

Esto también tiene un precio, que reclamarán furtivamente en el futuro. Como manipulador emocional, recuerde constantemente a las personas cómo les ha ayudado y lo utiliza como palanca para que se sientan obligadas consigo. Si les recuerda constantemente un favor que les hizo voluntariamente, hará que la otra persona sienta que le debe algo, hay muchas probabilidades de que esté siendo manipulado emocionalmente.

3. Convertirse en maestros de la distribución de la culpa. Pocas personas aprovechan el poder de la culpa como los manipuladores practicados. Los manipuladores emocionales inducen el sentimiento de culpa en otras personas para satisfacer sus necesidades. Si alguien saca a relucir un tema que le ha molestado durante la discusión, los manipuladores le hacen sentir culpable por sentirse como se siente, por muy justificados que parezcan estos sentimientos. Los manipuladores emocionales hacen que la gente se sienta culpable por mencionar el tema. Cuando alguien no menciona el tema, le hacen sentir miserable por no ser abierto y hablar de ello.

Sigue haciendo sentir la culpa en usted, independientemente de la dirección de los pensamientos y acciones de la otra persona. De una forma u otra, encuentra razones para hacerle sentir culpable. Cualquier cosa que decidan hacer está mal. Independientemente de los problemas que la otra persona pueda tener colectivamente, un manipulador emocional siempre le hará sentir que es sólo culpa suya. Los manipuladores culpan a la gente de todo lo desafortunado que ocurre en su vida y construyen un fuerte sentimiento de culpa en su interior. Si quiere conseguir que la gente haga lo que usted quiere, induzca un sentimiento de culpa y arrepentimiento. La culpa es una de las fuerzas de manipulación más fuertes que impulsan a las personas a profundizar y ceder a lo que usted desea que hagan.

Los manipuladores emocionales se aprovechan de sus víctimas haciéndose pasar por ellas. Hacen creer a sus víctimas que la culpa es siempre suya, independientemente de si son realmente responsables o no. La culpa siempre se asigna a la víctima y el manipulador se hace pasar por ella. Esto se hace con el fin de desplazar la responsabilidad de las deficiencias del manipulador para culpar a la víctima, lo que se hace con la intención de inducirla a la culpa. Cuando la víctima se siente culpable de la situación desagradable, es más sencillo para el manipulador conseguir que tome la acción deseada.

Los manipuladores se concentran en cómo la otra persona les hizo hacer algo o cómo es la culpa de la otra persona por la que ellos (los manipuladores) están sufriendo. Siempre es la otra persona la que hace que el manipulador esté enfadado, herido y molesto. Como manipulador, rara vez acepta la responsabilidad de sus propias acciones.

Veamos un ejemplo para ilustrar mejor esta estrategia de manipulación emocional. Su pareja está enfadada con usted por haber olvidado su aniversario. Lo razonable sería disculparse por la metedura de pata y compensarle más tarde con una sorpresa o un buen regalo. Sin embargo, los manipuladores recurren al juego de la culpa. La culpa se invierte en dirección a la otra persona. Se hace que la otra persona se sienta culpable por haberle hecho sentir tan mal por haber olvidado un aniversario. Se tiende a introducir un sentimiento de culpa para que la otra persona haga lo que tú quieres.

Así que para justificar el olvido de su aniversario ante su pareja e inducir un sentimiento de culpa, puede hablar de lo estresado, cansado, ocupado y agotado que ha estado, y de lo desconsiderado que es por su parte culparte de olvidar un aniversario cuando últimamente ha estado trabajando muy duro en un proyecto. En efecto, hemos hecho que la otra persona se sienta culpable por una expectativa razonable. Se le da la vuelta a la tortilla para que no asuma la culpa de haber olvidado el aniversario.

Sin embargo, los manipuladores empedernidos no se detendrán ahí, sino que irán un paso más allá y repasarán todos los casos en los que la otra persona ha olvidado ocasiones importantes en un intento de justificar sus propios olvidos. Hace sentir a la otra persona que es realmente su culpa por esperar que recuerde todas las fechas cuando está estresada con el trabajo. Actúa como una especie de justificación de sus olvidos. Los maestros de la manipulación saben cómo tejer un sentimiento de culpa en la conciencia de la otra persona para llevarla a realizar la acción prevista. Utilizan generosamente la culpa y el sentimiento de culpabilidad para satisfacer sus necesidades.

Por ejemplo, supongamos que una persona saca a relucir algo que le ronda por la cabeza desde hace tiempo. Lo más probable es que los manipuladores les hagan sentir que están haciendo una montaña de un grano de arena, y que no es gran cosa. Hacen que la otra persona se sienta culpable por hacer un problema de un asunto aparentemente sin importancia. En lugar de aceptar sus problemas y comprometerse a trabajar en ellos, se da la vuelta a la tortilla para que la otra persona se sienta culpable por mencionar el problema o sus verdaderos sentimientos. Esta técnica de manipulación se utiliza sobre todo en las relaciones personales, cuando una persona se abre a la otra, y ésta le devuelve la palabra y le culpa por sacar a relucir algo tan trivial.

Hace que la otra persona se sienta culpable de todo lo que hace. Si permanece en silencio, le acusa de no compartir sus sentimientos o de no confiar en usted para resolver sus problemas. Si resulta que comparte sus sentimientos, le culpa de crear problemas donde no los hay. Hay una constante agitación de la culpa para hacer sentir a la otra persona que siempre tiene la culpa para cumplir con su propia agenda.

Todas las acciones de la otra persona se le atribuyen o se presentan/posicionan como su culpa hasta que se ajustan a su agenda. Al mismo tiempo, Se pone en el papel de la desafortunada víctima. Inducir un sentimiento de culpa es, de hecho, una de las estrategias de manipulación más poderosas para conseguir que alguien le obedezca. Esto es aún más efectivo en personas que sufren de baja autoestima o niveles reducidos de confianza en sí mismos.

Por ejemplo, si quiere que alguien realice la acción deseada, enumere con confianza una lista de favores que le haya hecho o todos los casos en los que se ha desvivido por ayudarle. A continuación, explique cómo se ha sentido defraudado cada vez que esperaba algo de ellos. Se convierte en una víctima proyectada que hizo todas las cosas maravillosas para ayudarles en su momento de necesidad, y ellos se convierten en los seres ingratos que no hacen frente a sus necesidades cuando se les exige. Esto está jugando sutilmente en la mente de las víctimas para hacerles pensar que no están devolviendo el favor o siendo ingratos.

Los manipuladores suelen conseguir que la otra persona haga lo que ellos quieren diciendo algo como: "Está bien Roger, no puedo esperar nada más de ti. Es realmente mi culpa que siga esperando mucho de ti y de nuestra relación". Esto induce un sentimiento de culpa en la otra persona, como si estuviera decepcionando al manipulador, lo que puede ser o no el caso. Le está diciendo que siempre le está decepcionando y que no puede esperar nada más de él.

¿Ha observado alguna vez cómo jugamos a la manipulación e introducimos un sentimiento de culpa en nuestras relaciones personales muchas veces? Fíjese en cómo las personas mayores hacen que sus hijos experimenten un sentimiento de culpa al mencionar que éstos nunca tienen suficiente tiempo para ellos.

Cuando los adolescentes piden permiso a sus padres para hacer salidas nocturnas y llegar tarde a las fiestas y se les niega, se quejarán de que los padres no les dejan vivir su vida o de que son demasiado asfixiantes, sobreprotectores y dominantes.

Hablarán de que, tarde o temprano, tendrán que negociar con el mundo que les rodea sin que sus padres estén cerca para protegerles todo el tiempo.

Todos conocemos a esa persona que siempre está culpando a otras personas o a las circunstancias de sus defectos. Utilizarán estratégicamente su sensación de impotencia para conseguir que la otra persona realice la acción deseada. Los manipuladores dan a los demás la impresión de que ellos (la otra persona) han decidido su destino (el del manipulador) a través de sus acciones y elecciones, a menudo de forma negativa. Entonces harán sentir a la víctima que ahora es responsable de los males del manipulador y que debe reparar el daño.

Las víctimas comienzan a aceptar esta noción de que son responsables de una situación negativa creada para el manipulador y a menudo responden afirmativamente a la petición del manipulador de compensar lo aparentemente negativo que se les ha hecho creer que han hecho. El manipulador se posiciona como alguien que necesita ayuda y está condenado si no recibe la ayuda oportuna. La otra persona se siente fatal y acaba haciendo lo que quiere porque, en cierta medida, se siente responsable de su impotencia o de su desafortunada situación.

4. Hágase la víctima. En lo que respecta a la manipulación emocional, nada de lo que ocurre es nunca un error tuyo. Independientemente de sus acciones, siempre culpe a otro de sus fallos.

Insista en que le obligaron a hacer algo. Si se enfadan o se sienten heridos, usted eres el responsable de crear expectativas poco razonables. Si se enfadan o molestan, usted es el responsable de herirlos. No hay ninguna responsabilidad por ninguna acción.

Por ejemplo, si una persona se olvida del cumpleaños de su pareja, y ésta se enfada por ello, generalmente se disculpará y prometerá arreglarlo en el futuro. Sin embargo, una persona emocionalmente manipuladora no se limitará a negar que es su culpa; también hará que su pareja se sienta desgraciada por culparla.

Se desprenderán de lo estresados que han estado hasta tarde debido a algo que la pareja ha hecho y que es imposible que recuerden. El manipulador irá un paso más allá y le recordará casos en los que ha olvidado algo importante para justificar su culpa.

5. Los manipuladores emocionales esperan demasiado, demasiado pronto. Desde una relación interpersonal hasta una asociación empresarial, los

manipuladores emocionales siempre toman la autopista, mientras pasan por alto algunos pasos en el camino. Pueden compartir demasiado al principio de una relación y esperar que la otra persona haga lo mismo.

Su vulnerabilidad, transparencia y sensibilidad son una astuta treta. Se trata de una farsa "especial" para hacerle sentir parte de su círculo íntimo. Lenta e insidiosamente, no sólo se sentirá apenado por sus sentimientos, sino también responsable de ello.

6. Los manipuladores emocionales menosprecian su fe en la comprensión de la realidad. Estas personas, hay que reconocerlo, son unos mentirosos y tramposos excepcionalmente hábiles. Insistirán con seguridad en que algo ha ocurrido cuando no lo ha hecho y negarán que haya ocurrido cuando sí lo ha hecho. Lo hacen de una manera tan tortuosa y solapada que empiezas a cuestionar su propia cordura.

Por ejemplo, si sospecha de su pareja y le enfrenta a ello, la pareja emocionalmente manipuladora lo negará rotundamente (aunque sea la verdad), y a su vez le hará sentir como una persona loca y desconfiada que no tiene control sobre la realidad.

Aunque su sospecha no es infundada, le hará sentir culpable por espiar y no confiar en su pareja. Llegará un punto en el que empezará a cuestionar su propia naturaleza sospechosa y su cordura. Estoy seguro de que muchos de ustedes están asintiendo con la cabeza a esto!

Sé que a estas alturas ya ha identificado a esas personas y relaciones y lo más probable es que ni siquiera fueras consciente de esas tácticas sarcásticas e insidiosas cuando nos manipulaban.

7. Todo el mundo debe sentirse como ellos. Vaya, esta es otra técnica de manipulación emocional solapada que se utiliza para absorber a otras personas en su estado emocional. El manipulador emocional quiere que todos se sientan como ellos. Si están de mal humor, todo el mundo a su alrededor debe ser consciente de ello.

Sin embargo, la cosa no acaba ahí. No sólo todos deben saber cómo se sienten, sino que también deben ser absorbidos por el estado emocional del manipulador. Cualquier cosa que otras personas estén sintiendo o experimentando debe ser bajada y deben coincidir instantáneamente con la frecuencia emocional del manipulador. Esto hace que las personas a su alrededor sientan que son responsables de los sentimientos del manipulador emocional, y que sólo ellos deben arreglarlo.

8. El afán de ayudar se convierte en una carga más tarde. Los manipuladores emocionales se ofrecerán a ayudar inicialmente (y con bastante entusiasmo) sólo para quedar como mártires después. Actuarán como si lo que inicialmente aceptaron hacer fuera una enorme carga.

Si les recuerda que se comprometieron con la tarea, se darán la vuelta y le harán sentir como un paranoico a pesar de que parezcan deseosos de ayudar. ¿El objetivo? Inducir un sentimiento de culpa, sentirse obligado hacia ellos y probablemente incluso cuestionar su cordura.

9. Juegos de superioridad. Independientemente de la intensidad de sus problemas y desafíos, siempre harán ver que sus problemas son mucho peores. Intentarán socavar la autenticidad de sus problemas reforzando constantemente lo grandes que son sus problemas o desafíos.

Le harán sentir culpable por quejarse de cosas "triviales" cuando ellos se enfrentan a problemas serios. ¿El objetivo? Que no tenga ningún motivo para quejarse de lo 'no serio', mientras que ellos tienen todo el derecho a seguir recordándole sus problemas 'serios'. En otras palabras, quieren que se calle y deje de quejarse de sus problemas, y que siempre esté por encima de ellos en cualquier situación.

10. Conocen sus botones emocionales y saben cómo pulsarlos a voluntad. Todos tenemos nuestros puntos débiles emocionales. Los manipuladores emocionales conocen hábilmente sus puntos débiles y no dudan en utilizarlos para servir a sus propios objetivos siniestros. Utilizarán el conocimiento de sus puntos débiles en su contra.

Por ejemplo, si está inseguro de su aspecto, le harán comentarios sarcásticos sobre todo, desde su ropa hasta su peso. Si está preocupado por un discurso, se aprovecharán de sus miedos diciéndole lo duro, exigente y crítico que es el público. Utilizan el conocimiento de sus emociones no para hacerle sentir mejor, sino para manipularle para que se sienta peor.

11. Los manipuladores emocionales utilizan el humor para atacar sus debilidades percibidas y quitarle poder o hacerle sentir inadecuado. Fíjese en cómo algunas personas hacen continuamente comentarios críticos o sarcásticos sobre su pareja o amigo, a menudo con el disfraz de humor. La idea es

hacer que la otra persona se sienta inadecuada, inferior o insegura.

Los manipuladores emocionales intentan quitarle poder a la persona jugando con sus debilidades percibidas. Los comentarios abarcan todo, desde el aspecto de la persona hasta su viejo teléfono o sus habilidades. Hacen comentarios sarcásticos y aparentemente divertidos sobre todo, incluido el hecho de que haya llegado 30 segundos tarde.

La idea es hacerle quedar mal y sentirse peor contigo mismo. De este modo, el manipulador trata de ganar dominio psicológico sobre usted, desgraciadamente sin que se dé cuenta (ahora sí, ¿verdad?). El hecho de socavarle hace que se perciba como inferior, lo que automáticamente les da la tan necesaria superioridad psicológica.

12. Los manipuladores emocionales le juzgan y critican constantemente para hacerle sentir inferior. En el ejemplo anterior, vimos cómo los manipuladores utilizan técnicas encubiertas para restarle poder disfrazando sus comentarios sarcásticos de humor. Sin embargo, en este caso, el manipulador emocional le desprecia, margina, critica y ridiculiza abiertamente en un intento de conseguir una superioridad psicológica sobre usted.

Su premisa es que si le hacen sentir inadecuado y desequilibrado, sus posibilidades de conseguir que haga lo que ellos quieren aumentan. Dejará de creer en sus capacidades, su cordura y su valía, lo que les ayudará a ejercer un mayor control sobre sus pensamientos, emociones y acciones.

El agresor emocional fomentará intencionadamente la sensación de que algo no va bien en usted y que, por mucho que se esfuerce, no será lo suficientemente bueno. De manera significativa, el manipulador emocional enfatizará los puntos débiles sin ofrecer soluciones constructivas o positivas ni ayudarle de manera significativa a superar los aspectos negativos.

13. Los manipuladores emocionales le darán el tratamiento de silencio. Otro arte que los manipuladores emocionales han dominado es el de dar a las personas el tratamiento de silencio para presionarlas a hacer lo que el manipulador quiere. le harán esperar intencionadamente y sembrarán semillas de duda, inseguridad e incertidumbre en su mente. Los manipuladores emocionales utilizan el silencio como palanca para conseguir que haga lo que ellos quieren, manteniéndole emocionalmente privado o inseguro.

Estar en el extremo receptor del tratamiento silencioso es una señal de advertencia de que está tratando con un manipulador emocional. Es un tipo de abuso emocional mediante el cual se demuestra el desprecio a través de actos no verbales como permanecer en silencio o retirar toda comunicación.

El tratamiento silencioso se utiliza como herramienta para incitar a sus víctimas a hacer algo específico o hacerlas sentir inadecuadas por la negativa a reconocer su presencia. Si sus acciones no coinciden con lo que el manipulador quiere que haga, utilizará el tratamiento silencioso para comunicar su decepción y castigar a sus víctimas.

14. Jugar a fingir. Sí, ellos también pueden hacerse los bobos siempre que sea necesario. Fingirán que no entienden lo que quiere exactamente o lo que desea de ellos. Este es uno de los trucos pasivo-agresivos, donde la responsabilidad debería ser de ellos, se convierte en la suya. Así, la carga de lo que es esencialmente su responsabilidad se echa sobre sus hombros. Esto lo suelen utilizar las personas que intentan ocultar algo o evitar una obligación.

15. Levantar la voz y demostrar emociones negativas. Algunos manipuladores emocionales saben utilizar el poder de su voz y su lenguaje corporal para coaccionarle a cumplir sus exigencias.

A menudo levantan la voz como un tipo de manipulación agresiva con la creencia de que si suenan lo suficientemente intimidantes con su voz, tono y lenguaje corporal, invariablemente se someterá a sus demandas. La voz agresiva se combina a menudo con un lenguaje corporal intimidatorio, como gestos exagerados y la postura de pie, para aumentar el efecto de sus acciones manipuladoras agresivas.

16. Sorpresas negativas como norma. ¡Whoa! ¿No saben estas personas cómo desequilibrarte con sus sorpresas negativas en un intento evidente de obtener una ventaja psicológica sobre ti? De repente aparecerán con alguna información sobre que no pueden hacer algo o cumplir un compromiso como prometieron.

Por lo general, la información negativa se lanza sobre usted sin ninguna advertencia previa para cogerle desprevenido. No le queda tiempo para idear una contra-movida. Los manipuladores emocionales son lobos con piel de cordero y no escatimarán una sola oportunidad para causarte malestar, daño o perjuicio si se interpone.

Capítulo 2: Técnicas de manipulación encubierta

Reconocer las tácticas de manipulación encubierta es complicado porque, a diferencia de la manipulación abierta, éstas no son obvias ni están a la vista. Suelen ser técnicas solapadas para tratar de obtener el control de los pensamientos, sentimientos y decisiones de la víctima. Su objetivo es derribar el sentido de autoestima de la persona y destruir su creencia en sus percepciones. Cuando aprende el juego del manipulador, puede jugarlo mejor que ellos.

La manipulación socava la capacidad de la víctima para tomar decisiones conscientes y actuar de acuerdo con sus intereses. En su lugar, se convierten en meras marionetas en manos de otra persona. Los manipuladores no valoran los valores, deseos y límites personales de las personas. En pocas palabras, le obligarán a hacer algo que normalmente no haría.

Entonces, ¿cuáles son las tácticas de manipulación encubierta más utilizadas y cómo las detecta en su vida cotidiana? Siga leyendo para descifrar los juegos de manipulación encubierta de la gente. Aunque puede utilizarlas como estrategias de manipulación para conseguir que la gente haga lo que usted quiere, asegúrese de no utilizarlas en exceso o de intentar darles un giro lo más positivo posible.

1. Crear una falsa sensación de intimidad. ¿Se ha dado cuenta de que la gente comparte constantemente información íntima sobre sí misma en las primeras etapas de una relación? Hablarán de su familia, de sus antecedentes y de sus vidas (a menudo se presentan como víctimas como circunstancias) en un intento de ganarse su simpatía, al tiempo que crean una ilusión de intimidad.

2. Introducir a otras personas en el cuadro en un intento de hacerle sentir inseguro. De nuevo, algunas personas siempre intentan crear una sensación de inseguridad o incomodidad en sus víctimas introduciendo a otras personas en el panorama. Por ejemplo, su pareja puede hablar de encontrarse con una exnovia/novio o un buen amigo para hacerle sentir inseguro.

Por supuesto, no todos los que se reúnen con amigos o exparejas están siendo manipuladores. Sin embargo, los manipuladores encubiertos utilizan constantemente esta táctica de introducir a otras personas en el panorama para desestabilizar a su pareja. Cuando una persona intenta poner a otras personas en su contra para hacerle sentir inadecuado, puede estar seguro de que se trata de una táctica de manipulación encubierta.

3. Otra técnica de manipulación encubierta es el "pie en la puerta", que es bastante fácil de reconocer. Consiste en hacer una pequeña petición a la que la víctima accede, a la que sigue la petición realmente prevista. Es más difícil de rechazar una vez que la víctima dice estar de acuerdo con la petición inicial.

La técnica del pie en la puerta, como su nombre indica, tiene como objetivo meter el pie en la puerta hasta que uno se encuentre cómodamente posicionado o colocado para pedir lo que quiere que haga la otra persona. Se remonta a la época en que los vendedores puerta a puerta colocaban el pie en la puerta para evitar que los posibles compradores se dieran un portazo en la cara. Colocar el pie en la puerta les ofrecía más tiempo para mantener la conversación y, en última instancia, realizar una venta. Esta ingeniosa estrategia de manipulación se utiliza eficazmente en todos los ámbitos, incluso hoy en día.

¿Cómo puede utilizarse eficazmente la estrategia de manipulación del pie en la puerta en el escenario actual?

Es igual de sencillo y eficaz, sólo que ahora está avanzando en la mente de una persona en lugar de en su puerta. Empiece por establecer una relación con la persona. Intente romper el hielo haciendo una pequeña petición. Recuerde que la clave es hacer una pequeña petición que la otra persona pueda cumplir fácilmente. En realidad, lo que está haciendo es meter el pie en la puerta para desarrollar una relación con la persona y conseguir que conceda una petición mayor o real más adelante. Si pide directamente lo que realmente quiere que hagan por usted, es posible que se nieguen. Empiece con una petición que no sea demasiado difícil de cumplir para la otra persona. Vaya al grano poco a poco y con constancia. Pase a la petición real de forma lenta y sutil.

Se trata de conseguir que la persona diga una serie de "sí" en una secuencia antes de pasar al asesinato real. Esto reducirá psicológicamente las posibilidades de que la persona rompa el patrón y diga que no para la petición final o real. Precisamente por eso, los psicólogos y expertos en comportamiento instan a los vendedores a formular a sus clientes potenciales varias preguntas que den como resultado un "sí". Según las investigaciones en el campo de la psicología y las ciencias del comportamiento, si un cliente potencial responde afirmativamente a seis preguntas en una secuencia, hay más posibilidades de que compre su producto/servicio o realice la acción deseada.

Utilice esta información en su favor formulando seis preguntas en serie a las que es más probable que respondan afirmativamente. La estrategia funciona a nivel subconsciente y merece la pena probarla.

Lanzamos una secuencia de respuestas positivas que hacen casi imposible que la mente subconsciente de la otra persona rechace nuestra petición final. Una vez que la persona inicia un bucle de respuesta a sus peticiones de forma positiva, subconscientemente se hace difícil romper el patrón, y ofrecer de repente una respuesta negativa.

Esto es exactamente lo que hacían los vendedores de antes. Ponían el pie en la puerta y se ofrecían a sí mismos 3-4 minutos extra con los clientes potenciales para construir el impulso de la venta, desarrollar la relación y hacer una venta. Ahora pensemos en la misma estrategia en el entorno actual. ¿Cómo se da a si mismo esa pequeña apertura que eventualmente puede aprovechar haciendo que la gente haga lo que usted desea?

Tomemos un ejemplo para entender cómo se puede aplicar esta manipulación o persuasión en el escenario actual. Jane está terminando el proyecto que le exige construir una maqueta de los nueve planetas. Le pide a su madre que le ayude creando un modelo aproximado para el proyecto de los nueve planetas. Por supuesto, su madre hace el boceto, reúne todos los materiales necesarios para construir la maqueta y lo tiene todo listo para que Jane haga su proyecto. A continuación, Jane le pide a su madre que junte todas las piezas. Ella hace lo que le pide. Finalmente, la madre de Jane termina de hacer todo el encargo sin ninguna aportación o esfuerzo por parte de Jane. Jane utilizó la estrategia del pie en la puerta para manipular a su madre para que completara su proyecto por ella en lugar de pedírselo directamente al principio. Si Jane le hubiera pedido directamente a su madre que completara el proyecto, ésta se habría negado en redondo. Sin embargo, consiguió que su madre dijera una serie de "sí" con pequeñas peticiones que finalmente terminaron con su madre completando todo el proyecto.

Esta técnica de manipulación y persuasión fue estudiada por primera vez por Fraser y Freeman durante el siglo XX. El objetivo es conseguir que la gente responda o acepte una pequeña y sencilla petición que conduzca a un "sí" mayor. El dúo de psicólogos se dio cuenta de que una vez que la gente accede a una petición aparentemente pequeña, aumentan las posibilidades de que respondan afirmativamente a peticiones mayores. En este ejemplo, Jane consiguió que su madre terminara toda la tarea juntando varias partes de la misma y consiguiendo que aceptara cada una de estas pequeñas tareas o peticiones. Una vez acordada la pequeña petición inicial de crear un boceto para el modelo, Jane pudo conseguir que su madre cumpliera su petición más grande. Este no habría sido el caso si hubiera pedido a su madre que completara todo el proyecto desde el principio.

Al utilizar la estrategia del pie en la puerta, asegúrese de que la petición es lo suficientemente pequeña como para que la gente no responda de forma negativa. Al mismo tiempo, debe ser lo suficientemente importante como para que la otra persona sienta que ha hecho una buena acción al responder a su petición de forma positiva. Haga que la petición sea positiva para que los demás no piensen que no vale la pena cumplirla. Asegúrese de que la petición es algo que la persona estará dispuesta a hacer sin muchas influencias externas como recompensas o presiones.

Si alguien rechaza la petición real, dará la impresión de ser alguien que accede a algo que no tiene intención de hacer. Cuando se opongan a la petición real, rápidamente cambiarás las tornas para aparecer como la parte agraviada. Deja de tratarse de sus exigencias, ya que ahora es usted el perjudicado. El foco de atención se desplaza a sus quejas y ellos se colocan ahora a la defensiva. A veces, las advertencias y la preocupación por su bienestar se ocultan hábilmente como una preocupación. Los manipuladores siempre intentan socavar las elecciones y decisiones de la otra persona en un intento de sacudir su confianza en sí misma o su sentido de la autoestima. Una vez más, esta técnica de manipulación debe utilizarse con suficiente precaución y cuidado.

4. "Snakes in Suits" - En su publicación *Snakes in Suits,* Robert Hare y Paul Babaik aconsejan que la gente se proteja de los manipuladores que ofrecen cumplidos fuera de lugar y excesivos. Es una gran bandera roja de manipulación. Concéntrese en lo que sigue. Siga preguntándose, ¿qué quiere exactamente esta persona de mí?

5. Forzar el trabajo en equipo. ¿Se ha dado cuenta de que algunas personas siempre están creando una sensación forzada de espíritu de equipo o de propósito compartido donde no existe? Las frases típicas que utilizan son: "somos un solo equipo", "cómo manejamos esto como equipo", "ya lo hemos hecho", etc. Supuestamente, intentan dar la

impresión de que ambos están involucrados en algo como un equipo.

En una situación así, ¿cómo puede saber si la persona le está ayudando de verdad o simplemente intenta manipularle? ¿Siente una extraña sensación de incomodidad al aceptar su ayuda? ¿Son sus palabras congruentes con su lenguaje corporal? (más adelante hablaremos del lenguaje corporal) ¿Le da la persona la opción de rechazar la ayuda? ¿Se toma su negativa con el espíritu adecuado? Si la respuesta es negativa, es posible que esté tratando con un manipulador encubierto, que intenta manipularle bajo la apariencia de ofrecerle ayuda.

6. Primera impresión halagadora. Los manipuladores experimentados suelen causar una primera impresión estelar. Utilizan un montón de características seductoras como modales impecables, aspecto atractivo, sonrisa carismática y cortesía para despistar a sus víctimas sobre sus verdaderas intenciones. Sí, existen más allá de las películas, en las que los estafadores se muestran como esos personajes estereotipados con una personalidad y una lengua deslumbrantes.

Con los manipuladores, lo que aparece a simple vista superficie no es la verdad. Sin embargo, con el tiempo y la observación, se dará cuenta de las grietas en sus máscaras hábilmente usadas. Cuando se vuelve realmente sádico, utiliza el silencio para torturar a sus víctimas. Por ejemplo, un compañero de trabajo habla con todo el mundo en el trabajo pero le ignora o se niega a mantener cualquier conversación con usted.

7. Los manipuladores encubiertos aparentan ser desinteresados manteniendo sus verdaderas intenciones, ambiciones, objetivos y agendas astutamente ocultas. Sus verdaderas intenciones se ocultan bajo el disfraz de una causa desinteresada. Esto es difícil de identificar. Estas son las personas que actuarán como si estuvieran trabajando duro en nombre de otra persona mientras ocultan su verdadera ambición de poder y dominio sobre los demás.

 Por ejemplo, un manipulador encubierto dará a su jefe la impresión de que está dispuesto a hacer horas extra de trabajo cuando el jefe está de vacaciones sólo para cumplir su ambición de acabar ocupando el puesto de jefe.

8. Iluminación con gas. El término "luz de gas" como técnica de manipulación encubierta proviene de la obra de teatro del mismo nombre, que posteriormente se adaptó al cine. También se ha

utilizado en la literatura y en la investigación psicológica.

Utilizando la técnica de la luz de gas, un manipulador tergiversará la realidad para cumplir sus objetivos. Independientemente de la verdad, tiene trucos bajo la manga para hacerle creer que la culpa es suya por no ser capaz de percibir las cosas correctamente. Está tan arraigado en su mente que deja de confiar en sus percepciones y, en cambio, acepta la versión artificiosa de la verdad del manipulador. La técnica pretende que se sienta tan incompetente mentalmente que deje de confiar en su versión de la realidad. Llega a un punto en el que si alguien intenta cuestionar sus percepciones, desconfíe de él.

9. Racionalización. La racionalización es una técnica mediante la cual el manipulador ofrece alguna forma de justificación para una acción hiriente, ofensiva o inapropiada. Lo que hace que esta técnica sea tan difícil de detectar es que la explicación ofrecida suele tener suficiente sentido para que cualquier individuo razonable se la crea.

La racionalización cumple tres propósitos fundamentales, entre ellos, eliminar la resistencia que los manipuladores puedan tener sobre su acción inapropiada, evitar que los demás les señalen con el dedo y ayudar al manipulador a justificar sus acciones a los ojos de la víctima.

Los manipuladores que utilizan la racionalización suelen comportarse de forma muy afectuosa a veces y luego, de repente, se muestran distantes o fríos. Cuando la víctima se cansa de su comportamiento y se enfrenta a ellos o los evita, lo más probable es que griten o lloren y mencionen cómo han estado deprimidos o disgustados últimamente y cómo es una persona tan mala por enfrentarse a ellos sobre su comportamiento aparentemente inapropiado cuando es usted quien se está comportando insensiblemente.

Le conmoverán hasta las lágrimas con lo estresante que es su vida, incluso se disculparán por ello a veces. Sin embargo, a los pocos días, repetirán el patrón. Los manipuladores son extraordinarios intérpretes. Pueden interpretar el papel de víctima con facilidad. Pueden fingir emociones, llorar a voluntad, reírse cuando quieren y fingir que están tristes o felices a petición. Examina con atención los actos de las personas que "te quieren" o que siempre intentan ganarse la simpatía.

10. 10. El análisis de los problemas y el desplazamiento de la meta. La diferencia entre la crítica positiva y la crítica negativa/destructiva es

que un manipulador vendrá con normas casi impracticables y ataques personales. Estos autoproclamados críticos pretenden ayudar a su desarrollo, cuando en realidad no quieren verle mejorar. Simplemente operan con la intención de criticarle, hundirle y convertirle en un chivo expiatorio de todas las maneras posibles.

Los manipuladores encubiertos son maestros en el arte de "mover los postes de la portería" para asegurarse de que nunca les falten razones para sentirse decepcionados contigo. Incluso cuando presenta pruebas para validar su postura o actúa para cumplir con su petición, se les ocurrirá otra expectativa elevada para que la cumpla o le pedirán más pruebas para validar su argumento. Sí, ¿quién dijo que tratar con manipuladores era fácil?

Por ejemplo, pueden empezar por meterse con usted por no tener una carrera de éxito. Cuando tenga una carrera exitosa, le cuestionarán por no ser aún multimillonario. Cuando esa expectativa se cumpla, le exigirán por qué su vida personal y laboral nunca está equilibrada. Los postes de la meta seguirán cambiando y las expectativas aumentarán en un intento de hacerle sentir incompetente de una u otra manera.

Una de las formas más sencillas de detectar a un manipulador es observar si le inculca constantemente una sensación de indignidad o si siempre le hace sentir que lo que hace nunca es lo suficientemente bueno. Una persona auténtica o constructiva nunca le inducirá una sensación de indignidad. Le señalarán suavemente sus limitaciones y a menudo le sugerirán formas de superarlas. Los manipuladores, por el contrario, nunca ofrecerán sugerencias para ayudarle a superar sus limitaciones.

Si una persona le critica constantemente sin ayudarle a superar el problema o las limitaciones de forma significativa, lo más probable es que sea víctima de una manipulación encubierta. Lo presentarán astutamente como una crítica constructiva, aunque sólo sea una crítica puntillosa sin ofrecer soluciones.

Si una persona sigue exigiendo más pruebas para validar sus argumentos o sigue aumentando sus expectativas, es evidente que su objetivo no es comprenderte mejor. Lo que pretende es provocarle una sensación de incapacidad o de que tiene que seguir demostrándose a sí mismo todo el tiempo.

11. No pedir disculpas. Los manipuladores encubiertos rara vez se disculpan por sus acciones.

En su lugar, negarán, mentirán o cambiarán la culpa para evitar aceptar la responsabilidad de su acto. Tenga en cuenta esta técnica de manipulación encubierta examinando si la persona se disculpa y acepta la responsabilidad de sus errores.

Si una persona le hace sentir constantemente que está exagerando las cosas o que reacciona de forma exagerada en lugar de disculparse, lo más probable es que esté tratando con un manipulador encubierto. Los manipuladores tienen una fuerte necesidad de tener la razón, incluso a costa de enmendar la relación. Ocultar las disculpas no es más que otro mecanismo de control para ellos.

12. Socavar su éxito. Una vez tuve un amigo al que su pareja le hacía sentir constantemente culpable por tener éxito. Él estaba creando un futuro prometedor para ellos y sus futuros hijos, pero ella le hacía sentir constantemente mal por el hecho de que trabajaba tanto y apenas tenía tiempo para ella. Le acusaba de ser egoísta y de pensar sólo en sus objetivos, cuando en realidad estaba construyendo un futuro para su familia.

Cuando le cuenta a su pareja o a un amigo íntimo sobre un ascenso o una nueva oferta de trabajo, ¿cómo suelen reaccionar? Deberían alegrarse de que progrese en la vida. Los que se preocupan de verdad por usted querrán verle triunfar. Los manipuladores tratarán constantemente de minimizar y socavar su éxito. Siempre encontrarán alguna forma de infundir negatividad en cualquier forma relacionada con su historia de éxito. Esto surge de una clara sensación de inseguridad de que ahora se está volviendo más autosuficiente y ya no los necesitará.

La sensación de que cuanto más éxito tenga, menos podrán controlarle los lleva a comportarse de forma irracional. Así, le harán sentir miserable por su éxito. A veces, incluso se enfadan sin motivo aparente. Una de sus mayores preocupaciones es que la independencia financiera le dará la capacidad de sobrevivir sin su ayuda. Esta perspectiva puede resultar amenazante para una persona que está acostumbrada a que su amigo o pareja dependa excesivamente de él.

13. 13. Ciclo de miedo y alivio o uso del miedo seguido del alivio. Esta es otra estrategia de manipulación encubierta que se utiliza en una variedad de entornos, popularmente utilizada por los anunciantes, los gerentes de marca y los vendedores para persuadir a su grupo de consumidores objetivo a tomar la acción deseada a favor de sus productos o servicios. ¿Cómo funciona la cadena de miedo y alivio? Básicamente, actúa en

un nivel psicológico que hace que todo el proceso sea eficaz.

Esta técnica de manipulación encubierta consiste en jugar con los miedos de la otra persona para conseguir que tome la acción requerida a su favor. Se introduce una sensación de miedo y se le hace pensar en lo peor que puede ocurrir en una determinada situación. A continuación, se ofrece una sensación de alivio. La persona experimentará una gran sensación de alivio y positividad que le ayudará a tomar una decisión rápida para cumplir con su agenda.

Veamos un ejemplo. Comience diciendo algo como: "Cuando me puse tus pendientes en la fiesta la otra noche, oí un chasquido. Estaba seguro de que el pendiente se había roto. Más tarde, me di cuenta de que, en realidad, mi hermana estaba viendo un vídeo en su tableta. ¿No es gracioso? Eso me recuerda que me puedes prestar esos preciosos pendientes de nuevo para un próximo evento".

¿Qué acaba de hacer? Ha llevado a la persona a través de una curva de miedo seguida de alivio para provocar un rápido cambio en sus emociones a nivel psicológico que le ayude a actuar en la dirección deseada. La otra persona siente un gran alivio al saber que no le ha pasado nada a sus pendientes y que se encuentra en un estado adecuado. Entre en un estado mental más receptivo, flexible y positivo, lo que hace que sea más sencillo para usted conseguir que haga lo que desea.

Empiece por sembrar semillas de inseguridad y miedo en la otra persona. Haga que se imagine lo peor que puede pasar en esa situación. A continuación, siga con tacto aportando una solución o sumergiéndose en una narración sobre cómo las cosas no eran tan malas como la otra persona pensaba o imaginaba. Una vez que la persona se dé cuenta de que las cosas no son tan desafortunadas como había imaginado, será más fácil conseguir que se ponga en un estado de ánimo más receptivo y agradable. El rápido torbellino de emociones que se produce en la montaña rusa facilita que la otra persona se ponga en un estado de ánimo más positivo una vez que se le ofrece algo de esperanza para combatir su miedo. Esta positividad puede utilizarse para conseguir que hagan lo que usted quiere.

Piense en el impacto que tiene la persona a nivel psicológico. La víctima pasa por un ciclo o patrón de emociones poderosas. El miedo es una emoción enorme que es capaz de hacer que la gente tome muchas acciones rápidas. Sin embargo, debe utilizarse con moderación. Más allá de un punto, si la gente se da cuenta de que simplemente usas el miedo como una herramienta para manipularlos, dejarán de responder a él. El miedo hace que la gente se sienta incómoda y nerviosa. A esto le sigue inmediatamente el positivismo, una enorme sensación de alivio y una esperanza instantánea.

Veamos otro ejemplo para entender cómo un mercado impulsado por el consumo utiliza esta estrategia de manipulación al máximo cuando se trata de conseguir que la gente tome decisiones relacionadas con la compra. Casi todos los vendedores de seguros utilizan el ciclo de alivio del miedo en sus clientes potenciales para conseguir que les compren un seguro. Les transmiten una sensación de miedo, estrés, pánico y ansiedad para informarles de que sus objetos de valor siempre corren el riesgo de perderse o destruirse en varias circunstancias desafortunadas. Hablarán de robos, incendios, atracos y otras situaciones desafortunadas en las que sus objetos de valor pueden perderse, destruirse o ser robados. A continuación, le propondrán una solución: contratar una póliza de seguro para no sufrir pérdidas económicas. Esta técnica de ciclo de miedo-alivio genera cierta esperanza, certeza, seguridad y alivio en la persona para llevarla a tomar una decisión de compra rápida. Piensan que la póliza es la solución o el rayo de esperanza cuando se trata de proteger el valor de sus objetos de valor.

14. Pida mucho y reduzca la escala. Es lo contrario de la técnica del pie en la puerta. En la jerga psicológica, también se conoce como la técnica de la "puerta en la cara". Comience haciendo una petición ridícula e irracional a alguien (que está garantizado que rechazará). Más tarde, vuelve y pide algo mucho más factible y menos ridículo (lo que buscaba en primer lugar).

Puede parecer una locura, pero la idea es hacer que la otra persona se sienta arrepentida de haber rechazado su petición inicial (aunque sea obviamente ridícula). La próxima vez que se le ocurra algo más razonable, la persona se sentirá obligada a cumplirlo. Esto es como la retribución por haber rechazado su petición anterior, y se sienten más obligados a ayudarle a usted que a otra persona. Varias empresas y vendedores utilizan esta técnica para vender a sus clientes.

15 Falsa confianza. De acuerdo, se viste de forma atractiva, tiene un aspecto muy cuidado, lleva los accesorios más elegantes y aun así se pregunta por qué la gente no le escucha, no le sigue o no suscribe sus opiniones.

Lo más probable es que le falte el accesorio más importante: la confianza. Sí, tiene que matar al demonio de la baja confianza si realmente quiere inspirar la fe de los demás. La ropa, los accesorios y el aseo personal sólo pueden llevarle hasta cierto punto.

Uno de los principios más fundamentales de la confianza es que puede fingirla totalmente incluso cuando no la siente. Todo depende de su lenguaje corporal, su voz, sus expresiones y sus gestos (que afortunadamente están bajo su control). Puede fingir ser una persona muy segura de sí misma incluso cuando se sientes como un limón por dentro.

Nuestro lenguaje corporal repercute invariablemente en nuestro estado mental y viceversa. Cuando se actúa con confianza durante mucho tiempo, se acaba confundiendo al cerebro para que crea que, efectivamente, se es una persona muy segura de sí misma. Entonces, el cerebro se reprograma automáticamente y dirige al cuerpo a mostrarse confiado, creyendo que ha metido la pata en alguna parte. Así, lo que empieza como un acto pretencioso, en realidad le lleva a transformarse en un individuo más confiado y seguro de sí mismo.

Tiene que actuar con seguridad y confianza en sí mismo si realmente quiere que la otra persona se crea lo que dice. Si no parece convencido de algo, hay pocas posibilidades de que pueda convencer a los demás. Por lo tanto, la confianza es uno de los accesorios más importantes para un manipulador.

Capítulo 3: Técnicas de manipulación de la PNL

¿Qué es la programación neurolingüística?

La Programación Neurolingüística o PNL, en términos sencillos, es el lenguaje de programación de su mente. Todos hemos tenido casos en los que hemos intentado comunicarnos con alguien que no habla nuestro idioma. ¿El resultado? No nos han entendido.

Va a un restaurante a bordo y pide un filete de lujo pero acaba recibiendo un guiso insípido debido a la mala interpretación del lenguaje y los códigos.

Esto es precisamente lo que ocurre cuando intentamos comunicarnos con nuestra mente subconsciente. Creemos que le estamos ordenando que nos dé relaciones más felices, más dinero, un mejor trabajo y otras cosas similares. Sin embargo, si eso no es lo que realmente aparece, algo se está perdiendo en la traducción. La mente subconsciente/inconsciente tiene el poder de ayudarnos a lograr nuestros objetivos sólo si la programamos utilizando códigos que reconoce y entiende.

Si está pidiendo a su mente inconsciente un filete y recibiendo un guiso, es hora de hablar su idioma. Piense en la PNL como un manual de usuario para el cerebro. Cuando las personas dominan la PNL, adquieren fluidez en el lenguaje de la mente subconsciente, lo cual es excelente cuando se trata de reprogramar sus pensamientos, ideas y creencias y los de otras personas. Esto les da el poder de influir y persuadir a las personas y, en el lado negativo, incluso de manipularlas.

La Programación Neurolingüística es un conjunto de técnicas, métodos y herramientas para mejorar la comunicación con las capas más profundas de nuestro cerebro. Es un enfoque que combina el desarrollo personal, la psicoterapia y la comunicación. Sus creadores (John Grinder y Richard Bandler) afirman que existe un fuerte vínculo entre el lenguaje, los patrones de comportamiento y los procesos neurológicos, que puede utilizarse para mejorar el aprendizaje y el desarrollo personal.

Influencia frente a manipulación

Entonces, ¿cree que un martillo es una herramienta de utilidad o de destrucción? Bueno, depende de cómo lo use, ¿no? ¿O de la finalidad con la que lo utilice?

La PNL es potente cuando se trata de conseguir que la gente haga lo que uno quiere. Es el martillo que puede utilizarse para fijar un clavo en la pared o destruir un trozo de madera. Del mismo modo, la PNL puede utilizarse para construir algo positivo o puede utilizarse con un propósito destructivo (manipulación).

PNL y Manipulación tienen casi el mismo significado. Ambos consisten en generar el efecto deseado en otras personas sin un esfuerzo evidente. Sin embargo, una diferencia clave entre la influencia y la manipulación es que esta última pretende influir en los demás para alcanzar los objetivos egoístas del manipulador a través de medios que pueden ser injustos, ilegales, furtivos o insidiosos. Las cosas se traman con métodos poco limpios para que resulten a favor del manipulador. Un manipulador suele aprovecharse de las inseguridades, los miedos y la culpa de otras personas. A su vez, las víctimas de la manipulación se sienten insatisfechas, frustradas, atrapadas e infelices.

Por el contrario, la influencia es la capacidad de inspirar a las personas de forma admirable, carismática y honorable. A menudo nos inspiran las personas influyentes y aspiramos a modelar nuestra vida según la suya. Hay un sentimiento general de positividad relacionado con ellas, y nos sentimos positivamente impactados en su compañía. No todas las influencias son positivas, por lo que utilizamos términos como "mala influencia" para significar el efecto negativo de una persona sobre nosotros. Sin embargo, la manipulación nunca se clasifica como buena o mala. Siempre opera con motivos siniestros. Esa es la principal diferencia entre la influencia y la manipulación.

La influencia es un arma de doble filo que puede utilizarse de forma positiva y negativa, mientras que la manipulación sólo opera con una perspectiva negativa, estrecha y egoísta para cumplir los objetivos del manipulador.

Mientras que la manipulación tiene motivos egocéntricos y cuestionables, la influencia también puede ser positiva. A diferencia de la manipulación, la influencia tiene connotaciones positivas, ya que tiene en cuenta las necesidades, los objetivos y los deseos de los demás. Como padres, ¿no queremos influir en nuestros hijos para que lleven una vida más feliz y saludable? Del mismo modo, como directivos, queremos influir en nuestro equipo para que se esfuerce al máximo.

Al igual que el martillo del que hablábamos antes, la gente puede utilizar la PNL para influir positiva o negativamente en las personas para conseguir sus propios objetivos egoístas (manipulación). La PNL es una herramienta de control mental que puede hacer ambas cosas: construir y dañar. Las técnicas mencionadas aquí pueden ser usadas para detectar a los PNL que le manipulan o para que usted manipule a otras personas. De nuevo - tiene una poderosa herramienta en su poder que puede ser usada constructiva o destructivamente.

¿Cómo se utiliza la PNL para manipular a las personas?

La formación en PNL se realiza en una estructura piramidal, con técnicas sofisticadas reservadas a los seminarios de alto nivel. Es un tema complejo (quién dijo que cualquier cosa relacionada con la mente humana sería alguna vez fácil). Sin embargo, para simplificar un concepto complicado, los NLPers o las personas que practican la PNL prestan una gran atención a las personas con las que trabajan. Observan todo, desde los movimientos de los ojos hasta el enrojecimiento de la piel y la dilatación de las pupilas, para determinar qué tipo de información están procesando las personas.

A través de la observación, los PNL pueden saber qué lado del cerebro es dominante en una persona. Del mismo modo, pueden saber qué sentido es el más activo dentro del cerebro de la persona. Los movimientos oculares pueden determinar cómo su cerebro almacena y utiliza la información. También es fácil descifrar si la persona está afirmando hechos (diciendo la verdad) o inventando hechos (mintiendo) mirando sus movimientos oculares.

Después de recopilar esta valiosa información, el manipulador de PNL reflejará e imitará sutilmente a sus víctimas (incluyendo el habla, el lenguaje corporal, los gestos, los patrones lingüísticos verbales y más) para dar la sensación de ser "uno entre ellos".

Los manipuladores de la PNL fingirán pistas sociales para hacer que sus víctimas bajen la guardia y entren en un estado mental más abierto, receptivo y sugestionable, en el que se preparan para absorber cualquier información que se alimente en su mente. Los manipuladores utilizarán astutamente un lenguaje centrado en los sentidos predominantes de la persona.

Por ejemplo, si una persona se centra en su sentido visual, lo más probable es que el manipulador de PNL lo utilice en su beneficio de forma óptima diciendo algo como: "¿Ves de dónde vengo?", "¿Puedes ver lo que estoy tratando de decirte?" o "¿Lo ves así?". Del mismo modo, si una persona es predominantemente auditiva, el manipulador le hablará utilizando metáforas auditivas como "escúchame una vez Tim" o "te escucho".

Al reflejar el lenguaje corporal y los patrones lingüísticos verbales de su víctima, los expertos en PNL o los manipuladores de PNL intentan lograr un objetivo claro: construir una relación. Como ya se ha dicho, los manipuladores también intentan conseguirlo compartiendo demasiado, demasiado pronto, o construyendo una intimidad temprana. El objetivo es el mismo: establecer una relación con sus víctimas, lo que facilita que éstas bajen la guardia.

Una vez que el manipulador utiliza la PNL para establecer una relación y bajar la guardia de la víctima mediante el uso inteligente del lenguaje corporal y los patrones verbales, la víctima se vuelve más abierta y sugestionable. Se le dan pistas sociales falsas a la víctima para que su mente sea más maleable.

Una vez que han establecido una relación, los manipuladores de la PNL comenzarán a llevar a la víctima a una mayor interacción de manera sublime. Después de haber reflejado a la víctima y haber establecido en la mente subconsciente de la víctima que ellos (el manipulador) son uno de ellos (la víctima), el manipulador aumenta sus posibilidades de conseguir que la víctima haga lo que el manipulador quiere. Cambiará sutilmente su comportamiento y su lenguaje para influir en las acciones de su víctima.

Las técnicas pueden incluir preguntas capciosas, patrones de lenguaje sublimes y una serie de otras técnicas de PNL para maniobrar la mente de la persona hacia donde quiera. La víctima, por otro lado, a menudo no se da cuenta de lo que está ocurriendo. Desde su punto de vista, todo está ocurriendo de forma natural/orgánica o según su consentimiento.

Por supuesto, los manipuladores (por muy hábiles que sean) no podrán utilizar la PNL para conseguir que la gente se comporte de una manera totalmente fuera de lo normal. Sin embargo, puede utilizarse para dirigir las respuestas de las personas en la dirección deseada. Por ejemplo, no se puede convencer a una persona fundamentalmente ética y veraz para que actúe de forma deshonesta. Sin embargo, se puede utilizar para conseguir que una persona piense en una dirección o línea de pensamiento específica. Los manipuladores utilizan la PNL para obtener respuestas específicas de una persona.

La PNL trata de lograr dos fines, la provocación y el anclaje. La provocación se produce cuando los PNL utilizan el lenguaje y el liderazgo para llevar a sus víctimas a un estado emocional. Una vez conseguido el estado de deseo, el PNL ancla la emoción con una pista física específica, por ejemplo, tocando su hombro. Esto significa simplemente que un PNLer puede invocar la misma emoción en usted tocando su hombro.

Por ejemplo, digamos que el manipulador de PNL le hace sentir deprimido o indigno utilizando el lenguaje, la conducción y otras técnicas de PNL. Esto es seguido por golpear el dorso de las palmas de las manos de una manera específica para crear anclaje. Así, cada vez que quieran crear en usted una emoción de desilusión, depresión e indignidad, le darán golpecitos en el dorso de la palma de la mano. No es otra cosa que condicionarte para que se sienta de una determinada manera con pistas físicas vinculadas.

Ahora que tiene una idea justa de lo que es la PNL o de cómo los manipuladores pueden utilizarla para someterse, ¿qué puede hacer para protegerse de los manipuladores de la PNL?

He aquí algunos consejos para evitar que los PNL le hagan sus trucos, tan inteligentes como furtivos.

1. Desconfíe de las personas que imitan su lenguaje corporal. De acuerdo, no lo sabía hasta ahora, pero que la gente imite o copie su lenguaje corporal es una de las mayores señales rojas de que intentan manipularte, influenciarte o persuadirte para que actúes de la manera deseada. Me gusta mucho poner a prueba a estos expertos en PNL utilizando sutiles gestos con las manos y movimientos de las piernas para saber si realmente están reflejando mi lenguaje corporal para establecer una relación.

Si siguen su ejemplo, ¡es mi pista para huir! Los expertos en PNL han dominado el arte del reflejo sutil, lo que significa que puede que ni siquiera se dé cuenta de que están imitando sus acciones. Los principiantes en PNL imitarán al instante exactamente el mismo movimiento en su afán por establecer un sentimiento de unidad, ¡lo cual es una buena manera de que usted llame la atención sobre su farol!

Si buscas una forma de manipular a la gente, el reflejo puede hacer maravillas "La imitación es la mejor forma de adulación". Para hacer que alguien le acepte al instante, sea uno de ellos o, mejor, como ellos. Reflejar las palabras y el comportamiento de alguien es un instinto primordial. Hace que la gente piense rápidamente que forma parte del "clan".

¿Ha visto cómo los vendedores inteligentes suelen repetir las palabras que usted hace o imitar sus gestos sólo para persuadirle suavemente de que les compre? O cómo los influencers hablan "el lenguaje de su gente" sólo para ganarse la confianza de sus seguidores. No hacen más que utilizar la potentísima técnica del mirroring.

Cuando realmente quieras influir en la gente o conseguir que hagan lo que tú quieres, observa atentamente su comportamiento, el tono de voz, los ademanes, el lenguaje corporal y los patrones de habla. A continuación, utilice lo mismo en sus interacciones con ellos para hacerse simpático al instante. Funciona como la magia.

Las investigaciones apuntan a que las personas que son imitadas son más propensas a responder de forma más positiva a las personas que las imitan. La forma en que esto funciona a nivel psicológico es que imitar el patrón de comportamiento o las palabras de alguien les hace sentir una sensación de validación. Esta positividad se transmite directamente a la persona que los validó al reflejar su comportamiento. Llegan a asociar a las personas que las reflejan como positivas y simpáticas. ¿No aumenta automáticamente su autoestima y confianza cuando alguien le emula? E invariablemente acaba queriendo a las personas que le admiran.

Otro consejo potente en la misma línea es parafrasear lo que la gente dice y repetirlo, lo que también se denomina escucha reflexiva. Esto demuestra a la otra persona que la ha escuchado, lo que en cierto modo valida todo lo que ha dicho. Los terapeutas y consejeros utilizan generosamente la escucha reflexiva (por eso a la gente le encanta hablar con ellos).

Esta técnica puede aplicarse en casi cualquier lugar, desde sus empleados hasta sus amigos o su pareja. Cuando escucha a las personas con atención y reformula lo que han dicho en forma de pregunta para confirmar que están en la misma línea, hace que se sientan más cómodas al interactuar consigo. Es más probable que desarrollen sentimientos positivos hacia usted y le escuchen con más atención porque ya ha demostrado que lo que dicen es importante para usted.

2. Confundir con los movimientos de los ojos. Otra forma fantástica de llamar la atención de un manipulador de PNL es notar si están jugando muy cerca de sus ojos o movimientos oculares. Los

usuarios de la PNL suelen examinar a su objetivo o a su víctima con mucho cuidado. Los movimientos de los ojos son escudriñados para medir cómo accede y almacena la información.

En efecto, quieren determinar qué partes del cerebro utiliza para obtener pistas sobre sus pensamientos y sentimientos. Para ello, mueva los ojos por todo el lugar de forma aleatoria. Muévala hacia arriba y hacia abajo o de lado a lado sin un patrón claro. Está despistando a su manipulador de PNL. Haga que parezca natural. Su calibración se irá por el camino.

3. Cuidado con el tacto de la gente. Como hemos comentado antes, una de las técnicas que utilizan los practicantes de la PNL es el anclaje. Si sabe que una persona practica la PNL y está en un estado emocional especialmente elevado o intenso, no permita que le toque de ninguna manera. Desvíelo de su curso riendo repentinamente con fuerza o volando en un ataque de rabia. Básicamente, les está confundiendo sobre la emoción que necesitan anclar. Incluso si intentan establecer una pista física para invocar ciertas emociones, se quedarán con una mezcla de risa loca, rabia y cualquier otra cosa que haya hecho.

4. Cuidado con el lenguaje permisivo. El lenguaje típico utilizado por los PNL incluye "estate relajado", "relájate y disfruta de esto" y otras afirmaciones similares. Tenga cuidado con este lenguaje de estilo hipnotizador de la PNL que le induce a un estado de relajación profunda o rastrea para conseguir que piense o actúe de una manera específica. Los manipuladores hábiles o encubiertos rara vez ordenan de manera directa.

Buscarán hábilmente su permiso para darle la impresión de que está haciendo lo que ellos quieren que haga por su propia voluntad (uno de sus muchos trucos siniestros). Si observa a los hipnotizadores experimentados, nunca le ordenarán directamente que haga algo, sino que buscarán su permiso para que parezca que se hace de forma orgánica, con su consentimiento.

5. Evitar el galimatías

Cuidado con las tonterías que no tienen ningún sentido lógico o con las afirmaciones retorcidas/complicadas que no significan nada. Por ejemplo, "A medida que liberes la sensación de estar retenido por sus pensamientos, se encontrará alineado con la voz de tu éxito". ¿Tiene esto algún sentido? Los manipuladores de la PNL no dirán nada a propósito, sino que programarán su estado emocional para llevarlo hacia donde ellos quieran.

Una de las mejores maneras de protegerse contra este tipo de manipulación inducida por el hipnotismo y la PNL es instar al manipulador a ser más específico. ¿Puede ser más claro al respecto? ¿Puede especificar exactamente lo que quiere decir? No sólo interrumpirá su técnica astutamente establecida, sino que también forzará la interacción con un lenguaje preciso, rompiendo así el trance provocado por las palabras y frases ambiguas.

6. No acepte nada rápidamente. Si se ves obligado a tomar una decisión instantánea sobre algo importante y sientes que le dirigen en una dirección concreta, escapa de la situación. Espere un día para tomar una decisión. No se deje arrastrar o llevar a tomar una decisión que no quiere tomar por impulso. Los profesionales de las ventas son expertos en manipular a los compradores para que compren algo que no necesitan utilizando tácticas de manipulación y PNL. Cuando alguien le apresura a tomar una decisión, debería ser una señal de advertencia para que se eche atrás y espere hasta que haya reflexionado más sobre la situación.

Capítulo 4: Persuadir e influir en las personas

La gratitud es otra gran cualidad de influenciador/influenciador/modelo de rol. Los manipuladores e influenciadores eficientes conocen el poder del simple agradecimiento para canalizar a las personas en la dirección correcta. Un simple gesto como dar las gracias a la gente, apreciar el esfuerzo que han puesto en un proyecto o elogiar públicamente sus habilidades, contribuye en gran medida a inspirar su lealtad hacia usted.

Elija siempre reconocer el trabajo o los esfuerzos de los demás y concéntrese en elevarlos como brillantes modelos de conducta para los demás. Pocas cosas suben la moral de una persona que ser presentada como un ejemplo brillante. Esto no sólo hace que la persona se sienta de maravilla, sino que también le ayuda a reforzar lo que es correcto hacer. Todo el mundo quiere ser apreciado y valorado y, por tanto, se sentirá motivado para hacer las cosas como se deben hacer. Una vez que una persona se da cuenta de que le agradece algo, seguirá haciéndolo aún más.

Otro consejo que puede convertirle en un magnífico manipulador, influenciador y persuasor es la capacidad de ayudar a la gente a salvar la cara en una situación potencialmente embarazosa o incómoda. La persona se sentirá en deuda contigo de por vida. Sentirá una profunda gratitud por haberle ayudado a salir de una situación complicada, lo que a su vez le inspirará una lealtad inquebrantable.

Puede ayudar a desviar la atención del error de la persona. Por ejemplo, si alguien dice algo que no debería haber dicho por error o por accidente, cambie rápidamente de tema antes de que nadie se dé cuenta o haga como si no hubiera pasado nada.

Como influenciador o manipulador, está mostrando a la gente que se preocupa lo suficiente por ellos como para encubrir pequeñas vergüenzas o faltas. Sin embargo, no deje que la gente se aproveche de su amabilidad. Asegúrese de que la persona sea informada asertivamente en privado (si se trata de un asunto potencialmente importante) de que no mostrará una indulgencia similar si se trata de una infracción habitual.

Entrena y orienta a las personas en lugar de humillarlas. Si detectas un esfuerzo sincero por cambiar, ayúdales a cambiar. Trabajen juntos en estrategias que puedan ayudarles a alcanzar sus objetivos.

Relájese

Los comportamientos relajados, racionales y constantes tienen más probabilidades de lograr el éxito influyendo en la gente que los enfoques emocionales, volátiles y exigentes. Ser ecuánime e imperturbable puede hacerle ganar más adeptos que una actitud irracionalmente dogmática.

La gente tiende a escucharle mejor cuando habla despacio, de forma relajada y seguro de sí mismo. Si se pones a despotricar y a insultar, seguro que pierde el respeto con el paso del tiempo. Los influencers rara vez muestran reacciones emocionales extremas. Exudan una seguridad natural en sí mismos que, en última instancia, les ayuda a influir en los demás sobre sus ideas.

Si realmente quiere que la gente le escuche, evite dar órdenes. Eso le hace parecer muy prepotente e irrespetuoso. En cambio, cuando demuestras que realmente le importan las aportaciones de los demás, es más probable que la gente responda a su petición. Se sentirán menospreciados y harán exactamente lo contrario de lo que les pides.

En su lugar, haga peticiones educadas y respetuosas. Utilice la palabra "por favor" siempre que pueda. En lugar de ordenar a una persona que realice una llamada de ventas al aire libre durante el día, puede decir algo como: "¿No hace un día precioso fuera hoy? ¿No sería un buen día para hacer su llamada de ventas al aire libre? Es poco probable que la persona se niegue. Pídalo de una manera que a la gente le resulte difícil de rechazar.

Preste atención a su lenguaje corporal

¿Sabía que el lenguaje corporal representa el 55% del proceso de comunicación? ¿Y que el tono de su voz supone un 38 por ciento de toda la comunicación? Esto significa simplemente que la comunicación no verbal es más importante que lo que habla o la comunicación verbal.

No se reduce a lo que dice, sino también a cómo lo dice o a la forma en que comunica algo. Todo, desde los gestos hasta la postura y la expresión de los ojos, influye en el mensaje que se intenta transmitir. Por ejemplo, cuando una persona tiene una expresión estoica en la cara y cruza los brazos sobre el pecho, sabe que le está hablando de forma acusadora. Sin embargo, una voz más calmada, unos brazos y piernas sin cruzar y un lenguaje corporal generalmente relajado harán que la otra persona se sienta más tranquila. Es probable que se ponga menos a la defensiva y sea más receptiva al mensaje.

He aquí algunos consejos para mantener un lenguaje corporal positivo. Mire de frente a la persona mientras le habla. Mantenga el contacto visual sin mirar fijamente y sin hacer que la otra persona se sienta incómoda. Está bien cambiar la mirada de vez en cuando. No se mueva ni de golpecitos con los dedos o los pies. Puede dar a su amigo la impresión de que no le interesa lo que está diciendo. Uno de los mejores consejos para revelar su interés en la otra persona o en lo que está diciendo es inclinarse en su dirección. Mantenga su lenguaje corporal menos rígido y muéstrese relajado o cómodo.

El lenguaje corporal es un componente integral de su persona como manipulador e influenciador. El tono de voz, las expresiones, los gestos, la forma de caminar, la postura y otras pistas no verbales son determinantes a la hora de conseguir que la gente haga lo que tú quieres.

Mantenga siempre un tono de voz asertivo, firme, decidido y bajo. Los estudios han revelado que hablar con la gente en tonos bajos tranquilizadores y reconfortantes hace que sean más eficientes. Esto no implica en absoluto que no debas tener una voz fuerte, segura y naturalmente confiada que demuestre que va en serio. Pero no vaya por ahí hablando en tono alto todo el tiempo para afirmar su autoridad si quiere que la gente le tome en serio. Hable siempre despacio y haga pausas efectivas para reforzar la autoridad. Parecerá menos autoritario si habla rápido sin salpicar su discurso con pausas impactantes.

El apretón de manos de un influenciador y manipulador es firme sin ser intimidante y apretado. Su objetivo debe ser asegurar a la gente en lugar de establecer un statu quo con su apretón de manos. No recurra a un apretón de manos flojo utilizando sólo las puntas de los dedos de la mano. Utilice toda la mano. Tiene una sola oportunidad de crear una primera impresión poderosa, y su apretón de manos puede causar un impacto instantáneo.

¿Sabía que la gente se apodera de usted y forma una opinión de su persona en los 4 segundos iniciales de su primera interacción con ellos? Haga que cada segundo cuente. Un apretón de manos firme transmite confianza, afabilidad y positividad. Simboliza la unión de dos poderes que pueden unirse para crear algo formidable. Las personas influyentes siempre dan la mano de una manera que transmite su fuerza y control.

No utilice gestos aleatorios, distraídos o nerviosos al dirigirse a su grupo. Utilice gestos que complementen la comunicación verbal. Por ejemplo, si está hablando de un trabajo bien hecho o de un agradecimiento dirigido a su empresa, utilice el gesto del pulgar hacia arriba. Estos gestos apoyan su discurso y crean una impresión memorable en la mente de los seguidores.

Mantenga siempre una postura poderosa. Los influenciadores fuertes comunican confianza, seguridad en sí mismos y fuerza de forma muy sutil a través de su postura. Mantenga su postura extendida y abierta para proyectar transparencia, confianza y poder. La cabeza debe estar recta. Mantén un contacto visual ininterrumpido mientras hablas con la gente. No se olvide de sonreír.

Uno de los mejores trucos antes de presentar una idea (con la que quiere que la otra persona esté de acuerdo) es practicar posturas frente a un espejo. Invariablemente, se sentirás más seguro de sí mismo y transmitirá inconscientemente a su público que tiene todo el control, que es positivo con respecto al futuro de la organización y que es capaz de establecer objetivos poderosos. Cuando esté en el escenario, intente caminar, hacer una pausa y volver a caminar para conseguir un mayor efecto, en lugar de realizar movimientos erráticos o permanecer inmóvil. El movimiento representa la energía, el entusiasmo y el compromiso, que pueden ser muy contagiosos para los seguidores.

Los gestos de ansiedad, como tirarse del cuello de la camisa o levantarse el pelo, indican un cúmulo de energía nerviosa, lo que no contribuye a asegurar a los seguidores en una crisis. Los empleados esperan que las personas influyentes estén tranquilas y controlen la situación cuando están nerviosas. Si detectan nerviosismo en su lenguaje corporal, también tienden a perder la confianza. Mantenga su lenguaje corporal calmado, frío y tranquilo para restablecer la seguridad. Esto reconforta a los seguidores y facilita la colaboración.

Desarrollar un estilo de comunicación impresionante

Cada persona tiene sus propias preferencias y estilos de comunicación a la hora de transmitir sus ideas, pensamientos y conceptos. Si quiere tener una posición más dominante o quiere que los demás le vean como una persona influyente, desarrolle un estilo de comunicación único. ¿Cuál es su principal medio de comunicación? ¿Pone más énfasis en la comunicación verbal o no verbal?

En una ocasión, una formadora me dijo que le encantaba la forma en que gesticulaba con las manos mientras hacía una presentación. Añadía más impacto al mensaje y lo hacía aún más eficaz. A partir de entonces, empecé a incorporar conscientemente estos poderosos gestos con las manos en mi presentación para darle más fuerza, lo que realmente me funcionó. ¿Cuál es su USP de comunicación? Si se le dan bien las palabras, aprovéchelo. Si tiene una cara más expresiva o animada, comuníquese a través de las expresiones.

Descubra sus propias preferencias de comunicación. Yo soy una persona que hace ojitos, así que puedo comunicarme fácilmente a través de mis ojos si no estoy satisfecha con algo. Haga un balance de sus puntos fuertes y débiles y de sus estilos de comunicación. No siempre tiene que seguir los pasos de los demás en lo que respecta a la comunicación. Póngase delante de un espejo y observe su estilo de comunicación. Preste atención a sus gestos, su voz, sus expresiones, su tono... ¿Cómo se comunica con la otra persona? ¿Qué palabras y frases utiliza con frecuencia? ¿Su estilo de comunicación anima a la gente a escuchar o a desconectar? ¿Su lenguaje es positivo o negativo?

Por ejemplo, si alguien no está rindiendo a la altura de sus expectativas, ¿dice "eres pésimo en esto" o "tienes el potencial para hacerlo mucho mejor"? ¿Su lenguaje cierra las brechas o destruye las relaciones? ¿Sus palabras animan a seguir conversando? ¿Inspiran a sus jefes, compañeros de trabajo o subordinados a aportar ideas? ¿Cierras a la gente con lo que habla? Todo esto es importante cuando se trata de la comunicación en el lugar de trabajo.

Las personas suelen tener uno de estos tres estilos de comunicación, que pueden variar según la situación. Algunas personas tienen estilos de comunicación más autoritarios o dictatoriales, mientras que otras son más sumisas. La tercera es la categoría asertiva, que es a la que debe aspirar. El dogmático o dictatorial dice: "Siempre tengo razón. Mi palabra es la verdad del evangelio". La sumisión dice: "Tú siempre tienes la razón y yo cedo a todo lo que dices".

Sin embargo, la asertividad dice: "Creo que tengo razón, pero eso no significa que no respete tu opinión o tu derecho a discrepar". La asertividad es el respeto por su punto de vista y por el de la otra persona. Es defenderse a sí mismo sin menospreciar a la otra persona. Es el medio perfecto entre ser dogmático y sumiso. Fíjese en el personal de alta dirección de cualquier organización. La mayoría de las veces, observará que han dominado el arte de exponer su punto de vista sin ofender a los demás.

Por supuesto, también hay muchas excepciones. Yo he tenido mi cuota de jefes infernales. Sin embargo, las personas que saben hablar para que los demás los escuchen sin ofenderse han dominado prácticamente el arte de la comunicación empresarial.

Identificar una base común sólida

Cuando veas que la gente se desentiende de la ‚conversación o no responde favorablemente a lo que dices, cambia de tema. Encuentre un punto en común entre usted y la otra persona para establecer un nivel de comodidad. Los vendedores utilizan esta técnica de comunicación todo el tiempo. Están entrenados en el arte de crear una relación con los clientes potenciales.

Busque pistas hasta que encuentre algún punto en común. Entable una conversación con la persona sobre el tema durante un rato hasta que se descongele. Haga que se sientan cómodos y luego vuelve al tema inicial. Estarán más receptivos y abiertos a lo que dice. A menudo nos rendimos cuando nos damos cuenta de que la otra persona no está respondiendo o reaccionando favorablemente a lo que estamos diciendo. Sin embargo, los comunicadores poderosos son capaces de encontrar rápidamente una conexión a través de un hilo conductor y hacer que la otra persona se relacione con ellos de una manera más positiva.

Diga las cosas en el momento adecuado

Este es uno de los puntos más importantes a la hora de comunicarse con la gente en el ámbito profesional. A veces, el problema de la comunicación no se basa en cómo se dice algo, sino simplemente en el momento en que se dice. Si tiene un problema con alguien en el trabajo, diríjase a él directamente en lugar de hacérselo saber a todo el lugar de trabajo. Del mismo modo, todo el mundo tiene sus días y momentos malos. Muestra más empatía hacia las personas comprendiéndolas. Todos nos estresamos y tenemos nuestra parte de días improductivos o ineficientes. Está bien tender la mano a la gente y ser comprensivo con ellos cuando es evidente que lo están pasando mal.

No debería haber lugar para el dramatismo en un entorno profesional. Asegúrese de elogiar a las personas públicamente cuando hayan hecho algo maravilloso y de criticarlas personalmente. Conozco a una persona influyente en las redes sociales que es muy popular y querida en su comunidad porque elogia públicamente a las personas. Siempre destaca sus aspectos positivos y reconoce públicamente su fuerza.

Sin embargo, cuando algo no sale como estaba previsto o los resultados no están a la altura, llama a su personal al interior de la cabina y mantiene una conversación individual con ellos. Nadie se entera de la conversación que comparte con sus asistentes. Esto hace que su aura sea muy positiva e inspiradora. Ni que decir tiene que la gente se toma en serio su palabra y la escucha.

Del mismo modo, mantenga un lenguaje corporal potente y positivo mientras se comunica con la gente. Por ejemplo, mantenga el contacto visual para demostrar que le interesa o respeta lo que le están diciendo. Sea más consciente y atento a su lenguaje corporal mientras se comunica con la gente. Imagine que un compañero de trabajo le está expresando sus preocupaciones y usted coloca la barbilla sobre la mano mientras pones los ojos en blanco periódicamente mientras le escucha. ¿Qué señal les está enviando? Que no le importa nada lo que están diciendo o que esté completamente aburrido.

Utilice siempre un lenguaje que resuene con su gente. Si está tratando con un grupo de becarios, evite utilizar una jerga demasiado técnica que no entiendan o con la que no se identifiquen. Puede que se sientan identificados con una jerga ligeramente más desenfadada y milenaria. Del mismo modo, si se dirige a un grupo de altos directivos, puede que tenga que recurrir a un lenguaje más técnico y profesional que resuene con ellos.

La jerga técnica innecesaria puede complicar o confundir a la gente. Es posible que no pueda impartir la información con eficacia o transmitir sus ideas de manera impactante. Utilice un lenguaje que provoque un mayor compromiso y debate. El objetivo principal de la comunicación debe ser comunicar su punto de vista de forma convincente, no pasar por listo.

Utilice la técnica del sándwich

La técnica del sándwich no puede calificarse realmente como una técnica altamente manipuladora. Sin embargo, es eficaz porque le ayuda a conseguir que la otra persona haga lo que usted quiere utilizando la carta de la diplomacia. Se trata de uno de los métodos más poderosos cuando se trata de comunicar algo complicado y potencialmente ofensivo a su pareja. El método consiste en intercalar una afirmación potencialmente negativa u ofensiva entre un par de afirmaciones positivas.

Por ejemplo: "Escucha, Bridget, te adoro mucho y me haces realmente feliz. Sin embargo, me resulta difícil que trabajes las veinticuatro horas del día. Si redujeras tu trabajo y pudiéramos pasar un buen rato juntos, sería muy feliz. Me siento tan bien cuando estoy contigo". ¿Ve lo que hemos hecho? Hemos utilizado una acusación potencialmente conflictiva (no pasas suficiente tiempo conmigo por culpa de tu trabajo) entre dos afirmaciones que suenan dulcemente y que garantizan que se derrita el corazón de su pareja.

No lance una bomba a su pareja lanzando acusaciones de la nada. Utilice siempre señales o indicadores para avisar de algo, de modo que la persona esté preparada para ello y no se vea sorprendida. Si tiene una preocupación genuina que quiere que escuche, empiece la conversación con algo como: "Quiero quitarme esto de encima" o "Me vendría bien que me aseguraran que...". De este modo, su interlocutor se da cuenta de que no le está acusando realmente, sino que sólo necesita que le tranquilicen y le escuchen.

Practicar la escucha activa

De nuevo, la comunicación consiste tanto o más en escuchar que en hablar. Se trata de permitir que su otra mitad sepa que está 100% atento e interesado en lo que está hablando.

Puede ser en forma de varias pistas verbales y no verbales, como el contacto visual, el reconocimiento de lo que están diciendo, el parafraseo de lo que han dicho (para demostrar que ha estado escuchando con atención y quiere entenderlo correctamente) y mucho más. No mire el teléfono o el periódico mientras su interlocutor está hablando. Hágale saber que tiene toda su atención.

Resista el impulso de interrumpir a su interlocutor mientras habla. Manténgase centrado, interesado y atento. Conocí a un amigo que solía interrumpir para dar consejos a su mujer cada vez que ésta exponía sus quejas en el trabajo. Muchos hombres lo hacen, y en realidad no es culpa suya.

Simplemente están conectados para arreglar todo desde los tiempos primitivos. Una mujer puede querer simplemente hablar con su corazón para sentirse más ligera. Puede que no busque necesariamente consejos, orientación o sugerencias. Sin embargo, el hombre se cree su caballero de brillante armadura y empieza a ofrecerle soluciones inmediatas. Esto también puede ocurrir a veces con las mujeres. Resiste el impulso de ofrecer soluciones y céntrese en escuchar a su pareja.

Cuando terminen de hablar, podrá averiguar si están pidiendo consejo. No se precipite a dar su opinión cuando todavía estén hablando. Deje que terminen antes de dar un consejo.

Mire a su pareja mientras habla y responda de vez en cuando con un movimiento de cabeza o con pistas verbales como "u-huh", "ya veo" y "hmm". Haga un tiempo de conversación diario reservado sólo para usted y su pareja. Puede ser durante el desayuno o la cena o justo antes de irse a la cama. Respete la necesidad de la otra persona de hablar o incluso de permanecer en silencio. A veces, la persona puede no querer hablar, lo cual también está bien. Puede entablar una conversación cuando se sienta más preparada o con más energía para ello.

Aunque no esté de acuerdo con lo que dice, aguante un rato. Haga que la comunicación honesta y abierta sea su principal objetivo para conseguir una relación más gratificante y satisfactoria.

Preste atención al mensaje general

Reflexione sobre el mensaje que su pareja ha transmitido a través de sus palabras, en lugar de limitarse a captar algunas palabras aquí y allá. Compruebe con ellos si realmente entiende sus sentimientos. Puede comprobarlo de la siguiente forma: "Cariño, lo que entiendo de lo que dices es" o "Si lo he entendido bien, creo que te sientes....".

Esto le dice a su pareja que le importa lo que dice y que está atento a su mensaje. Está muy interesado en asegurarse de que le entiende correctamente y de que no hay margen para malentendidos o falta de comunicación. De nuevo, esto le ayuda a empatizar con la perspectiva de la otra persona.

Por mucho que lo deteste, conocer e interactuar con extraños es una parte integral e ineludible de su vida. En nuestro día a día nos cruzamos con personas que no conocemos de nada. La buena noticia es que existen algunos trucos inteligentes para caerle bien a los desconocidos.

Estos son mis consejos favoritos cuando se trata de influenciar y manipular a extraños.

Utilizar su nombre varias veces

Los desconocidos no esperan realmente que utilice sus nombres en cuanto se presentan a usted o se los presenta una tercera persona. Además, la gente está predispuesta a adorar el dulce sonido de sus nombres (el narcisismo se paga). Una vez que conozca el nombre de alguien, utilícelo unas cuantas veces durante la conversación de forma natural.

No exagere o parecerá falso. Siempre me doy cuenta de que cuando me dirijo a los representantes del servicio de atención al cliente con sus nombres unas cuantas veces durante la llamada, se muestran aún más dispuestos a ayudar. La persona invariablemente siente una sensación de conexión o amistad hacia usted. Las gélidas vibraciones de ser extraños se descongelan un poco y él/ella se vuelve más familiar cuando se dirige a usted por su nombre.

Además, cuando repite el nombre de una persona más de una vez, las posibilidades de recordarlo aumentan. Esto puede ahorrarle la vergüenza de olvidar nombres (y enterrar definitivamente sus posibilidades de caerle bien a la persona).

Sonreír y mantener el contacto visual

Esta es una obviedad, sin lugar a dudas. La sonrisa es una expresión universal de vinculación o apertura a alguien. Ofrece a los desconocidos una sonrisa genuina y cálida para aumentar la sensación de familiaridad. Le hace parecer más accesible, amigable y simpático. Además, establece un tono más positivo para futuras interacciones. El pequeño acto de sonreír hace que el cerebro libere hormonas químicas que le hacen sentir más feliz como persona. De este modo, entrará en una interacción sintiéndose más amable, más feliz y positivo, lo que invariablemente le hace más simpático.

El contacto visual es una expresión universal o una señal de confianza, transparencia, honestidad y autenticidad. Más del 50 por ciento de nuestra comunicación se produce visualmente. Por eso, mirar a los ojos de una persona le da un impulso de familiaridad inmediato. ¿Quiere dar la impresión de estar seguro de sí mismo sin rayar en lo espeluznante? Mantenga una proporción saludable de 60:40.

Utilizar la inclinación de la cabeza

El título de la cabeza es una magnífica forma no verbal de comunicar su interés por un desconocido o de caerle bien a un desconocido. Basta con inclinar la cabeza hacia un lado u otro. Esto comunica subconscientemente a la otra persona que no es una amenaza para ella porque está exponiendo su arteria carótida. Es la arteria principal que suministra sangre al cerebro, y cualquier daño a esta arteria puede conducir a la muerte instantánea o a un daño cerebral permanente. Al exponer esta región de su cuerpo, está indicando al desconocido que ni él es una amenaza para usted ni viceversa. De forma no verbal, está sentando las bases para una relación no amenazante.

Utilizar declaraciones empáticas

Las afirmaciones empáticas ayudan a mantener el foco de atención en la otra persona, lo que hace que usted resulte más simpático. En general, a las personas les gusta que la atención se centre en ellas mismas y no en los demás. Se sienten muy bien cuando son el centro de atención. No repitas sus afirmaciones, ya que puede parecer paternalista o condescendiente. Reformule lo que han dicho manteniendo el foco en ellos. La fórmula estándar para crear declaraciones empáticas debería ser: "Así que, lo que sientes o estás diciendo es ....."

Esto los convierte inmediatamente en el centro de la conversación. Algo así como: "Entiendo cómo te sientes". La idea es que la otra persona sea siempre el centro de la conversación. Esta fórmula básica rara vez falla cuando se trata de caer bien a los desconocidos.

Pedir favores

Sé que esto parece divertido e incluso contraintuitivo. Es decir, si le pide un favor a alguien y lo cumple, le caerá bien, ¿verdad? Sin embargo, Ben Franklin se dio cuenta de que cada vez que pedía un favor a sus compañeros de trabajo, les caía mejor que cuando no pedía favores. Esto también puede funcionar con los desconocidos cuando se trata de romper el hielo y abrir a la gente hacia usted. "Oh, tú trabajas para la empresa XYZ, y me gustaría que me dieras los datos de contacto del director de marketing para una asociación de marcas o un acuerdo. Sería muy amable si pudieras ayudarme con sus datos de contacto".

Cuando alguien hace un favor, se siente muy bien consigo mismo, y si le pide un favor a una persona le está ayudando a sentirse maravillosamente bien. Esto contribuye en gran medida a aumentar su cociente de simpatía. Hace que la persona que hace el favor sea más grande o foco de atención, lo que la hace sentir bien. Sin embargo, no exagere a la hora de pedir favores a la gente sólo para caerles mejor. Pedir demasiados favores hará que la gente corra en dirección contraria. Así, está manipulando a una persona para que desarrolle sentimientos positivos hacia usted al pedirle favores.

Mantenga su lenguaje corporal abierto y accesible

¿Sabía que los desconocidos se forman una impresión sobre usted en los primeros cuatro segundos de haberle visto o conocido? Los primeros cuatro segundos son cruciales a la hora de formarse una impresión de los desconocidos. Esto significa que la persona se formará una opinión sobre usted incluso antes de que usted diga nada. En estos casos, la responsabilidad recae en sus señales no verbales o en su lenguaje corporal. Mantenga su lenguaje corporal relajado y abierto.

Por supuesto, las acciones hablan más que las palabras. Funcionan a un nivel muy subconsciente y primordial. Mantenga sus gestos, postura, expresiones, movimientos de piernas, etc. más accesibles. Esto puede ayudar a determinar a nivel subconsciente si los desconocidos le ven como una persona abierta y receptiva. Su lenguaje corporal determinará si le gusta a una persona o no, independientemente de lo que diga.

Mantenga las palmas de las manos y los brazos abiertos si quiere parecer una persona más accesible y receptiva. Las piernas deben estar más abiertas y el torso y la cabeza deben apuntar en dirección a la persona con la que se está comunicando. Se añaden puntos por mantener el contacto visual. La gesticulación consiste en utilizar las manos para añadir más significado o expresión a su mensaje verbal. Por ejemplo, señalar con el dedo para enfatizar una palabra o frase.

Esto le hace más simpático a los desconocidos, ya que da la impresión de ser alguien con mucha energía, expresión y entusiasmo. Se percibe como una persona más expresiva, animada y elocuente. La gente responde más positivamente a las personas que son animadas en sus gestos.

Ofrezca cumplidos sinceros y específicos

Uno de mis consejos para romper el hielo con los desconocidos es hacerles un cumplido genuino y específico. Puede ser un cumplido pequeño, casual y específico que les alegre el día. Yo iría un paso más allá y les preguntaría dónde han comprado esas cosas. Es una forma increíble de abrir otras vías de conversación. Por ejemplo, puede preguntar a un desconocido o a una persona que le acaban de presentar de dónde ha sacado su precioso bolso o cartera.

A esto, pueden responder que lo compraron en Londres mientras estaban de vacaciones allí. Bingo! Esto le da la oportunidad de hablar de sus vacaciones en Inglaterra. De este modo, provocará un recuerdo feliz, lo que hace que les guste. ¿A quién no le gustan los cumplidos sinceros? Un consejo profesional a la hora de hacer cumplidos es que sean específicos para que suenen auténticos.

En lugar de decirle a alguien lo maravilloso que es su traje, puede decir que el corte le queda magnífico o que le encanta cómo le queda el atuendo. Del mismo modo, en lugar de decirle a alguien que es un buen orador, escoja trozos de la conversación que realmente le hayan gustado. Otro favorito es, en lugar de decir "eres preciosa" o "tienes unos ojos preciosos", decir algo como "el color de tus ojos es precioso" o "tienes unos ojos muy conmovedores". Empieza con una sonrisa cálida, mantén el contacto visual y luego elogia sus ojos. Funciona de maravilla.

Aplauda el humor que han utilizado en el discurso o su potente vocabulario. Hacer el cumplido de forma específica le hace parecer más genuino que un simple halago. Los elogios son una forma estupenda de ganarse la simpatía de los desconocidos.

Hacer reír a la gente

De todos los consejos de comunicación que doy a la gente, éste probablemente encabeza la lista cuando se trata de romper el hielo con desconocidos. La gente le adorará si les hace reír. No es ningún secreto que los vendedores que hacen reír a sus clientes potenciales obtienen altas cifras de ventas o los representantes de atención al cliente que hacen reír a los clientes obtienen altas puntuaciones de satisfacción.

Asegúrese de no hacer chistes ofensivos ni recurrir al humor relacionado con temas delicados como la religión, el racismo, etc. Mantenga la limpieza, la inteligencia, la sencillez y la salud. La gente suele estar estresada, agotada y aburrida de su rutina diaria. Cuando recurre al humor, les aligera el día haciéndoles reír. Les da un respiro de una existencia mundana, lo que le hace entrañable para ellos. Si le dicen que tienen un día difícil o que han llegado tarde al trabajo, dele un toque más desenfadado. Esto transformará su estado de ánimo hosco y les hará más receptivos a una conversación.

Algunas de mis personas favoritas en el mundo son las que me hacen reír, y no es muy diferente para la mayoría de la gente.

Evite enfadarse

Había un niño pequeño con bastante mal genio. Su padre le dio una bolsa de clavos y le pidió que clavara un clavo en la valla cada vez que el niño perdiera la calma. El primer día, el niño clavó 37 clavos en la valla. Poco a poco, el número de clavos perforados en la valla se fue reduciendo. El chico descubrió que era más fácil contener su ira que pasar por todo el proceso de clavar clavos en la valla.

Un día, el niño no perdió los nervios ni una sola vez. Fue y se lo contó a su padre con orgullo. El padre le pidió entonces que le quitara una uña por cada día que lograra controlar su temperamento. Pasaron varios días y todos los clavos habían desaparecido. El padre le cogió de la mano y le llevó a la valla. Le dijo: "Lo has hecho bien, hijo. Sin embargo, mira los agujeros que han quedado. La valla nunca volverá a ser la misma. Cuando se dicen cosas con rabia, se dejan cicatrices permanentes. No importa cuántas veces sientas o digas que lo sientes, la herida es para siempre".

No vale la pena ser un Adolf Hitler moderno. Las reprimendas duras pueden hacer que la gente actúe por miedo a corto plazo. Sin embargo, será menos eficaz a largo plazo, debido a la reducción de la moral del equipo, la baja motivación y la inexistencia de un propósito superior para lograr el objetivo. Sea paciente y tolerante con las debilidades de las personas. En lugar de enfadarse, vea cómo puede ayudarles a superar esos defectos para aumentar la productividad.

Me viene a la mente la famosa cita maquiavélica "Y aquí viene la cuestión de si es mejor ser amado que temido o temido que amado". Aunque lo ideal es un equilibrio entre ambas cosas, el amor puede ayudar a ganar una lealtad feroz, compañerismo y fe. Hace que los seguidores estén intrínsecamente motivados para dar lo mejor de sí mismos y evitar defraudar a su influenciador. Esto puede ser mucho más potente que las recompensas físicas o las reprimendas.

Puede que creas que el miedo es más potente y estable a la hora de realizar las tareas. Sin embargo, también puede conducir a la corrupción y a medios poco escrupulosos en los que las personas tratan de torcer el sistema para evitar la reprimenda. En lugar de actuar con un sentido de lealtad interna, simplemente hacen cosas para evitar el castigo o la ira de su persona de influencia, lo que puede llevarles a utilizar medios poco éticos.

Por ejemplo, Adolf Hitler. Era alguien que no dirigía más que por el miedo. Ascendió al poder rápidamente inculcando una sensación de miedo a sus seguidores. La gente no tenía más remedio que obedecer. ¿Cuáles fueron los resultados? Devastadores, por decir lo menos.

Consolar a la gente cuando comete errores y generar confianza

Sé siempre una fuente de consuelo para las personas cuando quieras que realicen una acción o piensen de una manera determinada. Las personas deben poder sentirse seguras y reconfortadas en las horas más sombrías. No sea una fuente de depresión, negatividad, miseria y desánimo de sus seguidores. ¿Cómo afrontas las situaciones en las que su cónyuge, sus empleados, sus hijos y otras personas cercanas le decepcionan? ¿Reacciona inmediatamente y causa aún más daño a la situación ya volátil? Puede que esa no sea la mejor manera de afrontar la situación.

Consolar a las personas cuando se equivocan o le decepcionan ayuda a que se arrepientan del error en lugar de ponerse a la defensiva. Si se lanza a la ofensiva, prepárese para aceptar un camión de excusas y defensas. En lugar de culpar a las personas o acusarlas, intente ganarse su confianza haciéndoles entrar en razón. Los manipuladores saben cómo perdonar a la gente o pasar por alto sus faltas y, posteriormente, utilizar este perdón como palanca para generar confianza y conseguir que la otra persona realice la acción deseada o piense de una determinada manera.

Veamos un ejemplo. Un empleado por lo demás brillante, Rick, ha sido bastante decepcionante en su último proyecto. En lugar de menospreciarle por su dejadez, intente reconfortarle para que entienda qué es lo que realmente le ha llevado a esta inverosímil situación. Pregúntale a Rick si hay algo que puedas hacer para ayudarle. Intente averiguar si algo ha cambiado en los últimos días o si su moral está baja.

Acusar y reprender a la gente puede no llevarte muy lejos. Puede que no llegues a la raíz del problema. El miedo no fomenta las conversaciones constructivas.

Supongamos que Rick ha hecho un nuevo grupo de amigos, que beben en el bar local hasta altas horas de la noche todos los días, lo que le ha llevado a no poder dedicar suficiente tiempo al trabajo. Es posible que no lo comparta con usted si considera que su enfoque es condescendiente y crítico. Una vez identificado el problema, podrían trabajar juntos para resolverlo. Sin embargo, para concretar el problema, tiene que ser una persona accesible, que le dé seguridad y le reconforte.

Descarte los rencores y sea positivo

Como manipulador o influenciador, es fundamental marcar el ritmo de una cultura organizativa más inclusiva que se nutra del progreso, la positividad y el perdón por encima de las mordidas, la venganza y las palabras sueltas que pueden obstaculizar la productividad. Dado que los influenciadores operan en el punto focal de las relaciones humanas, cada uno de sus movimientos debe estar dirigido a dar un ejemplo de generosidad y perdón.

Reflexione y recuérdese a sí mismo que guardar rencor o malos sentimientos contra la gente genera negatividad en su interior y ayuda inconscientemente a la otra persona a detectarla. Absorbe su energía y puede conducir a acciones irracionales o negativas. Le quita el foco a los objetivos productivos. Póngase en el lugar de otra persona. Imagínese en su lugar para intentar comprender qué le llevó a comportarse de esa manera sin juzgar duramente sus acciones. No es necesario que respalde o esté de acuerdo con sus acciones. Intente ver de dónde vienen. Una vez que les muestre una comprensión inesperada, se sentirán en deuda con usted. Esto puede ser aprovechado más tarde para conseguir que realicen la acción deseada.

En lugar de guardar rencor y buscar venganza, hable con la persona honestamente sobre cómo se sintió y acabe con ello. Se sentirá mejor y menos propenso a albergar rencores después de expresarse. Perdonar y olvidar el acto necesita un cierre. No se dirija a las personas con rabia, y al mismo tiempo libérese de guardar cualquier tipo de rencor hacia ellas. Además, no sirve de nada hablar a la gente en la cara y guardar rencor contra ellos en su interior. Deshágase de todos los malos sentimientos interna y externamente. Muestre compasión, hable con dulzura, intente comprender qué ha llevado a las personas a comportarse como lo han hecho y perdónelas por dentro.

Una de las mejores estrategias para descartar los rencores es llegar a algún tipo de entendimiento con una persona o grupo de personas. Consiga una garantía clara de que las personas no repetirán sus acciones. Esto le ayudará gradualmente a restablecer la confianza y a eliminar los rencores.

El perdón no le hace menos influyente. No implica que no esté operando desde una posición de poder o renunciando a su papel dominante. Simplemente significa que es lo suficientemente sabio como para dejar de lado las emociones negativas y centrarse en la positividad para aumentar la productividad de la organización.

Ser positivo es el grupo sanguíneo de todos los influencers. Hablando más en serio, todo el mundo tiene algunas características positivas y negativas. Si ha encontrado el ser perfecto, probablemente exista en otro planeta. Los grandes influenciadores, persuasores y manipuladores conocen el valor de cultivar una cultura que fomente los errores de los empleados como forma de aprendizaje y crecimiento. Aunque esto suena abiertamente optimista, a la larga conduce a menos errores. Todos los fracasos pueden incluir algún tipo de aprendizaje.

En lugar de centrarse en los puntos débiles de sus empleados, intente destacar sus puntos fuertes incluso cuando se refiera a sus errores. Esto da un poderoso giro positivo al proceso de evaluación de su acción. Veamos un ejemplo. Una empleada, Ann, carece de habilidades de gestión del tiempo, por lo que se ha saltado un par de plazos. Sin embargo, es muy buena investigadora.

Empieza diciéndole lo maravillosamente bien investigado que está el proyecto y el mayor aprecio que era capaz de obtener si se hubiera entregado a tiempo. Esto no hace que los miembros de su equipo se sientan devaluados o desmotivados. Estarán más motivados y decididos a aprender de su error en el futuro. El mero hecho de resaltar los aspectos negativos hace que la moral del empleado caiga en picado.

Un consejo sólido para ganarse la lealtad y la fidelidad de la gente es ser bueno con ellos cuando menos lo esperan. La gente asume automáticamente reacciones duras de los influencers cuando cometen errores. Sin embargo, si los trata con amabilidad y compasión, resaltando sus aspectos positivos, sólo estará reforzando su moral para no repetir el error.

Critique o amoneste el error, no a la persona. Un influencer maduro no recurre a los insultos ni a los ataques personales. La gente se frustra y se desmoraliza cuando se le critica en lugar de señalar sus actos. Esto genera resentimiento y rebelión en los seguidores. La gente no se sentirá muy cómoda discutiendo abiertamente con un influencer que recurre a criticar sus actos. Cuando la gente comete errores, ya se siente miserable por ello. Cuando les perdonas por ello, siempre recordarán el favor. Esto le da una base sólida para conseguir que hagan lo que usted quiere más adelante.

Hablar con dureza es como echar sal en las heridas existentes. No digas algo como "eres un trabajador terrible". En su lugar, intente decir "lo que hiciste no fue lo mejor. En su lugar, podrías haber hecho esto". De este modo, sigue señalando el error sin parecer personalmente ofensivo. Además, cuando se produzcan errores y surjan problemas a causa de ellos, deshágase del juego de la culpa. Forme parte de la solución en lugar de hacer que la gente se sienta fatal por sus errores. Un influenciador eficaz pasa del problema y utiliza un enfoque orientado a la solución. Céntrese en cómo remediar la situación problemática.

Capítulo 5: Cómo abordar la manipulación en las relaciones

La manipulación emocional o estar en una relación manipuladora es una de las cosas más desafortunadas que una persona puede experimentar. No sólo destruye su sentido de la autoestima, sino que también le impide disfrutar de relaciones satisfactorias y gratificantes en el futuro. La manipulación va en contra del espíritu de una relación sana, feliz, positiva e inspiradora.

Si bien todos manipulamos de una u otra manera a nuestros seres queridos, la manipulación se vuelve siniestra cuando golpea las emociones o el sentido de autoestima de una persona para cumplir con una agenda egoísta. He aquí algunos tratos eficaces para hacer frente a la manipulación en las relaciones.

1. Observe atentamente sus sentimientos después de cada interacción. ¿La mayoría de las conversaciones o interacciones con su pareja le hacen sentir confuso, indigno o invadido por la duda? Si hace una comprobación rutinaria de sus sentimientos, podrá identificar una causa clara.

Por ejemplo, si se da cuenta de que siempre se siente culpable después de una conversación con su pareja.

Rebobine la conversación y repase lo que ha dicho su pareja después de cada interacción. ¿Cómo empezó? ¿Cuáles son las palabras y frases típicas que utiliza al hablar? ¿Existe un patrón en lo que dicen y en cómo le hacen sentir?

Sería aún mejor si pudiera anotar sus sentimientos para identificar fácilmente el patrón emergente.

Dígase que el problema son ellos y no usted. Recuerde que sólo le están engañando para que piense que es su culpa o que no es lo suficientemente bueno. Lo más probable es que el manipulador esté lidiando con graves problemas propios, que es incapaz de manejar con eficacia. Esto es sólo para ayudarle a establecer un contexto para sus actos, no para que sienta simpatía por ellos. Tenga en cuenta que los manipuladores rara vez merecen compasión.

2. Evalúe su relación de forma objetiva. Si no puede determinar si realmente está en una relación manipuladora o si la persona lo es, obtenga una revisión de la realidad hablando con amigos o personas de confianza.

Pídales una evaluación objetiva de su relación con franqueza. ¿Creen que su pareja tiene expectativas poco razonables de usted? ¿Creen que su pareja se está aprovechando de usted? ¿Creen que está siendo emocionalmente vulnerable?

A veces, al hablar con una tercera persona, obtenemos una perspectiva que no habíamos considerado antes. Probablemente le dará una nueva forma de ver las cosas, lo que le permitirá actuar inmediatamente si le están manipulando.

3. Enfréntese al manipulador. Considere varios ángulos antes de ir a por todas y enfrentarse a su manipulador. Lo más probable es que no admita sus actos de manipulación, sobre todo si pareces inseguro y nervioso.

En lugar de hacer afirmaciones generales sobre cómo "te han estado utilizando" o "se han aprovechado de ti", vaya al grano. ¿Cómo le hace sentir una acción o unas palabras concretas? Enumere los casos concretos en los que ha sentido que se han aprovechado de usted. A continuación, haga una petición positiva y amable, pero asertiva, para que enmienden su comportamiento.

Le está comunicando al manipulador que es consciente de sus trucos, lo que le hace ser más cauto a la hora de manipularle. En el mismo sentido, también le está dando la oportunidad de que se ponga las pilas. Para salir de una relación emocionalmente manipuladora se necesita un verdadero esfuerzo y compromiso por su parte. Tendrá que permanecer atento y desarrollar reservas ilimitadas de autoestima y positividad.

4. Golpee con fuerza en su centro de gravedad. Si nada más parece funcionar, golpea al manipulador con fuerza en su centro de gravedad. A menudo recurrirá a estrategias malvadas, como hacerse amigo de sus amigos y luego hablar mal de usted o tentarle con una recompensa y luego echarse atrás o no cumplir su compromiso.

Como conoce a la persona a la medida, golpéela donde más le duele. Su centro pueden ser sus amigos, sus seguidores o cualquier cosa que consideren integral para su existencia. Utilice este conocimiento para ganarles en su propio juego.

5. No se adapte a sus ideas. La clave para evitar que le manipulen es reinventarse y tener sus propias ideas sobre las cosas en lugar de suscribir las suyas. Los manipuladores le meterán sus ideas por la garganta, ya que necesitan controlarle para promover su agenda. Tenga sus propios puntos de vista, ideas y opiniones claras sobre varios aspectos de su vida. Si le meten constantemente una idea determinada en la cabeza, es como consiguen encerrarle en una caja.

No intente encajar, céntrese en la reinvención. Trabaje duro para destacar entre los demás. Sea diferente, único y notable a su manera. El crecimiento personal y la construcción de su autoestima es la clave para luchar contra la manipulación.

6. No se comprometa. La culpa es una emoción poderosa que aprovechan los manipuladores. Utilizarán sus dudas y su culpabilidad en su beneficio. El objetivo es destruir su sentido del equilibrio e infundirle una sensación de incertidumbre. Esta incertidumbre acaba llevándole a comprometer sus valores, ideales y objetivos.

Evite sentirse culpable o comprometerse. No dude de sí mismo ni de sus capacidades. Aunque tenga una relación con una persona, no le debe nada si no le trata con respeto. Toda persona merece sentirse maravillosa y positiva consigo misma. Si una persona no le hace sentir bien consigo mismo o con sus logros, puede haber un problema. Cree firmemente en sus valores e ideales. No comprometa sus valores, creencias, objetivos e ideales. Recuerde que merece sentirse bien consigo mismo y con sus logros. Debe haber un fuerte sentimiento de autoestima, seguridad en sí mismo y confianza en lo que está haciendo.

Un manipulador se vuelve impotente ante una gran confianza en sí mismo. Empiezan a perder su influencia una vez que aprendes a operar con confianza y se niega a comprometerte con cualquier cosa que socave su autoestima o sus valores fundamentales.

7. No pidas permiso. Esto es como darle al manipulador el pase para que le manipule como quiera. El problema es que desde la infancia estamos condicionados a pedir permiso. Cuando somos bebés, pedimos permiso para comer y dormir. A lo largo de la escuela, pedimos permiso para ir al baño, comer el almuerzo o beber agua.

Una consecuencia directa de esto es que, incluso de mayores, no dejamos de pedir permiso a las personas cercanas. En lugar de informar a su pareja de que tiene previsto quedar con un amigo para comer, le preguntará inconscientemente si le parece bien que planee algo con su amigo. Al pedir permiso constante y habitualmente, sólo está dando el control de su vida a otra persona, especialmente si es del tipo más manipulador.

No se preocupe demasiado por ser educado o hacer sentir bien a los demás a costa de su propia comodidad y felicidad. Recuerde que tiene derecho a vivir su vida exactamente como quiera. La manipulación emocional consiste en hacerle sentir en deuda o esclavizado por alguna regla imaginaria que sólo existe en la mente del manipulador. Nunca querrán que se sienta autosuficiente y tome sus propias decisiones porque eso disminuye su poder sobre usted.

No es necesario someterse a sus dictados autoritarios ni consultarles antes de todo lo que hagas, a menos que les afecte de manera importante. Tuve un compañero de trabajo que pedía permiso a su novia incluso antes de ir a tomar un café o salir a comer. Era ridícula la forma en que ella lo trataba y trataba de controlar cada uno de sus movimientos. Como era de esperar, la relación terminó con una nota amarga.

Sin embargo, nadie puede hacerle sentir miserable sin su permiso. Y al pedir constantemente permiso, le está dando permiso a su pareja para que le haga sentir miserable, si es que eso tiene sentido. Puede hacer caso omiso de la obsesión del manipulador por confinarse en cualquier momento viviendo su vida como quiera, sin su interferencia o permiso.

8. Esté abierto a nuevas oportunidades. El manipulador quiere que pongas todos los huevos en su cesta para poder tirarla cuando le apetezca. No se encierre en ellas ni se ate a un compromiso con el

que no se sienta cómodo. No se conforme ni acepte su vida actual. Si está en una relación muy manipuladora o abusiva emocional/físicamente, intente liberarse y explorar otras relaciones u oportunidades.

Los manipuladores en las relaciones suelen aprovecharse del hecho de que su pareja está "acostumbrada a ellos", "es adicta a ellos", "no puede prescindir de ellos" o "no puede conseguir a nadie mejor". A menudo permanecemos en relaciones abusivas porque creemos que no merecemos nada mejor o que no conseguiremos a nadie mejor. Existe un miedo a la soledad o una falsa sensación de estar en el capullo de una relación.

Libérese de esos patrones de pensamiento auto limitadores y poco saludables. Por supuesto, se merece algo mejor en la vida o encontrará a alguien que le trate con respeto y dignidad. Para mantenerse en su sitio, los manipuladores recurrirán a muchos insultos. Si expresa un deseo, le harán sentir que es arrogante, egoísta, orgulloso, frío e inhumano y muchas otras etiquetas poco caritativas.

Quieren que siga dependiendo de ellos. Al buscar nuevas oportunidades de trabajo, relaciones, aficiones, etc., sólo está debilitando su control sobre usted. Busque nuevas personas, haga nuevos amigos, únase a un club de aficiones, hágase voluntario en una ONG. Haga algo con propósito y significado que le dé la oportunidad de conocer gente nueva y vivir una vida más intencional. Sólo así podrá empezar a ser autosuficiente e independiente.

9. No sea un bebé. Si le engañan una o dos veces, es vulnerable, pero si deja constantemente que la gente le pase por encima sin aprender la lección, es un auténtico bobo. Deje de permitir que los manipuladores se aprovechen de su credulidad. Desarrolle la autoconciencia sobre los manipuladores y conozca cómo operan. Tenga suficiente autoestima para rechazar a los manipuladores.

Conozco a muchas personas que van dormidas por la vida, permiten que la gente se aproveche de ellas y luego culpan a los demás de su situación. No puede ir por ahí ajeno a los manipuladores que intentan utilizarle para cumplir sus planes. En lugar de culpar al mal que le rodea, sea inteligente y tome el control de su vida. Sí, la desafortunada verdad de la vida es que las personas negativas y manipuladoras existen. Se aprovechan de las personas para llevar a cabo sus planes.

Sin embargo, esto no debería ser su billete para cometer los mismos errores una y otra vez y llorar. Los manipuladores no pueden manipular sin el permiso de sus víctimas. Acepte la responsabilidad de sus éxitos y fracasos. Si le superan en inteligencia o estrategia, no es culpa de nadie. Aprenda de los errores del pasado. Esté atento a un patrón que pueda revelar sus propias vulnerabilidades. No sigas confiando en las personas equivocadas una y otra vez.

Del mismo modo, no sigas dando múltiples oportunidades a una persona crónicamente manipuladora. Libérese de ellos. Elimine a los manipuladores de su vida. Comprométase a rodearse de personas positivas, alentadoras y afines que no se aprovechen de usted.

Recuerde que tiene el control total de su vida. Apueste por sí mismo y no por otras personas. Si apuesta por otras personas o confía excesivamente en otras personas para su felicidad, se hace más vulnerable a la manipulación.

De nuevo, las víctimas de la manipulación no tienen mucha confianza en sus juicios. Aprenda a confiar en sus juicios e instintos. Usted sabe lo que es bueno para si mucho mejor que nadie. No vaya por ahí preguntando a la gente cosas como "¿en qué soy bueno?", "a qué me dedico", "quién es el verdadero yo", etc. Simplemente está abriendo las puertas de la manipulación. No vaya por ahí demostrando su falta de conocimiento sobre sí mismo.

De nuevo, conozco a mucha gente que va por ahí buscando la validación constante de los demás. Miran a los demás para que los definan. Estas personas ni siquiera se compran un pantalón si no lo aprueban los demás. ¿Por qué deberían definirle los demás?

Defínase y confíe en su criterio. Los ganadores no son personas que tienen una capacidad más evolucionada para escuchar a los demás. Son los que han desarrollado la capacidad de sintonizar con sus creencias y juicios. No dependen de la validación o aprobación externa de sus creencias. Una confianza establecida en sus creencias y juicios hace que los manipuladores no tengan poder. Cuando no busca la validación de los demás, ellos no tienen el control de cómo le hacen pensar y sentir. Empiece a confiar en su instinto y en su juicio.

10. Manipuladores dependientes. Esto es un poco opuesto a la imagen estereotipada de un manipulador, pero existen. Al contrario que la mayoría de los manipuladores, un manipulador dependiente le hará sentir constantemente que no

tiene poder y que depende completamente de sí. Le conceden la posición más alta en una relación hasta tal punto que se siente emocionalmente agotado mientras trata con ellos.

La manera de manejar este tipo de manipulación es hacer que tomen decisiones gradualmente. Hágales ver que son tan responsables de su bienestar como usted. Póngalos conscientemente en posiciones en las que se vean obligados a tomar una decisión. Hábleles de que su falta de responsabilidad en la toma de decisiones es estresante para usted. Con el tiempo, puede que les guste asumir la responsabilidad.

Capítulo 6: La manipulación de la opinión pública como orador

Si hay algo que distingue a los influencers del común de los mortales, siendo todo lo demás igual (talento, conocimientos, habilidades), es la forma de hablar de los influencers. El lenguaje de los influencers no es un lenguaje mágico. Sin embargo, es un lenguaje cotidiano hablado con eficacia. Los influencers conocen los secretos de la comunicación de impacto y, por lo tanto, son capaces de atraer a una mayor audiencia. Si ha pasado algún tiempo estudiando a los influencers, se dará cuenta de que hay algo que los diferencia de los empleados típicos. Exudan un aura de confianza, un magnetismo indiscutible y claridad a la hora de comunicar su mensaje. Su presencia vocal es suficiente para inspirar y animar a las multitudes.

Desde Benjamin Franklin hasta Bill Clinton, los buenos influenciadores son comunicadores excepcionales que han dominado el fino arte de influir en su audiencia a través de su voz y sus palabras.

Entienden que su carisma reside en hablar de una manera que inspire a la gente a escucharles.

Entonces, ¿qué es el "lenguaje de los influencers"), se preguntará. He aquí algunos consejos de eficacia probada que pueden hacer que hable como tal.

1. Deshágase de esos embragues verbales

A menudo, cuando se dirige a un grupo de personas, la gente expone puntos fabulosos, pero lo arruina todo en un instante o disminuye el impacto/eficacia de sus puntos al incluir frases desechables que no contribuyen a dar más fuerza al mensaje. Por ejemplo, la gente suele terminar las frases con "y otras cosas", "etcétera" y "ya sabes, cosas así". No son más que deslices lingüísticos aletargados que se producen cuando no se sabe cómo terminar una frase/argumento con una postura verbal de impacto.

Estas muletillas verbales son más prominentes cuando se hace una pausa al dirigirse a un grupo o al pronunciar un discurso/presentación. Los sonidos ininteligibles como "er", "um" y "aa" pueden resultar enormemente incómodos e ineficaces. También lo son los gestos de lamerse los labios, los movimientos dramáticos de las manos y la tos constante. Todo esto distrae a los oyentes y afecta gravemente a la credibilidad del orador. El problema principal es que muy pocos nos damos cuenta de que hay un problema.

Una de las mejores maneras de abordar esta cuestión es utilizar una aplicación de teléfono y grabarse a sí mismo hablando de un tema al azar extemporáneamente durante un par de minutos. Después, vuelva a la grabación y anote el número de veces que ha utilizado muletillas verbales. Esta sencilla técnica le ayudará a ser más consciente de sí mismo mientras hablas.

Una buena narración y un lenguaje eficaz implican el uso de palabras definitivas pronunciadas con garbo y humildad. Absténgase de utilizar términos como "como" y "más o menos". No sólo es débil e ineficaz, sino que resulta francamente chocante para el público.

2. Utilice los superlativos con moderación

Cuando se suelta "asombroso", "fantástico", "épico", "increíble" y cosas por el estilo a cada momento, se empieza a perder el sentido. El exceso de énfasis en los superlativos desvanece su verdadero significado. Cada vez que una persona influyente o un modelo de conducta asigna lo extraordinario a cosas comunes, contribuye a que suene repetitivo, lo que hace que lo realmente excepcional no destaque.

Así que cada vez que tenga la tentación de decir que la presentación de alguien ha sido increíble o que el proyecto se ha llevado a cabo de forma "increíble", tómese unos minutos para reflexionar sobre su elección de adjetivos. Hable de cómo el proyecto estaba bien investigado, era completo y estaba lleno de datos raros. Los elogios o descripciones genéricas no sirven para inspirar a la gente ni para que le escuchen. "Esto es muy detallado y articulado" puede ser más eficaz que "buen trabajo" para levantar el ánimo de la gente, al tiempo que le hace parecer como un comunicador eficaz.

3. Resistirse a retroceder

No intente equivocarse cuando hable de temas cruciales o difíciles. Es comprensible que hablar de cosas no tan agradables requiera una gran valentía verbal y personal, sin embargo, no tiene sentido dar rodeos cuando hay que transmitir asuntos importantes al equipo.

Resista el impulso de utilizar un lenguaje perezoso, ya que el uso de un lenguaje claro y conciso sólo aumentará su valor y le ayudará a conectar/internar lo que realmente hay que decir, por muy desagradable que parezca.

Utilice frases concretas y correctas para describir la situación. Aclare su postura si es necesario. Como influencer, tendrá que aprender a llamar a las cosas por su nombre. Practique su discurso frente al espejo si se pone nervioso antes de una presentación o discurso importante. Se dará cuenta de sus gestos, expresiones, lenguaje corporal y, básicamente, sabrá con exactitud la eficacia con la que se presenta ante el público para hacer los cambios necesarios.

4. Simplificar la narración

Utilice la antigua narrativa para estructurar su discurso: introducción, cuerpo y conclusión. Cuanto menos complicada sea la narración, más fácil será su comprensión. Sepa exactamente qué información debe incluir y qué debe eliminar para que sea breve pero impactante. A nadie le gusta escuchar a alguien que repite las mismas ideas. Al final, la idea pierde su impacto.

Como regla general, evita hablar de más de una diapositiva por minuto, y más de cuatro puntos por diapositiva. Si hay que cubrir más información mientras se dirige a un grupo, hable sólo de lo más destacado, mientras distribuyes folletos a su audiencia. Intente siempre abrir y cerrar la presentación con una diapositiva similar para mantener la uniformidad y una buena simetría. Utilice gráficos y vídeos para ayudar a su narración y contar una buena historia.

Además, preste mucha atención a su inflexión durante la narración. Demasiados aspirantes a influenciadores y personas influyentes hacen una inflexión hacia arriba hacia el final de la frase, lo que produce un efecto de canto muy molesto que le hace parecer ineficaz y tímido. La inflexión hacia abajo le hace parecer autoritario y seguro, lo que es vital cuando se trata de influir en la gente.

La charla con inflexión ascendente le hace aparecer como un individuo que carece de disciplina, confianza y atención. Deténgase ahora mismo si está haciendo esto.

Los cliff hangers son otro punto negativo para un influenciador carismático. Muchos presentadores alcanzan un crescendo brillante en sus charlas, pero lo echan a perder por no saber concluir de forma clara y decidida. Esto es especialmente cierto si está influenciando a la gente para que le compre. Hay que incluir una "llamada a la acción" definitiva o desencadenar a la gente en la dirección correcta terminando el discurso de forma persuasiva.

Termine con el impacto necesario y deje unos segundos para que el público asimile sus comentarios o preguntas finales.

5. Pasar por alto las lagunas verbales

¿Cuántas veces ha observado que los presentadores interrumpen torpemente el ritmo de un discurso disculpándose por un lapsus que nadie ha notado? Está bien tropezar con algunos términos aquí y allá mientras se dirige a un público o a un grupo. A no ser que se trate de una gran metedura de pata con importantes ramificaciones, no es necesario detenerse a mitad de camino para pedir disculpas. Siga adelante como si no fuera gran cosa.

La mayoría de la gente no se da cuenta de estos deslices hasta que los menciona voluntariamente, lo que atrae la atención inútilmente y aleja el foco de su mensaje principal. No sólo se desconcierta a sí, sino que también despista al público.

6. Crear momentos memorables para la audiencia

La mayoría de los oradores creen erróneamente que la presentación o la charla gira en torno a ellos. Nada más lejos de la realidad. Para que su charla sea más impactante, haga que gire en torno a su público. Es más probable que le escuchen y se dejen influir cuando se den cuenta de que está centrado en ellos.

Reconozca o agradezca a un miembro del público, tal vez un incondicional que ha estado trabajando incansablemente para la organización y que se va a jubilar pronto. Celebre un logro reciente importante de un miembro del público. Cuanto más atraiga a su público al centro de atención reconociendo sus esfuerzos, mayores serán sus posibilidades de aumentar su propio poder de reconocimiento.

Capítulo 7: Manipulación con Small-Talk

Según los estudios, cuando se conoce a una persona por primera vez, ésta le juzga en los primeros 4 segundos de la interacción. Sí, es cierto. Deciden si les gusta o no a los 4 segundos de conocerle. ¿Asusta? ¿Cómo se conquista a personas que se acaban de conocer? También tengo una poción mágica para eso: se llama "small talk".

Aunque pueda parecer inútil, las conversaciones triviales son un excelente método para romper el hielo y eliminar elementos de incomodidad y malestar entre la gente. Le hace parecer una persona amable y simpática, además de ayudarle a desarrollar una buena relación con la gente y crear una primera impresión estelar. Las conversaciones triviales también sientan las bases de una relación gratificante. Cree un ambiente más positivo y beneficioso que pueda desencadenar conversaciones más amplias.

Cuando se trata de romper ese incómodo hielo inicial y de preparar el terreno para una relación significativa y fructífera, pocas cosas funcionan tan milagrosamente como una pequeña charla. Tanto si se trata de una reunión de negocios como de un club de citas, las conversaciones triviales tienen un gran efecto a la hora de manipular e influir en la gente, establecer relaciones y ser un persuasor carismático.

¿Se ha preguntado alguna vez cómo consiguen algunas personas que les compren las bebidas en el bar o que hagan amigos en hordas allá donde vayan? ¿Por qué las interacciones con algunas personas quedan grabadas en nuestra memoria para siempre mientras que de otras apenas nos acordamos? La respuesta es, bueno, la charla. He aquí 15 reglas para conquistar a la gente utilizando el poder de la charla trivial.

1. Limítese a los temas seguros

Cuando hable con personas que acaba de conocer, cíñase siempre a temas universales, inofensivos y no tóxicos (especialmente con gente de otra cultura, lugar, raza, religión, etc.). Los temas infalibles de la charla son el tiempo, el cine, la economía mundial, las noticias de última hora y la comida. Un consejo profesional sugerido por los psicólogos sociales es basar la conversación, en la medida de lo posible, en puntos comunes. Identifique los puntos en común entre usted y la otra persona y céntrese en esos temas.

Es fácil medir el nivel de comodidad de una persona sobre un tema concreto a través de su lenguaje corporal (a menos que lea un montón de libros de autoayuda como usted y haya aprendido a fingir). Si su reacción ante un tema concreto es positiva y entusiasta, siga con él. Preste siempre atención a las pistas no verbales cuando saque un nuevo tema de conversación. Los manipuladores saben exactamente cómo llevar a la otra persona a un estado de ánimo más positivo para conseguir que haga exactamente lo que ellos quieren. Una vez que la persona desarrolla una relación sólida contigo y se siente bien en su compañía, es más probable que haga lo que usted quiere.

2. Hacer preguntas abiertas

La regla de oro para atraer a las personas a una conversación o conseguir que compartan más en sus interacciones iniciales es hacer más preguntas abiertas. Los influencers e influenciadores entienden la importancia de hacer preguntas suaves y genuinas que revelen que están realmente interesados en saber más sobre la otra persona.

Una de las estrategias de manipulación más importantes a la hora de establecer una relación con desconocidos o de entablar una conversación es recopilar toda la información posible sobre ellos y aprovecharla para que realicen la acción prevista.

Por ejemplo, si acaba de enterarse de que la persona con la que está conversando forma parte de una ONG local, hágale preguntas abiertas relacionadas con ella. ¿Qué les inspiró a formar parte de la ONG? ¿Cuáles son las iniciativas en las que ha participado?

Aprenda a fijarse en lo que realmente apasiona a la gente y cree un flujo de conversación basado en la formulación de preguntas abiertas relacionadas con ese tema para aprender más sobre ellos. Si a alguien le apasiona de forma innata explorar diferentes lugares y culturas, pregúntele por sus últimas vacaciones. Aléjese de los temas controvertidos y personales. La persona le aceptará rápidamente si parece genuinamente interesado en saber más sobre sus intereses.

3. No se pase con el humor

A veces, la gente está tan dispuesta a causar una buena impresión haciéndose pasar por ingeniosa y graciosa que acaba por molestar a la gente, especialmente a aquellos cuyos gustos no conoces.

Para evitar que el humor sea contraproducente, no se pase de la raya con las burlas, los comentarios sarcásticos o el humor irónico. Puede que a usted le parezca divertido, pero la otra persona puede no apreciarlo. Incluso los comentarios aparentemente inofensivos transmiten una impresión equivocada sobre usted. Los chistes/comentarios neutrales e inteligentes están bien hasta cierto punto, pero no los haga personales.

Evite tratar de parecer demasiado inteligente o familiar burlándose de la gente sin entender si son capaces de tomarlo con el espíritu correcto. Tómate el tiempo necesario para conocer y entender bien a la gente sin actuar de forma familiar y extra-amigable.

4. Desacuerdo amistoso

Para evitar que la conversación inicial resulte polémica, exprese su desacuerdo sin diplomacia. En lugar de lanzarse a un ataque enconado o a un insulto a la defensiva (algo que está absolutamente prohibido), intente un enfoque más políticamente correcto (pero genuino).

Diga algo genuino y no controvertido como: "Es una perspectiva interesante y diferente. Ahora siento curiosidad por ese punto de vista. Puedes explicarlo mejor", está afirmando que el punto de vista no coincide con el tuyo sin preparar el terreno para la Tercera Guerra Mundial.

5. Sea un oyente excepcional

No es ningún secreto. En un mundo en el que todos quieren hablar de sí mismos, los buenos oyentes son muy apreciados. Es fácil influir en las personas cuando están convencidas de que le interesa de verdad lo que tienen que decir.

La gente cree erróneamente que ser un buen comunicador consiste en poseer las mejores habilidades para hablar. Eso es sólo una parte, amigos. La otra mitad, probablemente más importante, es escuchar.

Ser un ninja de las habilidades sociales no significa hablar hasta la saciedad sin dar a los demás la oportunidad de hablar. Las personas influyentes saben cuándo dejas que los demás hablen y responden de forma positiva/alentadora.

Demuestre a la gente que se interesa seriamente por lo que están hablando a través de pistas verbales y no verbales. Reconozca o parafrasee lo que dicen para que sepan que realmente les está escuchando. Asienta con la cabeza, exprese con la mirada, inclínese hacia delante y mantenga los brazos/piernas desplegados (para mostrar que está abierto a escucharles) para revelar su interés en lo que están hablando a través de reacciones no verbales.

A todo el mundo le gustan las señales de afirmación de que se les escucha con entusiasmo, lo que a su vez les anima a corresponder cuando usted habla. Las personas influyentes, los modelos de conducta y los influenciadores excepcionales comprenden el poder de desarrollar grandes habilidades de escucha para hacerse más simpáticos a sus seguidores.

6. Revele un hecho interesante sobre sí mismo

De acuerdo, esto no significa que se lance a contar con quién está saliendo o que su cuenta bancaria acaba de marcar un millón de dólares. Sin embargo, un hecho divertido, inofensivo e interesante sobre usted mismo le hace inmediatamente simpático a la gente. Será más probable que presten atención a lo que dice cuando se den cuenta de que confía lo suficiente en ellos como para compartir cosas sobre usted. Pero no lo haga demasiado personal, es la regla de oro.

Puede ser algo parecido a su autor favorito y por qué le gusta su obra. ¿Por qué elegiste una vocación o una especialidad en la universidad? ¿Por qué te gustó viajar a un lugar concreto y disfrutaste de su ambiente/cultura? Debe ser como un interesante adelanto de sí mismo (por qué le gustan las magdalenas o por qué decidió llamar a su perro por un nombre concreto) sin que suene personal, jactancioso o exagerado.

7. Evitar los callejones sin salida de la conversación

Habrá esos incómodos huecos en la conversación que quizá no consiga llenar. Lo mejor que puede hacer en ese caso es buscar pistas a su alrededor para reavivar la conversación. Puede ser cualquier cosa, desde un folleto hasta otras personas que le rodean, pasando por detalles sobre el local en el que está. Hay pistas de conversación en casi todas partes sobre las que puede empezar a construir una conversación estimulante y significativa.

8. El fino equilibrio entre preguntas y declaraciones

Mantenga un fino equilibrio entre hacer declaraciones y formular preguntas. Una pequeña charla exitosa mezcla brillantemente preguntas y declaraciones para crear un intercambio más sano.

Demasiadas preguntas harán que parezca un interrogatorio unidireccional. Mientras que demasiadas afirmaciones harán que parezca que la charla se centra sólo en ti, lo que puede resultar muy molesto para la otra persona.

Los modelos de conducta saben cómo equilibrar la conversación para que la gente escuche. Acompañar las afirmaciones con preguntas de reflexión, como: "Me gusta mucho el aeróbic y la zumba, ¿cómo pasas tus horas de ocio?" o "Me gusta mucho ver ese reality show que la mayoría de la gente cree que está guionizado, ¿lo ves?

Está compartiendo sus puntos de vista, pero también está dando a la otra persona la oportunidad de compartir su opinión. Esta técnica de ida y vuelta le permite mantener una conversación agradable y completa.

9. Empatizar con la gente

Empatizar con la gente es una de las formas más seguras de ganarse su confianza y conseguir que le guste. No confundas la empatía con la simpatía. La empatía no consiste en compadecerse de alguien o hacerle sentir lástima por sí mismo. Se trata de ponerse en el lugar de otra persona y tratar de entender cómo se siente o las emociones que experimenta.

Decir cosas como "entiendo de verdad por qué te sientes así" o "comprendo de verdad cómo te sientes sobre este tema" o "debe haber sido muy duro para ti, pero has demostrado un valor ejemplar" contribuye en gran medida a crear una relación con la gente. Esto sienta las bases de una ecuación basada en la empatía, la comodidad y la comprensión, que es lo que los influencers/modelos de conducta necesitan para inspirar a sus seguidores.

Es más probable que la gente hable y comparta sus sentimientos con usted cuando se da cuenta de que entiende su situación. Pero no se ponga dramático y finja llorar lágrimas de cocodrilo para demostrar que realmente siente algo por la otra persona. Eso lo desvirtúa por completo.

10. Manténgase positivo

Cuando conozca a alguien por primera vez, mantenga siempre la conversación centrada en temas positivos. Incluso cuando sienta que la otra persona se adentra en un terreno negativo o controvertido, llévela suavemente a un terreno de conversación más positivo. Además, cíñase a temas de los que la mayoría de la gente del grupo tenga un conocimiento decente. Obviamente, no va a encontrar muchos adeptos si se pone a hablar de la dinámica del mercado de valores en una clase o grupo de meditación. Mantenga una actitud positiva para ganarse la confianza de la otra persona antes de conseguir que haga lo que usted quiere.

Antes de que lleven a cabo la acción prevista o le "compren", tienen que "comprar" su confianza y su fe. Para ello, hay que mantener una actitud positiva al principio para crear el factor de confianza.

Quédate con los temas que ofrezcan un margen mínimo para el desacuerdo, los conflictos y las controversias. Mantén el equilibrio y la sencillez para que la conversación tenga éxito al principio. Si molestas a la otra persona al principio con un montón de temas negativos o controvertidos, es probable que se desconecte y desarrolle sentimientos negativos hacia ti, algo que no quieres.

11. El lenguaje corporal dice mucho

El lenguaje corporal o las pistas no verbales pueden transmitir mucho más que las palabras. Envía las señales de lenguaje corporal adecuadas para crear una impresión más favorable y hacerse más simpático.

Pequeños gestos como sonreír con frecuencia, asentir con entusiasmo, rozar ligeramente con el brazo a la otra persona, mantener un contacto visual constante, dar un apretón de manos firme, mantener un tono enérgico y animado y otras señales similares pueden contribuir en gran medida a establecer una persona más simpática e influyente. Recuerde que no tiene una segunda oportunidad para causar una primera impresión. Deje que cada gesto cuente.

12. Excavar un poco

Un poco de trabajo de fondo sirve para crear una primera impresión impactante. Tanto si se dirige a una fiesta como a un importante evento de networking empresarial, tenga preparados algunos temas tras investigar los intereses predominantes del grupo. Por ejemplo, si se entera de que el anfitrión o los socios están muy interesados en el espiritismo, los viajes o la cocina, investigue los temas de moda en esos ámbitos para iniciar una conversación interesante. Esto le ayudará a encajar en el grupo sin esfuerzo.

Podrá animar la conversación y sacar a la gente de su ignorancia. Busque en los periódicos del día los titulares más destacados, repase las reseñas de libros, lea las críticas y valoraciones de las películas o infórmese sobre la última tendencia en materia de salud que circula por las redes sociales. Estos temas de interés para la mayoría de la gente pueden ayudarle a parecer bien informado y conocedor del mundo ante un nuevo público.

Si conoce los nombres de las personas con las que se va a reunir de antemano, puede rastrear sus huellas sociales en las distintas redes sociales (pero no se dedique a acosarlas y a hacer evidente que está consultando su perfil cada dos minutos). Es fácil calibrar los intereses, la actitud y las opiniones de las personas a través de sus perfiles en las redes sociales. Esto le dará una buena indicación sobre sus gustos y manías, que luego puede utilizar para entablar una conversación provechosa.

13. Aprovechar las similitudes

Esto es especialmente cierto cuando se interactúa con personas de diversas culturas y orígenes. Encuentre puentes de conexión y aproveche cada oportunidad que se le presente. Encuentre un interés común, su cocina favorita, un libro que ambos hayan disfrutado leyendo o cualquier otro punto en común.

Incluso si se trata de algo aparentemente cursi, como llevar la misma camisa/vestido o zapatos, menciónalo siempre para establecer una plataforma de simpatía. Los seres humanos se sienten atraídos por las personas que son similares a ellos. Cuando la gente se da cuenta de que sus gustos o preferencias son muy parecidos a los suyos, es más probable que le escuchen o admiren.

14. No descuide el aseo personal

Aunque sea un excelente conversador con un lenguaje corporal impecable, pocas cosas pueden crear una primera impresión negativa como un aseo personal descuidado. Aunque esto parezca básico, mucha gente lo considera insignificante y se centra en las "cosas más importantes".

No asista nunca a ninguna reunión social sin ducharse o peinarse con esmero. Mantenga una higiene y un aseo correctos. Utilice una fragancia agradable, pero que no sea excesiva. Lleve unos cuantos caramelos de menta consigo. Lleve un peinado cuidado, mantenga las uñas bien cuidadas y los dientes blancos y brillantes.

Llevar la ropa limpia y planchada. Es sorprendente la cantidad de personas que salen perdiendo simplemente por no prestar atención a estos aspectos elementales. La ropa y el aseo personal contribuyen a su imagen incluso antes de empezar a hablar. Lo más probable es que si se presenta mal arreglado, la gente ni siquiera le dé la oportunidad de hablar con ellos. La gente desorganizada y de aspecto desordenado rara vez influye en los demás o actúa como modelo creando una primera impresión favorable.

15. Deje de lado la incomodidad del saludo

Saludar a las personas cuando se las presentan por primera vez puede ser sin duda incómodo, especialmente si pertenecen a una cultura o región diferente. Es posible que no sepa cuál es el saludo adecuado. Algunas personas no se sienten cómodas ni siquiera con un ligero beso en la mejilla, mientras que otras pueden no apreciar un prolongado apretón de manos. En ese caso, es seguro esperar a que la otra persona dé el primer paso. Si no lo hace, mantenga la universalidad: sonría con su mejor sonrisa, salude y ofrezca un breve pero firme apretón de manos.

Bono - Consejos para detectar y superar la manipulación y fortalecer su autoestima

Te guste o no, el mundo está lleno de lobos con piel de cordero. No se puede hacer mucho contra los manipuladores patológicos y emocionales que intentan aprovecharse de sus sentimientos y emociones para satisfacer sus deseos. Sin embargo, puede ganarles en su propio juego utilizando un montón de técnicas de astucia. La manipulación, si no se reconoce y se maneja con eficacia, puede acabar con su sentido de la autoestima y la cordura.

Al reconocer y hacer frente a la manipulación, se defiende y no permite que los siniestros manipuladores cumplan sus planes pisoteando sus sentimientos.

He aquí algunos trucos inteligentes y eficaces para superar a los manipuladores en su propio juego.

1. Ponga en el punto de mira a los manipuladores planteando preguntas de sondeo. Los manipuladores exigen constantemente cosas o hacen ofertas a sus víctimas. Como víctima, le harán sentir que tiene que demostrar su valía todo el tiempo. A menudo se desvivirá por cumplir estas exigencias. Deténgase. Cada vez que se encuentre con una petición irrazonable, responda con unas cuantas preguntas de sondeo y cambie el enfoque hacia ellos.

Por ejemplo, ¿le parece una petición legítima y razonable?

¿Crees que lo que me has pedido es justo o ético?

¿Tengo derecho a negarme?

¿Me estás pidiendo o exigiendo que lo haga?

¿Qué gano con esto?

¿Realmente esperas que lo haga?

¿Está razonablemente justificado que espere que lo haga?

¿Quién es el que más gana con esto?

Básicamente, son preguntas que les muestran el espejo, donde pueden ser testigos de su verdadera estratagema siniestra. Si el manipulador es consciente de sí mismo o se da cuenta de que ha visto sus motivos, lo más probable es que retire la petición.

Los manipuladores intentan poner el foco en usted como si fueras indigno o "malo" si no hace algo por ellos. Tiene que volver a poner el foco en ellos haciéndoles pensar si su petición está realmente justificada o es razonable, haciendo que se vean como personas con motivos malvados.

Las preguntas acabarán obligando al manipulador a darse cuenta de que está viendo su juego. La responsabilidad de la acción pasará ahora de usted a ellos.

Por ejemplo, si usted rechaza la petición del manipulador, la carga de justificar su acción no recae sobre usted. Al hacer preguntas de sondeo, está pidiendo al manipulador que justifique la razonabilidad de su petición. Así, en lugar de sentirse culpable por rechazar algo, está haciendo que el manipulador se dé cuenta de que tiene la culpa por tener expectativas poco razonables.

Además, hágale saber a su manipulador que no acepta que le trate como lo hace. Deje suficientemente claro que no aprecia sus formas.

Por ejemplo, si usted ya está preocupado por algo y el manipulador le pide que haga algo por él, diga algo así como: "No me gusta cuando ya estoy trabajando en algo y me haces otra petición antes de terminar la tarea actual".

Del mismo modo, cuando una persona intente forzarle a tomar una decisión que le beneficie, diga algo como: "Soy capaz de tomar mis propias decisiones y le agradecería mucho que no me coaccionara para tomar una decisión a toda prisa". Está siendo asertivo y regañando a su manipulador sin ser grosero. Simplemente está defendiendo su derecho e informándole de que tiene derecho a tomarse su tiempo para decidir, y que podría ser contraproducente si le presiona para que tome una decisión.

2. Tómese su tiempo para satisfacer una petición. Los manipuladores no sólo harán peticiones poco razonables, sino que también le presionarán para que tome una decisión rápida. Quieren ejercer un

control, una influencia y una presión óptimos sobre usted para conseguir que actúe de una manera específica inmediatamente. Los manipuladores se dan cuenta de que si se toma más tiempo, las cosas pueden no ir a su favor.

Haga exactamente lo contrario de lo que quieren, tomándose más tiempo. Los vendedores siempre se centran en cerrar el trato pronto. Distánciese de la persuasión del manipulador y tómese su tiempo para llegar a una decisión. No tiene que actuar de inmediato por mucho que la persona intente presionarle.

Toma el control sobre la persona y la situación diciendo algo como: "me gustaría tener más tiempo para pensarlo" o "es mi derecho tomarme más tiempo para pensar en una decisión tan importante como ésta" o "necesito evaluar los pros y los contras antes de llegar a una decisión".

Puede aprovechar este tiempo para negociar a su favor.

3. Diga no de forma asertiva pero diplomática. Este es un arte que sólo se consigue con la práctica. No querrás ofender al manipulador diciéndole un no rotundo. Sin embargo, debe ser firme y hacerle saber que no va a permitir que le pisotee.

Manténgase firme, sin dejar de ser educado y cortés. No tiene que sentirse culpable por su derecho a rechazar una petición poco razonable.

Si no está dispuesto a hacer algo, diga: "Entiendo que quieres que haga esto, pero también siento que no estoy dispuesto a hacerlo ahora mismo". Otra forma de articular sus necesidades es: "lo mejor que puedo hacer en este momento es...". Una de las apuestas de respuesta es centrarse en sus necesidades por encima de las del manipulador sin sentirte culpable.

Uno de los trucos más astutos que utilizan los manipuladores es hacer que se sienta culpable cada vez que no accede a su petición. Cuando deja de sentirse culpable por defenderse o por ejercer su derecho a ser tratado con respeto, los manipuladores se vuelven impotentes.

4. Conozca sus derechos fundamentales y su valor. El arma más importante cuando se enfrentas a los manipuladores es saber cuándo se violan sus derechos. Tiene el derecho absoluto de defender esos derechos y defenderte. Tiene el derecho fundamental a ser tratado con respeto y honor.

De nuevo, tiene derecho a expresar sus emociones, necesidades y sentimientos. Tiene derecho a establecer sus prioridades, a rechazar algo sin sentirse culpable, a protegerse a sí mismo o a sus seres queridos de cualquier daño, a adquirir lo que paga y a vivir una vida feliz, sana y plena.

Estos son sus límites y puede recordar a la gente que respete estos derechos. Los manipuladores psicológicos suelen querer quitarle sus derechos fundamentales en un intento de ejercer un mayor control sobre sí. Sin embargo, el poder y la autoridad para tomar las riendas de su vida reside en sí, y no debería perder la oportunidad de recordarle a su manipulador que sólo usted tiene el control de su vida. Aléjese de las personas que no respetan estos límites básicos.

5. Mantenga la distancia. Una de las formas más eficaces de detectar a un manipulador es observar si actúa de forma diferente con distintas personas o en diversas situaciones. Por supuesto, todos venimos con algún diferencial social, pero si la persona se comporta habitualmente fuera de su carácter en los extremos, puede ser un maestro de la manipulación.

Piense en ser antinaturalmente cortés con una persona y al minuto siguiente francamente grosero con otra, o en actuar de forma vulnerable en un momento y en el siguiente volverse agresivo. Cuando sea testigo de este tipo de comportamiento, mantenga las distancias con esa persona. Evite interactuar con estas personas hasta que sea absolutamente necesario. Puede acabar invitando a los problemas. Hay muchas razones por las que la gente manipula, y es muy complejo psicológicamente. No intente arreglar a los manipuladores todo el tiempo. No es su deber cambiarlos. Sálvese a sí mismo pasando página.

6. Evite culparse o personalizar. Uno de los trucos más suaves que utilizan los manipuladores es hacer sentir a sus víctimas que siempre es su culpa (la de la víctima). Independientemente de lo que el manipulador haga o sepa, nunca asumirá la responsabilidad de sus faltas. Siempre culparán a la víctima de todos sus males.

Como víctima de la manipulación, tiene que dejar de personalizar. El problema no está en sí, ya que simplemente le hacen sentir que es su culpa, por lo que cede sus derechos al manipulador y se vuelve impotente.

No se deje llevar por la idea de que es un problema o que el problema está en sí. Conocí a una amiga a la que su marido reprendía constantemente por trabajar duro para mantener a la familia. Él no perdía la oportunidad de recordarle que no era una buena esposa o madre porque siempre estaba trabajando. En su mente, estaba trabajando duro para dar a sus hijos un gran futuro (lo que realmente no la convertía en una mala madre).

Sin embargo, en su intento de conseguir el control absoluto sobre ella, la culpaba constantemente y la hacía sentir incompetente como esposa y madre. Al principio, mi amiga creía todo lo que le decían de que era una mala madre y esposa. Sin embargo, con el tiempo, se dio cuenta de que simplemente la culpaban porque su marido no podía asumir sus propios defectos.

Hágase estas preguntas antes de culparse a sí mismo -

¿Te tratan con respeto?

¿Son razonables las exigencias de la persona?

¿Me siento bien conmigo mismo cuando interactúo con esta persona?

Estas son pistas importantes sobre el verdadero problema.

7. Establezca consecuencias para el comportamiento manipulador. Los manipuladores psicológicos y patológicos siempre insistirán en ignorar sus derechos. Rara vez aceptan un "no" como respuesta, y se ofrecen a montar en cólera o a volverse

agresivos. Reconozca y establezca claramente las consecuencias si recurren a la agresión como respuesta a su negativa a cumplir con su petición irrazonable.

Una consecuencia comunicada y afirmada eficazmente puede servir para inmovilizar a una persona manipuladora y obligarla a cambiar su postura, pasando de violar sus derechos a respetarlos. Al reforzar las consecuencias, descubre sus intenciones ocultas y le obliga a cambiar su actitud hacia usted. Básicamente, le está quitando el poder.

Es importante oponerse a las tácticas de intimidación del manipulador. A menudo intentarán asustarte para que cedas a sus exigencias. Los manipuladores pretenden aferrarse a sus debilidades para sentirse superiores y poderosos. Si se mantiene pasivo y les sigue el juego, se aprovecharán más de usted. Enfréntese a ellos y ejerza sus derechos. Como los manipuladores son intrínsecamente cobardes, se retirarán.

Las investigaciones han demostrado que la manipulación está estrechamente relacionada con una infancia abusiva o con ser víctimas de acoso escolar. Esto no justifica de ninguna manera el acto de un manipulador. Sin embargo, si tiene esto en cuenta, encontrará formas más sanas y eficaces de responder al manipulador.

8. Valórese por lo que es. Los manipuladores se alimentan de la baja autoestima de sus víctimas. Siempre atraparán a personas vulnerables, inseguras, con poca confianza en sí mismas y que no conocen su verdadero valor.

Rara vez el manipulador irá a por personas con una alta autoestima o sentido de la valía personal. Si puede mantenerse fuerte y enfrentarse al manipulador estableciendo su autoestima, es evidente que no permitirá que nadie le controle.

9. El silencio es oro. A los manipuladores les encanta el drama. A menudo provocarán en usted sentimientos de ira, miedo, tristeza y más para pensar que han ganado puntos sobre usted. La mejor manera de lidiar con esto es mantener la calma y practicar la respiración profunda. Concéntrese en su respiración y en cómo se siente su cuerpo. Intente relajar los músculos y mire al manipulador a los ojos.

Este simple lenguaje corporal de confianza y afirmación puede sacarlos de la tangente. Un manipulador no sabe cómo lidiar con su tranquilidad en una situación así. Están totalmente equipados para lidiar con su ira y su miedo. Sin embargo, no esperan que reacciones con calma. Eso les enfurece y les dice que la estratagema no me parece eficaz en usted. Aprenderán que las emociones no cambian y cambiarán de objetivo.

No me malinterprete. No estoy abogando por abandonar una relación a la primera señal de manipulación. La manipulación puede aparecer poco a poco incluso en relaciones por lo demás felices y satisfactorias, y no significa necesariamente el fin de una relación. Antes de tomar cualquier medida drástica, mantenga una conversación franca y abierta con su pareja o con la persona que le manipula. Ármese de valor y pregúntele por qué le están haciendo esto. Estas respuestas pueden darle pistas vitales sobre su estado de ánimo y su próximo paso.

Si ya ha intentado tener una comunicación abierta con su pareja y no quiere, puede ser el momento de explorar otras opciones como la terapia o el asesoramiento. Sin embargo, ambos deben comprometerse a superar la manipulación en la relación.

Si nada más funciona, tendrá que armarse de valor para dejarlo. He visto a personas salir de relaciones manipuladoras a través de la terapia, y no llevan vidas más felices y satisfactorias. Así que no es que la manipulación sea el fin de una relación. En todo caso, utilícela como una oportunidad para identificar los defectos de su relación y repararlos gradualmente.

10. Practique el autocuidado. Enfrentarse a una relación de manipulación puede ser intensamente agotador y estresante. Asegúrese de practicar el autocuidado para nutrir su mente, cuerpo y espíritu, y no deje que la manipulación le pase factura. Es común sentirse estresado al final de cada interacción con un manipulador (ya lo he hecho).

Cuando sienta que su energía mental se agota tras la comunicación con un manipulador, haga meditación, yoga o respiración profunda. Infunde una sensación de calma en su ser. Haga algo agradable y emocionante para evitar que los sentimientos negativos le estropeen el día. Vaya a dar un largo paseo en medio de la naturaleza o hable con alguien de confianza.

Consejos sólidos para aumentar su autoestima

El núcleo de ser manipulado es experimentar sentimientos de incompetencia e indignidad. Rara vez verás a personas seguras de sí mismas, con una alta autoestima y un alto sentido de la valía personal, siendo manipuladas. Los manipuladores psicológicos prosperan haciendo que la gente se sienta indigna y desequilibrada. Al inducir este sentimiento de insuficiencia en sus víctimas, intentan obtener un mayor poder y control sobre ellas y, a su vez, utilizar su sensación de impotencia para cumplir con agendas egoístas.

Una de las mejores maneras de inmunizarse contra la manipulación es desarrollar una alta autoestima y confianza en uno mismo. Al tener un alto sentido de autoestima y una opinión positiva sobre sí mismo, está evitando que los manipuladores hambrientos le saboteen.

He aquí algunos consejos poderosos para aumentar su autoestima general y hacerle menos susceptible a la manipulación.

1. Controle a su crítico interior. Sí, todos tenemos ese molesto enemigo interior que no deja de recordarnos lo incapaces que somos de hacer algo o lo miserable que es nuestra vida en comparación con la de los demás. Esta voz interior moldea sus pensamientos y opiniones sobre sí mismo.

Minimice su voz negativa y sustitúyala conscientemente por términos más positivos y constructivos. Por ejemplo, "Soy muy malo en esto" puede sustituirse por "Puede que no sea bueno en esto, pero eso no debe impedirme aprender todo lo que pueda sobre ello y dominarlo". Acaba de dar un giro positivo a una afirmación sin esperanza. Elija utilizar palabras más esperanzadoras, positivas e inspiradoras cuando se hables a sí mismo.

Quédese parado en voz alta cuando encuentre a su crítico interior rugiendo su monstruosa cabeza. También puede recurrir a un gesto físico como pellizcarse lentamente o morderse los labios cada vez que encuentre a su crítico interior en modo hiperactivo.

2. Sea más compasivo con los demás o trátelos bien. Una de las mejores maneras de aumentar su propia autoestima es tratar a otras personas con mayor compasión. Cuando hace que los demás se sientan bien con ellos, automáticamente se siente bien consigo mismo. Cuando trata bien a la gente, les inspira para que le traten bien a usted a cambio.

Practique la amabilidad en su vida diaria ofreciéndose como voluntario para una causa social (un enorme refuerzo de la autoestima), sosteniendo la puerta a la gente, escuchando a alguien desahogarse, dejando que la gente pase por su carril mientras conduce, comprando café o golosinas a gente al azar, animando a una persona que se siente desanimada y otros gestos similares. Todo ello contribuirá en gran medida a reforzar su autoestima.

3. Probar cosas nuevas. Las personas que prueban constantemente cosas nuevas o se reinventan a sí mismas tienen casi siempre la autoestima alta. Se desafían constantemente a sí mismas saliendo de su zona de confort. Prueban de todo y aprecian las distintas experiencias, lo que aumenta su sentimiento de competencia. \

Cuando sigue aprendiendo cosas nuevas y desarrollando sus habilidades, se siente muy bien consigo mismo. Evite caer en la rutina. Siga probando una nueva aventura o adquiriendo una nueva habilidad periódicamente. Anímese a ser activo, apasionado y productivo. Ponga en marcha su espíritu y su alma de vez en cuando, retomando una afición, adquiriendo una nueva habilidad o leyendo un libro inspirador.

4. Evite las comparaciones. Se está destruyendo poco a poco al compararse constantemente a si mismo o a su vida con los demás. No hay victoria en esto, ¡siempre perderá! Es una trampa que sólo le hará sentir más inadecuado e indigno.

En su lugar, mire dónde estaba hace unos años y lo lejos que ha llegado para lograr lo que es hoy. Céntrese en sus logros y realizaciones actuales en comparación con los de hace unos años.

Albert Einstein dijo: "Todo el mundo es un genio. Pero si juzgas a un pez por su capacidad para trepar a un árbol, se pasará toda la vida creyendo que es estúpido". No sea ese pez.

5. Pase tiempo con gente positiva. Otra buena manera de reforzar su autoestima es rodearse de personas que le apoyen, le animen y le inspiren. Deben ser personas a las que admire y que puedan influir positivamente. Puede ser cualquiera, desde un profesor hasta un mentor, pasando por un gerente o un buen amigo.

Evite relacionarse con personas que se centran en sus defectos para intentar derribarle en cada oportunidad disponible para sentirse superiores a ellos mismos. Tenga cuidado con los ladrones de sueños o con las personas que se ríen de sus sueños o de su capacidad para alcanzar sus objetivos. La autoestima prospera en un entorno positivo en medio de personas positivas. Acompáñese de personas que le hagan sentir bien consigo mismo.

Además, preste atención a los libros, sitios web y páginas de redes sociales que lee. Deje que carguen su energía, no que la minen. No lea revistas que promueven imágenes corporales poco realistas. La próxima vez que tenga tiempo libre, escuche podcasts que le levanten el ánimo y le inspiren. Mire programas de televisión que eleven su espíritu.

6. Sudar la gota gorda. Innumerables estudios han establecido una alta correlación entre el ejercicio y una autoestima sana. El ejercicio conduce a una mejor salud mental y física, lo que a su vez reduce el estrés y le hace sentir bien. También aporta más disciplina a su vida, lo que invariablemente aumenta la autoestima.

El ejercicio no tiene por qué ser aburrido. Puede practicar algo divertido e interesante como el baile, el ciclismo, la natación, los ejercicios aeróbicos o el kickboxing, entre otros. Cualquier cosa que le haga sudar y le dé una pequeña sensación de logro al final. La actividad física potencia la secreción de endorfinas en el cerebro, lo que nos hace "sentirnos bien". Y todos sabemos que sentirse bien puede tener un efecto positivo en nuestra autopercepción y autoestima.

7. Practique el perdón. ¿Hay algún rencor que lleva guardando mucho tiempo? Puede estar relacionado

con una expareja, con un familiar durante sus años de crecimiento, con un amigo que le traicionó o incluso consigo mismo. No se aferres al sentimiento de rencor. Supere los sentimientos pasados de vergüenza, culpa y arrepentimiento, ya que aferrarse a él sólo le arrastrará más al círculo de la negatividad.

Conclusión:

Gracias de nuevo por comprar este libro.

Espero que haya podido ayudarle a comprender no sólo las formas en que la gente le manipula, sino también formas poderosas de manipular a la gente e inmunizarle contra la manipulación.

El siguiente paso es simplemente utilizar todas las poderosas estrategias y técnicas utilizadas en el libro para entender las técnicas de manipulación y evitar que la gente le manipule en las relaciones, en el trabajo y dentro de su círculo social. Estas estrategias de manipulación se pueden utilizar eficazmente en nuestra vida diaria para conseguir que la gente haga lo que nosotros queremos.

Hay un montón de consejos prácticos, pepitas de sabiduría e ilustraciones de la vida real para ayudarle a obtener una sólida comprensión de cómo funciona la manipulación y cómo se puede utilizar en su vida cotidiana.

Por último, si le ha gustado este libro, me gustaría pedirle un favor, ¿sería tan amable de dejar una reseña para este libro? Se lo agradecería mucho.

Gracias y buena suerte.

Descripción

¿Conoce a personas que siempre le presionan para que **piense** y **actúe de** una manera que no haría para cumplir con su agenda personal?

¿No le gustaría poseer también el superpoder de la **persuasión**, la **influencia** y la **manipulación** que le permite conseguir que la gente haga **exactamente lo que quiere**?

¿No le gustaría poseer la capacidad de **convencer, influir, manipular y persuadir** a **la gente** para que piense y actúe como usted quiere?

Imagine lo maravilloso que sería si pudiera conseguir que la gente actuara y pensara en el interés general de una situación o de la humanidad. La manipulación **no es** siempre lo negativo que se suele hacer ver. Piense en ella como una herramienta que puede utilizarse tanto para crear como para destruir. La elección es suya.

Por suerte, ser un manipulador, persuasor e influenciador eficaz no es algo con lo que nacemos. Se puede desarrollar fácilmente con la práctica, el esfuerzo y la aplicación constantes.

Aunque la manipulación tiene connotaciones fundamentalmente negativas, también puede aprovecharse para lograr resultados positivos.

Utilizando los poderosos consejos, técnicas y estrategias que se mencionan en este libro, una persona puede convertirse en un eficaz influenciador, manipulador, persuasor, negociador, vendedor y orador.

Estas son algunas de las cosas que se llevarán del libro

-Técnicas psicológicas asombrosamente **eficaces** para manipular, persuadir e influir en las personas

-Comprender el mecanismo de la manipulación emocional

-Estrategias de manipulación social y de conversación ya probadas

-El arte de hablar y comunicar de manera que la gente no pueda evitar escuchar cada palabra que dices.

-Habilidades probadas de comunicación **verbal y no verbal** para mejorar su destreza en la manipulación.

-Cómo los manipuladores utilizan **la Programación Neurolingüística** para cambiar todo el proceso de pensamiento de una persona

-Detectar la manipulación en su vida cotidiana y en sus relaciones personales, y estrategias para protegerse de ella.

- **Técnicas inteligentes** para burlar a los manipuladores

Perfeccione el arte de influir, manipular y persuadir a la gente hoy en día dominando las estrategias más finas de la manipulación.

Y mucho más

Haga clic en **"Comprar ahora"** para descargar este libro al instante.

Gracias

Muchas gracias por leer mi libro.

Espero que esta colección te haya ayudado a comprender mejor la manipulación.

Así que GRACIAS por recibir este libro y por llegar hasta el final.

Antes de irte, quería pedirte un pequeño favor.

¿Podría considerar publicar una reseña en Amazon o si decide obtener la versión Audible GRATIS (instrucciones en otra página)?

Publicar una reseña es la mejor y más fácil manera de apoyar el trabajo de autores independientes como yo.

Tus comentarios me ayudarán a seguir escribiendo el tipo de libros que te gustan.

>> Deja una reseña en Amazon US <<

www.ingramcontent.com/pod-product-compliance
Lightning Source LLC
Chambersburg PA
CBHW070606030426
42337CB00020B/3701